公共施設の再編
計画と実践の手引き

日本建築学会 編

森北出版株式会社

- 本書のサポート情報を当社Webサイトに掲載する場合があります．下記のURLにアクセスし，サポートの案内をご覧ください．

  http://www.morikita.co.jp/support/

- 本書の内容に関するご質問は，森北出版 出版部「(書名を明記)」係宛に書面にて，もしくは下記のe-mailアドレスまでお願いします．なお，電話でのご質問には応じかねますので，あらかじめご了承ください．

  editor@morikita.co.jp

- 本書により得られた情報の使用から生じるいかなる損害についても，当社および本書の著者は責任を負わないものとします．

■ 本書に記載している製品名，商標および登録商標は，各権利者に帰属します．

■ 本書を無断で複写複製（電子化を含む）することは，著作権法上での例外を除き，禁じられています．複写される場合は，そのつど事前に(社)出版者著作権管理機構（電話 03-3513-6969，FAX 03-3513-6979，e-mail：info@jcopy.or.jp）の許諾を得てください．また本書を代行業者等の第三者に依頼してスキャンやデジタル化することは，たとえ個人や家庭内での利用であっても一切認められておりません．

序　文

　21世紀を迎え，日本は人口減少期に入り，地方自治体は合併などにより大きく再編された．こうした状況の下，これまで拡大基調で整備されてきた公共施設は，施設総量の縮減と時代に応じた公共サービスの見直しが求められ，地方自治体は保有する公共施設全体を再編する必要性に迫られている．また，老朽化した施設では，財政的な課題や環境負荷の観点から，従来の建替えではなく，長寿命化による再生対策が講じられている．

　さらに，合併による自治体の広域化は，都市部と農村部などの地域格差をより顕在化させており，公共施設の配置にも新しい視点が求められている．

　これらの状況は，単に人口減少に沿った施設ニーズの縮小に伴う公共施設群の縮減の課題解決と捉えるのではなく，むしろ積極的に高水準・高質かつ持続的な公共施設整備の機会として捉えることもできる．そして，施設ニーズに応じた機能および空間とその配置という施設計画の基本をふまえつつ，都市経営の大きな視点を見据え，まちづくりから市民参加までを包括した枠組みで，そのあり方について総合的に検討されるべきであろう．なぜならば，単なる公共施設の縮減では往々にして総論賛成・各論反対となりがちで，住民の合意形成は覚束ないからである．むしろ，公共施設の見直しを通じて地域の将来像を共有し，地域住民とともに魅力的なまちづくりを始めるきっかけとなる「創造的な縮減計画」が求められている．以上が本書における公共施設再編の理念である．

　そのためには，まず，これまで用途別にまとめられていた各種施設の計画論を発展的に再編する必要がある．また，公共施設の再編は個々の部局が担当していた建築計画だけではなく，さまざまな分野に関わる横断的な課題である．現在の公共施設の再編は，公共施設の個別的課題を自治体全体の取り組みとして総合的に解決するファシリティマネジメント(FM)の中で位置づけられことが多い．FMの中心となる手法は，計画的な保全を実行するライフサイクルマネジメントであり，ライフサイクルコストを算定してコストの最適化を図り，無駄を最小化することで，財務的改善の目標を達成することにある．すなわち，施設の計画論としても，また実際の管理運営においても，横断的な検討の枠組みが公共施設再編の前提となる．

　本書は，以上の問題意識に基づき，日本建築学会建築計画委員会公共施設マネジメント小委員会が中心となってまとめられたものである．本書では，公共施設の計画論の視点から，施設全体の再編計画および個々の施設のストック活用のあり方とその方法を示す．その最大の目的は保有面積と管理コストの縮減にほかならないが，本書で

は，単に自治体経営が持続可能な程度までコスト削減するのではなく，適切な提供方法の選択によって公共サービスの質をできるかぎり維持しながら保有面積や管理コストを縮減する，効率性と衡平性を兼ね備えた再編手法について検討する．

なお，公共施設とは，本来，建築物のみならず，道路，橋梁，上下水道などのインフラや，ゴミ焼却場，消防，斎場などのプラントも含むが，本書では建築物のみを対象としている．

本書で提示する公共施設の再編手法の特徴は，次の点に要約される．

- 自治体が保有する公共施設の総量縮減を達成するため，明確な定量的目標とその達成時期を設置し，そのための再編計画を策定する．
- 最初に，先行自治体の再編計画および既存の再編手法を整理する．単体公共施設の再編導入手法として，運営等の効率化，長寿命化，既存施設の利活用，施設再編に伴う複合化といった既存手法の要点をまとめる．
- 次に，既存手法の導入による個別的な FM に基づく積み上げ型の総量削減ではなく，自治体全体の施設群を総合的に評価して施設再編へ展開する視点の導入を提案する．
- 具体的には，公共施設を建物と公共サービスに分けた評価と再編方針の設定，さらに，集約化，分散化などの新たな再編手法の可能性にも言及する．

本書は3部構成としており，第Ⅰ部では公共施設再編の枠組みを解説している．まず第1章で公共施設再編に関わる課題を整理し，第2章では公共施設再編の大まかな流れを示す．第3章の既存施設の評価では，コスト，性能，サービスの視点からの評価方法を概説する．この評価段階についてはFM分野において多くの蓄積があるため，本書では概略を述べるにとどめている．

第Ⅱ部では，施設体系レベルの再編計画の策定について解説する．第4章では，再編計画の先進例を基に，自治体の施設全体を俯瞰したうえでの再編計画策定の流れと要点を提示している．また，再編を進めるうえで最も重要な住民合意形成の留意点についてもふれる．さらに，第5章では，再編計画においてポイントとなる主要な施設種別として教育施設，社会教育施設，公営住宅の三つを選び，再編方法と留意点を述べる．第6章では，とくに過疎地域を取り上げ，医療および福祉サービスの維持という視点から留意点や先進的取り組みを解説する．

第Ⅲ部では，再編計画を実施するための単体施設レベルの個別手法を解説する．最初に第7章で再編計画を単体施設レベルで実施するための手順と個別手法の概要を解説するとともに，法令適合について言及する．そのうえで，個別手法の効果と課題に

ついて，第8章の施設改善の基礎手法，第9章の既存施設の利活用手法，第10章の従来型施設の再編手法，以上の三つに分類して解説する．第Ⅲ部は，各手法の該当する節だけを読んでも理解できる構成となっている．

　折しも2014年4月，総務省から各自治体に対して公共施設等総合管理計画策定の要請が出された．このため，各自治体では保有する公共施設等の現状把握からその再編計画策定までの業務が発生している．2014年9月時点において全国1,744箇所の自治体の中で，公共施設再編の方針もしくは計画を策定している自治体は100箇所に満たない．つまり，公共施設の再編計画の策定方法はいまだ確立したとは言いがたい状況にある．本書が公共施設の再編計画を策定する際の一助となれば幸いである．

　2015年1月
　　　　　　　　　　　　　　　　　　日本建築学会　公共施設マネジメント小委員会

目　次

第Ⅰ部　公共施設の課題と再編の枠組み

第1章　現代の公共施設の課題と公共施設マネジメントの役割　2
- 1-1　公共サービスの提供方法の変化 …………………………………………… 2
- 1-2　市町村合併に伴う庁舎再編 ………………………………………………… 3
- 1-3　小・中学校の統廃合と住民参加 …………………………………………… 3
- 1-4　施設整備費，管理運営費の適正化 ………………………………………… 4
- 1-5　民間の力を使った新たな公共施設の整備手法 …………………………… 6

第2章　公共施設再編の枠組み ― 公共施設の再編フロー　9
- 2-1　公共施設再編の理論的な枠組み ― FMと個別施設の機能評価の統合的再編 … 9
- 2-2　公共施設再編の計画策定および実施のプロセス ………………………… 11

第3章　既存施設の評価　16
- 3-1　既存施設の従来評価と今後の評価 ………………………………………… 16
- 3-2　三つの視点からの評価方法 ………………………………………………… 17
- 3-3　既存施設の評価のあり方とその方法 ……………………………………… 22
- 3-4　公共FMにおける既存施設の評価 ………………………………………… 23

第Ⅱ部　公共施設の再編計画（施設体系レベル）

第4章　再編計画策定の流れと要点　26
- 4-1　概　要 ………………………………………………………………………… 26
  - ①先進自治体における再編計画策定の流れ ………………………………… 27
  - ②再編計画策定の流れと考え方 ……………………………………………… 28
- 4-2　再編計画の先進例1 ― 削減目標設定が先立つトップダウン型（秦野市）… 38
  - ①秦野市の概要 ………………………………………………………………… 38
  - ②秦野市型の公共施設再配置方針 …………………………………………… 39
  - ③秦野市型公共施設再編を可能とした背景 ………………………………… 42
  - ④秦野市型公共施設再配置が目指すもの …………………………………… 43
  - ⑤公共施設再配置方針・計画から実施へ …………………………………… 44
- 4-3　再編計画の先進例2 ― 現況施設の評価をベースとしたボトムアップ型（豊中市）
  　………………………………………………………………………………… 45
  - ①公共施設からみた豊中市の特徴 …………………………………………… 45
  - ②公共施設の再編に向けて動き始めたきっかけとプロセス ……………… 45
  - ③公共施設再編に向けた検討手順 …………………………………………… 48
  - ④「特定施設」の検討事例 …………………………………………………… 51
- 4-4　住民合意形成に関する留意点 ……………………………………………… 52

① 再生計画に関わる者のスタンスの捉え方	53
② 各スタンスの概要	54
③「建物等の取扱いの変化」の論点から議論が紛糾する典型例	56
④ 合意形成の遅延を防ぐために	58
⑤ 再編計画における住民合意形成のあり方	59

第5章　主要な施設種別の再編方法と留意点　62

5-1　教育施設の統廃合とその課題	62
① 教育施設の再編方法	63
② 教育施設の再編時における注意点	72
5-2　社会教育施設のまちづくり拠点化	76
① 中国地方における公民館系施設の再編の全体状況	77
② 公民館の再編事例	78
③ 公民館のまちづくり拠点化の方向性と課題	81
5-3　公営住宅における機能変更による再編	85
① 公営住宅の維持管理からマネジメントへ	85
② 公営住宅の活用事例	87

第6章　過疎地域における公共施設の再編　95

6-1　北海道上士幌町「5,000人のまちづくり」のビジョンと方法	95
① まちの整体	96
② 再編の計画要点	96
③ 再編の空間デザイン	99
④ 再編の公共性	104
⑤ バックキャスティングとしての再編計画	105
6-2　過疎地域における医療サービスの現状と維持の方策	106
① 調査地域の概要	107
② 地域の保健・医療・福祉施設資源	108
③ 過疎地域の医療・福祉・住まいの総体的サービスの枠組み	111
6-3　過疎地域における高齢者福祉サービスの現状と維持の方策	113
① いかに地域格差が大きいか	114
② 山間部での生活像	116
③ 地域の福祉環境と施設マジック	117
④ 早期転居ニーズへの対応	119
⑤「建物‐サービス」一体モデルの解体とネットワーク化	119
⑥ 地域福祉のパワーバランスと高齢者住宅	120

第Ⅲ部　公共施設の再編実施（単体施設レベル）

第7章　公共施設の再編実施の流れと要点　124

7-1　公共施設の再編フローにおける単体施設の実施計画	124
7-2　施設体系の再編計画に基づく再編実施優先度の設定	125

7-3　単体施設の利活用における再生手法 …………………………………… 126
　7-4　再生手法と施設用途および空間改変度の関係 …………………………… 128
　7-5　既存施設の利活用手法における法令適合 ………………………………… 129
　7-6　再生手法の効果と課題 ……………………………………………………… 131

第8章　単体公共施設の再生手法 ── 施設改善の基礎手法　134

　8-1　運営等の効率化（FM，PFI）……………………………………………… 134
　　　　再生手法の要点　134
　　　　① 公共施設のファシリティマネジメント手法と課題　135
　　　　② 公共施設のPFI事業の現状と課題　138
　　　　③ 公共施設の発注手法の現状と課題　143
　8-2　長寿命化 ……………………………………………………………………… 146
　　　　再生手法の要点　146
　　　　① 長寿命化の意義　147
　　　　② 公共施設の長寿命化の取り組み　148
　　　　③ 長寿命化の改修のプロセスと要素技術　149

第9章　単体公共施設の再生手法 ── 既存施設の利活用手法　151

　9-1　用途変更 ……………………………………………………………………… 151
　　　　再生手法の要点　151
　　　　① 公共施設における用途変更の特徴　152
　　　　② 用途変更の事例　155
　　　コラム　旧戸畑区役所庁舎リファイニングプロジェクト ………………… 162
　9-2　跡地活用 ……………………………………………………………………… 166
　　　　再生手法の要点　166
　　　　① 学校跡地　167
　　　　② 跡地活用の特徴　170
　　　　③ 跡地活用の課題　175
　9-3　民間活用（貸付け，譲渡）………………………………………………… 176
　　　　再生手法の要点　176
　　　　① 民間へ貸付け，譲渡された公共建築物の特徴　178
　　　　② 民間への貸付け，譲渡による活用パターン　179
　　　　③ 小規模公共建築物の民間活用の手法と課題　183

第10章　単体公共施設の再生手法 ── 従来型施設の再編手法　187

　10-1　複合化 ……………………………………………………………………… 187
　　　　再生手法の要点　187
　　　　① 複合施設の事例　188
　　　　② 複合化の今後　194
　10-2　集約化 ……………………………………………………………………… 195
　　　　再生手法の要点　195
　　　　① 管轄部局を横断する施設再編体制の確立　197
　　　　② 施設機能の再構成　199
　　　　③ 施設の建替え事業手法におけるコスト削減の検討　199

	④ 施設の管理運営体制におけるコスト削減の検討	200
	⑤ 集約に伴う根拠法・料金・ルールの整合性	200
10-3	分散化 ………………………………………………………………………	201
	再生手法の要点	201
	① 圏域という考え方	203
	② 地域密着型サービスの圏域コントロール方法	204
	③ 小規模分散が選ばれた理由	204
	④ 小規模分散化の事例1 ― こぶし園	206
	⑤ 小規模分散化の事例2 ― アザレアン大畑	207

参考文献　　　210
索　引　　　216

第Ⅰ部
公共施設の課題と再編の枠組み

　第Ⅰ部では公共施設の再編計画を策定し，個々の単体施設において再編計画を実施する一連の流れである再編プロセスを示し，公共施設再編の全体的な枠組みを解説する．第1章では，再編計画の策定が求められる社会的背景と現代の公共施設の課題について，公共建築のハード面と公共サービスのソフト面の両面から概説するとともに，公共施設マネジメントを中心とした公共施設整備の方向性を整理している．第2章では，本書の第Ⅱ部および第Ⅲ部で提示する公共施設再編の理論的枠組みと，再編の計画策定から実施までの再編プロセスの各段階の要点を解説している．最後に，第3章では再編計画策定の基礎データとなる既存施設の評価について解説している．ここでは，単体公共施設の各種の評価手法を整理し，公共施設評価の現状と今後の評価のあり方を提示する．そのうえで，すでに手法として確立している公共施設マネジメントの評価手法を既存の文献などから整理し，再編計画策定の前提的条件として位置づけるものである．

第1章
現代の公共施設の課題と公共施設マネジメントの役割

　現在，公共施設とそこで提供される公共サービスは，多くの課題を抱えている．日本全国で人口減少，高齢化が進む中，適正な財政支出により，いかに住民が満足できるサービスを提供するかなど喫緊の課題が多い．道路，下水道などのインフラについても厳しい財政事情のもと，老朽化した施設の安全性を確保するため，少ない費用で維持管理および，更新を行う手法が模索されているが[1]，インフラと公共施設の将来の姿を個々に検討するのではなく，地域社会の生活を支えるものとして，総合的，一体的に考えることが重要である．さらに，ハード面だけではなく，医療，除雪などの社会的サービスをどのように提供するのがよいのかという視点も不可欠である．地域がその特性を活かして存続し続けるため，地域住民の価値観を反映させた公共施設再編のマネジメント手法が求められている．

1-1　公共サービスの提供方法の変化

　国や地方が保有する施設のあり方について議論が始まって久しい[2]．公共施設といってもその用途は多種多様で，事務庁舎，小・中学校，公営住宅，社会福祉施設，文化施設，清掃工場など多岐にわたり，施設の用途ごとに抱えている課題は異なるが，議論の背景には地方分権の進展や平成の大合併などの大きな社会的変革がある．日本の人口は減少しており，少子化や高齢化などによって各地域で人口構成の変化がみられる．交通や情報通信の飛躍的進歩に伴う物流およびサービスの提供方法の変化や人々の就労形態の変化などに起因して，従来の公共サービスの提供方法（場所や時間など）が住民のニーズと不整合になる場面が増えてきた．このような大きな社会的変化を背景に公共サービスの提供方法の見直しが求められ，サービス提供の拠点である公共施設のあり方についても再考が必要となっている．

　公共施設はその設置目的に従い単独の機能で建設されることが多かったが，その施設を市民に開き，展示会や発表会などの市民活動の場として提供することは数多くの自治体で行われてきた．また，公共サービスを庁舎の外で提供すること，たとえば市役所の窓口を鉄道駅舎の中に開設したり，民間施設にパスポート申請窓口が設けられたりする事例もあり，今後も公共サービスが市民の利便性の向上を目指して，街に出ていくことは拡大すると予想される．所得税の申告などは税務署の窓口に行かなくて

も電子申請が可能であり，ITを活用して窓口施設が不要になるケースも増えるに違いない．市民と行政サービスの接点として，私たちの生活に最も近い存在である窓口施設は，市民生活の変化に伴いすでに多様な形態が模索されている．

1-2　市町村合併に伴う庁舎再編

　1999（平成11）年に全国に3,232団体（670市1,994町568村）あった自治体は2006（平成18）年には1,821団体（777市846町198村）にまで減少した．1999年に地方分権一括法によって改正された市町村の合併の特例に関する法律（旧合併特例法）では，合併を推進させるさまざまな財政的優遇措置が用意されたため，期限である2005年3月31日までに合併申請をする市町村が多く存在した．この平成の市町村合併に伴い全国各地の市役所や支所などの事務庁舎は，行政機能が統廃合され施設の再配置が行われている．行政機能の集約の方法は地域の実情により異なり，1箇所に機能を集約する例もあれば，地域に機能を分散させたままの自治体もある．いずれの場合でも，人口が少ない地域の庁舎には従前に比べ必要な面積が小さくなり，未利用の部屋（余剰床）が生じることになる[3]～[6]．建物全体が空室になることは少なく，庁舎の一部分が空室となることが多い．このような空室は未利用のままとなることもあるが，会議室や倉庫として暫定利用されることが多い．自治体のほかの施設との複合化や民間機能の導入が行われることもある．市町村合併に伴い地方議会のための議場は1箇所を除いて不要になるが，床に段差があるためほかの用途に変更するには改修工事が必要となる．鳥取県鳥取市は議場を映画館の上映会場に転用しているが，これは地元の大学生が実行委員をつくり，市と交渉して実現したものである．新潟県南魚沼市の旧塩沢町役場では議場をコールセンターへと転用し，新たな雇用を創出している．人口減少により地域の活力低下が懸念される地方においても，市民が関わることにより未利用となった庁舎に新しい可能性が開けることが期待される．

1-3　小・中学校の統廃合と住民参加

　人口減少と急速に進む少子化を背景に，過疎地，都市部に関わらず小・中学校，高等学校の統廃合が進んでいる．統廃合に至らずとも小学校のクラス数が減少し，幼稚園などが併設される事例もある．これまでは物理的には使えても，機能的な寿命のために建物が取り壊されることが多かったが，最近は用途変更して使い続ける事例も増えている．京都市の旧明倫小学校が，少子化に伴い廃校となったあと，市民の芸術活動のための京都芸術センターとして生まれ変わった事例はその先駆けである．小・中

学校は子どもだけでなく父母もつながりをもつ地域コミュニティの核として重要な機能を有しており，仮に廃校になっても地域社会を結びつける機能を継承することが求められることが多い．廃校になる小・中学校の利活用計画は，地域住民にとっては重要な関心事であるが，行政主導で決められることが多数を占めている．地域住民の多くは計画がまとまった段階で，行政による説明会でその計画内容を知らされることが多く，地域住民の意見や要望を利活用計画の検討プロセスの早い段階から反映させた例はごく僅かである．筆者の研究室の調査では，東京都において住民が利活用計画を主導した事例は6事例のみであった[7],[8]．学校周辺に住む地域住民は高齢者利用の施設など身近な施設を求めがちだが（local），都市部において小・中学校用地は貴重なオープンスペースであり，防災拠点としての必要性も高く，地元自治体としては区域全体として必要とされる機能を配置しなければならず（regional），両者の調整が必要となる．自治体によっては，地域のNPOを指定管理者として，改修後の施設運営を委ねている事例もあるが，施設の円滑な運用を実現するためには，計画構想の段階から地域住民の提案を受け止め，地域のニーズをふまえた施設を計画することが重要である．小・中学校の利活用計画に限らず，未利用もしくは低利用となった公共施設の将来の利活用方法の検討において，地域の住民の考えを検討の早い段階から丁寧に反映させる意思決定のプロセスを用意することは，公共施設が将来にわたって地域で機能し続けるためには，必須の要件であろう．

1-4 施設整備費，管理運営費の適正化

　国，地方ともに厳しい財政事情のため，公共サービスの水準を維持しながら，施設整備費，管理運営費などを削減することが喫緊の課題となっている．初期投資の削減だけでなく，ライフサイクルコスト（LCC）ベースで，光熱水費などの管理運営費の削減に取り組んでいる組織が多い．先進的な自治体では，施設に関連するコストを施設白書として情報公開し，適正化に取り組んでいる．財政難だけでなく，これまでに建設してきた施設のメンテナンスコストの増大から，新築工事を減らさざるを得ない状況にあり，施設の長寿命化への関心も高まっている．青森県では，「公共施設も還暦，米寿を迎えられるように」と建物も人間の寿命並みに長く使うことを目標としている[9],*1．施設の長寿命化により，短期間でスクラップ・アンド・ビルドが行われることを防ぎ，初期投資と維持管理費のトータルコストの削減を図っている．国土交通省では「持続可能社会における既存共同住宅ストックの再生に向けた勉強会」を開

---

*1 既存施設・新築施設および一般施設・長期使用施設の別に目標使用年数を，それぞれ60年，88年，88年，100年超と設定している．

催し，既存共同住宅ストックの修繕技術の体系化に，また，文部科学省でも学校施設の長寿命化に取り組んでいる．施設の維持・保全についても経費削減などを目標として，事後保全から予防保全へと変化しているが，予防保全の手法も，一定の年ごとに修繕工事を行う「時間経過型予防保全」から，劣化診断の結果に基づく「状況監視型予防保全」に向かうことが提案されている[1]．

　老朽化，狭隘化した庁舎の建替えにあたり，従来のように新築するのではなく，既存の民間建物を改修して活用しようとする自治体も出てきている．茨城県土浦市では，1963（昭和38）年に建設された現在の市庁舎を建て替えるにあたり，閉店になったJR土浦駅前の大規模小売店舗を耐震補強して市庁舎とすることを，2012年12月に市議会で決定した．2014年5月21日，工事の入札が実施され，現在，整備工事が進んでおり，2015年に庁舎の移転が予定されている．既存撤去，外壁改修，内装改修，設備改修，耐震補強などを含む工事が約38億円で落札されており[*2]，新たな庁舎を新築する場合に比べて大幅な経費節減につながっている（図1-1）．地方都市において行政機関は大規模な事業所として，街のにぎわいに大きな影響力をもっている．駅前の商業施設が撤退したあと，新たな民間企業を誘致することは難しく，駅前の活性化のため行政施設の整備にあわせて庁舎の移転が検討されることになる．ほかにも，JR石巻駅前の閉店した百貨店を改修して市町村合併後の新庁舎とした宮城県石巻市庁舎や，ショッピングセンターを活用した山梨県甲州市庁舎などの事例があるが，このような官民をまたいだ地域の建築ストック活用は，これからますます重要性を増すと考えられる．

図1-1 土浦市役所が移転を予定しているJR土浦駅前の大規模小売店舗

　公共施設ネットワークの再編による，保有施設総量の削減（公共施設のスリム化）の検討も始まっている[10]．地域の人口構成，人口分布の変化や将来予測に対応して必要とされる公共サービスの内容を見直し，地域単位で施設の再配置を行うものである．提供される公共サービスの水準が低下しないように進める必要があるが，公共施設のストック総量の削減は，管理運営費を含めて施設に関連する経費を大幅に削減させることにつながる．公共部門においても，ROA（Return on Asset，総資産利益率）を考える時代となり，無駄な施設は保有せず，場合によっては民間施設の借入れを選択することが求められている．国と地方の施設の複合化や公共と民間との複合化など，制度面での改善を進めて，施設の

[*2] ほかに関連工事も発注されている．

集約による効率化を進めなければならない．さらに，公共施設で提供される公共サービスそのものを見直すことも必要であろう．公共が担うべきサービス（事業）とは何かを厳しく見極めたうえで，民間に委ねるほうがよいサービスは民間に移管することによって，公共施設の保有量を小さくすることができる．

1-5　民間の力を使った新たな公共施設の整備手法

　未利用になった公共施設の利用に民間企業の技術や資金が活用された事例として，東京都立川市役所の移転に伴い実施された立川駅南口の「旧庁舎施設等活用事業」がある（図1-2）．事業者は，旧庁舎施設を改修整備し，改修整備後の旧庁舎施設を指定管理者として維持管理および運営を行うことが求められた[11]．指定管理期間は，原則10年である．募集要項には，以下のような事業内容が規定されている．

　　「事業者は，旧庁舎施設等を一体的に改修整備し，改修整備後は公の施設の指定管理者として施設全体の維持管理及び運営の一部を行うものです．市は，事業者が有するにぎわい創出のための様々な事業ノウハウや効率的な施設管理ノウハウなどを最大限発揮して頂くために，事業者と改修整備及び維持管理・運営業務を包括的・長期的に契約を行います．指定管理においては，利用料金制度の活用や自主事業の実施など，可能な限り裁量権を付与して事業者に独自の事業展開を行っていただくことにより，立川駅南口地域の市民サービスの向上，にぎわい創出の実現，財政負担の軽減につながることを期待しています．」

　事業の目的は，立川市役所が移転したあと，いかに地域に「にぎわいを創出」するかにあった．採用になった提案は，旧庁舎が撤去されたあとに生じた広場を巧みに活用し，旧庁舎と市民会館とをつなぐ自主事業を提案していた．市民活動を活性化することによりにぎわいを創出することを目指した独創的提案であり，提案を裏付ける経

図1-2　立川市子ども未来センター　立川まんがぱーく

験とノウハウも有しており，実現性が高いと評価された．まんが図書館は，立川市が旧庁舎内に開設する子育て支援機能との親和性も高く，若い人だけでなくさまざまな世代が訪れており，にぎわいの創出につながる提案であった．

　立川市は，事業者がにぎわい創出や効率的施設管理のノウハウを最大限発揮するため，改修整備および維持管理・運営業務を事業者と包括的・長期的に契約している．指定管理者には可能な限り裁量権が付与され，利用料金制度や自主事業など独自の事業展開を行うことにより，市民サービスの向上，にぎわい創出の実現，財政負担の軽減に貢献することが期待されている．2013（平成25）年3月，民間企業が提案した「立川まんがぱーく」がオープンし，指定管理者である（株）合人社計画研究所グループが，民間のノウハウを活かして運営を開始している．「立川まんがぱーく」は，年末年始の12月29日〜1月3日の間，平常より1時間遅い午後8時まで開館しており，民間事業者ならではの市民サービスの向上につながる運営が展開されている．

　今回の立川市の事業手法は，公共施設の企画・調査，設計，施工，維持管理・運営を一括して発注する革新的な手法であり，公共工事の発注をよりよい形にしたいという立川市の意欲の現れである．PPP（Public Private Partnership，公民連携）の一種であり，その特色は，性能発注，一括発注，長期契約の三つにある．民間事業者の斬新な発想を活かすだけでなく，施設の運用も含めたトータルの経費削減（VFM，Value for Money）の最適化も目標とされており，改修工事だけでなく新築工事にも適用できる手法である．民間企業にとっては，創意工夫を活かした計画が立案できる醍醐味があるが，改修工事費や維持管理・運営費，施設使用料を支払って運営しなければならず，大きな事業リスクを負担している．民間事業者が，経営までを含めた責任ある提案を行う事業スキームとなっており，未利用，低利用になった公共施設を地域のために活用する緊張感ある公民連携の手法として参考になる．

　従来，公共施設の整備事業は，企画・調査，設計，施工，維持管理・運営は，分離発注されることが一般的であった．今回の立川市の発注方式は，それらを一括して発注することにより，従来の発注方式では難しかった施設運営を考慮した施設計画の提案や維持管理費を抑えた設計仕様の決定などが実現している．これまでは発注者として行政が設計仕様を決定してきたため，完成後の施設運営の視点が企画や設計に反映されることが十分ではなかった．今回の発注方式の場合，企画，設計から施設の管理運営段階まで，すべてのフェーズを担う企業がコンソーシアムを組織して，各企業のノウハウをふまえて提案している．この手法は，民間の創意工夫を引き出しやすく，また，施設のライフサイクル全体としての最適化が図られることにメリットがある．従来の公共施設の発注は「仕様発注」であり，民間企業は決められた仕様を守らなければならないが，今回の手法では事業全体が「性能発注」されており，民間企業は求

められている性能を実現するために，自由な提案を行うことが可能となっている．このことは，民間企業のモティベーションを向上させ，よりよいサービスの提供につながっている．

　この発注方式のデメリットとしては，企画・調査，設計，施工，維持管理・運営などを専門とする多数の企業がコンソーシアムを構成して事業を進めるため，ときとして利害が対立することが考えられる．したがって，幹事役を担う企業には，それを取りまとめる高度な調整能力が求められる．実施チームとして十分な協力体制を構築できるか，リスクの分担は妥当であるかなど，従来の発注方式ではみられなかった高度なマネジメント能力が求められる．設計者には，竣工後の維持管理・運営方法やその費用を重視し，施設のライフサイクル全体に責任をもつ姿勢が求められる．既存施設の改修工事の場合，工事が始まってから設計内容を見直さざるを得ないことも多く，現場で柔軟に対応できる能力も求められる．施工者には，既存建物の劣化状況に対応した調査診断技術をもち，劣化状況に応じた適切な補修工事を実施する能力を有することが期待される．将来的に再度，改修工事が行われることを考慮して工法を選択することも重要である．行政や市民に対して，技術と経済性の両面で提案できる能力をもつことが，これからの事業者には求められよう．

　国や自治体が保有する膨大な施設ストックを，今後も地域社会のために利用していくためには，民間企業や地域住民の知恵，技術，資金，ネットワークなどを最大限に活かす仕組みが求められる．地域社会の将来像を描き，それを支える地域のインフラと公共施設を将来，どのように維持管理・更新していくのか，ハード面とソフト面の両方の議論が必要である．公共施設の将来像を描き，運営の担い手になる主体は，地域の住民である．専門家には技術面での支援だけでなく，経済性や社会生活面での支援を含めた包括的，総合的なマネジメント能力を有することが期待されている．

第2章
公共施設再編の枠組み ─ 公共施設の再編フロー

　本章では，自治体において公共施設の再編を実行するための枠組みと再編計画の策定から実施までの流れについて概説する．公共施設再編計画策定の手続きは，大きく次の三段階で構成される．すなわち，自治体の抱える既存施設評価段階，再編計画段階，再編実施段階である．その特徴は，単体施設の再編に対するFMの評価結果もふまえ，地域的視点すなわち自治体内の施設群全体として機能評価する視点を導入し，自治体内全体での公共サービスの衡平性と効率性を検討しようというものである．

2-1　公共施設再編の理論的な枠組み－FMと個別施設の機能評価の統合的再編

　既存公共施設の評価手法は，ファシリティマネジメント（FM）の領域で大きな蓄積がある．詳細には触れないが，FMの領域では施設の管理運営のための知識と技術が体系的に蓄積されてきた[*1]．しかし，一方でその限界も指摘されている．たとえば，FMは所有施設の最適状態（コスト最小・効果最大）を算出する手法であるため，そもそも所有の是非についての判断には限界がある[2]．

　そこで本書では施設再編の根拠として，従来のFMの手法による単体施設評価に加えて，自治体内の施設群全体を機能面から評価する視点を導入することで，個々の施設の最適な再編方針の設定へ結びつける．これにより，自治体内全体での公共サービスの衡平性（4-1節）と効率性が論理的に検討可能となる．すなわち，地域的視点を公共施設再編プロセスに導入しようという試みである．

　公共施設の再編プロセスは，自治体の保有する既存施設の評価段階，再編計画段階，再編実施段階の三段階で構成される（図2-1）．以下に，各段階の概略を説明する．なお，公共施設の再編を実行するためには，管轄部局を横断してイニシアチブをとる部局の設置が必要である[5]．また，公共施設再編の計画策定では，住民の参加と合意形成の方法が課題の一つとなる．

---

*1　公共施設の運用段階における業務や費用は，施設の維持管理に関わるものと施設を機能させるサービス提供等の運営に関わるものが存在する．本書では，運用段階の業務および費用の全体を示す用語として管理運営，管理運営費を用いている．なお，FMでは運用段階の業務を運営維持と定義し，これらの業務を維持保全，運用管理，サービスに大別している．

第2章　公共施設再編の枠組み ― 公共施設の再編フロー

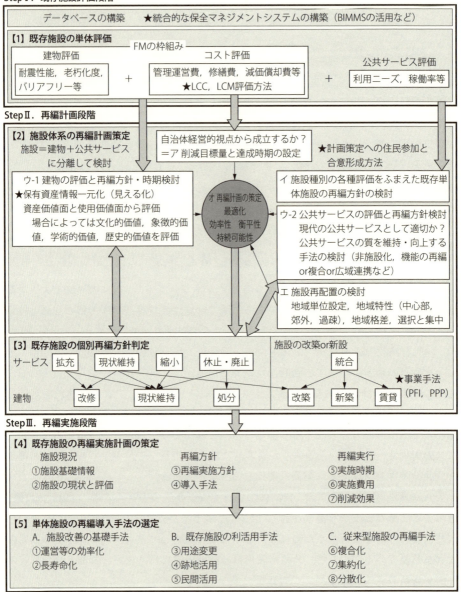

図 2-1　公共施設の再編プロセス

2-2　公共施設再編の計画策定および実施のプロセス

（1）Step Ⅰ. 既存施設評価段階：図2-1の【1】既存施設の単体評価

　Step ⅠではFMの手法によって既存施設の単体評価を行う（表2-1）．まずそのための公共施設保全情報データベースの準備が必要である．これまで自治体では施設保全のデータの統合化と一元的なデータ管理がなされていなかった[2]．現在は，（一財）建築保全センターによって全国自治体共同利用型の保全マネジメントシステム（BIMMS）が開発され，自治体によって活用が進んでいる状況にある[6]．

　次に，既存施設について，建物，コスト，公共サービスの観点から単体評価を行う．まず，建物については耐震性能などの安全性，老朽化度，バリアフリー性能などの評価を行う．次に，コストについては保有施設の管理運営費，修繕費，減価償却費等を算出する．ライフサイクルコスト（LCC）とは建設費，運営（運用）費，解体処分費の総和であるが，運用段階における将来費用予測にも活用される[7], [8]．また，ライフサイクルマネジメント（LCM）の視点も重要となる[9]．

　最後に，公共サービスについて利用ニーズとの整合性，すなわち，圏域内利用対象者数とその将来推計，現在の利用率，圏域外の利用者の割合，提供サービスの種類等について評価する．量的に把握可能な項目では，データに基づき妥当水準が任意に設定される．また，サービス提供方法の適正性，すなわち開館時間・利用料金や広域合併などによる提供サービスの重複性についても評価する．

表2-1　Step Ⅰでの評価項目

○建物評価項目
・耐震性能
・老朽化度
・バリアフリー度
○コスト評価項目
・管理・運営費
・修繕費
・減価償却費
○サービス評価項目
　A. 利用ニーズとの整合性
　　・圏域内利用対象者数とその将来推計（量的に把握可能であり，任意に妥当水準を設定）
　　・現在の利用率（量的に把握可能であり，任意に妥当水準を設定）
　　・圏域外の利用者の割合（量的に把握可能であり，任意に妥当水準を設定）
　　・提供サービスの種類
　B. サービス提供方法の適正性
　　・開館時間・利用料金
　　・広域合併などによる提供サービス重複性

（2）Step Ⅱ. 再編計画段階：【2】施設体系の再編計画策定
　　　　　　　　　　　　　　【3】既存施設の個別再編方針判定

　Step Ⅱでは，既存施設の単体評価を基に再編計画が策定される．ここでは，自治体内における施設群全体の再編方針の設定と既存施設の個別再編方針の判定，改築または新築の施設整備の手段の決定を同時並行で検討することとなる．

　この再編プロセスでは，従来の手法からさらに効率的な再編とするため，施設を建

物と公共サービスに分けて検討することを提起する[10], [11], *2. 具体的には以下に示す五つの視点から検討し，その結果を総合して自治体内の施設群全体の最適状態を推定し，そのための再編計画を策定する．この際，単なる効率性の追求のみならず，高水準，高質かつ持続的な公共施設整備のチャンスとして捉えることが重要である[12].

手順ア：自治体の将来的な財務計画に基づく削減目標量と達成時期の設定

　　まず，自治体の将来的な財務計画に基づいて施設床面積の削減目標量とその達成時期を設定する（詳細は4-1節参照）．

続く以下のイ，ウ，エは並行して検討される．

手順イ：施設種別の各種評価をふまえた既存単体施設の再編方針の検討

　　StepⅠで行った既存施設の単体評価結果に基づいて，既存建物を利活用するか，処分するかの再編方針について施設種別に検討する．

手順ウ（1，2）：建物と公共サービスに分けた評価と再編方針の検討

　　施設再編の効率性をさらに向上させるために，施設を使用する建物と提供する公共サービスに分けて検討する．具体的には表2-2に示す評価項目が設定される．

　　まず，建物については資産価値面から検討する．具体的には各自治体の資産ストック量や次世代への負担などを一元的かつ定量的に把握し（見える化）[13]，自治体経営の視点から持続可能性について検討する．使用価値面については，従前の提供サービスに対する規模，設備の適正度の判定，用途変更を想定した空間の余裕度や可変度が検討される．建物によっては，文化的価値，象徴価

表2-2　StepⅡでの評価項目

○建物評価項目
・提供サービスに対する規模・設備の適正度
・用途変更を想定した空間の余裕度と可変度
・文化的価値，象徴的価値等の有無
・更新時期
○サービス評価項目（各サービス別）
　A. 自治体の上位計画における方針との整合性
　　・総合計画等の将来ビジョンとの整合性
　B. 公共としての負担の適正性
　　・民間へのサービス移管，地域住民の運営参加と移管の可能性
　C. 現行制度との整合性
　　・施設種別の設置法，設置基準等との整合性

値等について検討する必要もある．また，建物の老朽度と耐用年数を参照して更新時期を確認し，当該建物の再編時期について全体の中での優先順位を設ける．

　　次に，公共サービスについては各サービス別（教育，医療，行政，社会教育，福祉など）に検討する．まず，サービスそのものの妥当性を検討して公共サービスの再編対象を設定する[3], [4]．ここでは，住民の利用ニーズとの整合性だけでなく，自治体の上位計画における方針との整合性，公共としての負担の適正性，現行制度

---

*2　文献[11]pp.152-153参照．

との整合性などの観点から評価する．ただし，評価基準は一律ではなく，当該自治体の状況と指針に基づく個別判断となる．公共サービスの提供方法は，複数機能の「複合」[10], [11]，「集約」に加えて，行政区分を越えた「広域連携」[2], [11]なども選択肢に入れて検討する．

　以上の検討の結果，建物の再編方針は「改修，現状維持，処分，改築（建替え）」の選択肢がある．一方，サービスの再編方針は「拡充，現状維持，縮小，休止・廃止」の選択肢がある．これらの組み合わせで各施設の再編方針が決定される．

　再編にあたっては既存施設の活用・処分だけにとどまらない．既存施設の転用を自己目的化する発想から逃れ，「新築（改築）」も選択肢とすべきである*3, [17]．また，建物を所有するだけでなく必要スペースの「賃貸」も選択肢となる．たとえば，複合施設の新設を契機として事業所移転，借上げ廃止，借上げ開始といった波及的な再編が行われた例もある[19]．再編に伴う施設整備では，民間活力を活用する事業手法の選定も課題として挙げられる．

手順エ：地域特性をふまえた施設再配置の検討
　施設評価に基づく再編方針と並行して，自治体内の施設群全体の適切な配置について検討する．人口減少期を迎えた地方において地域格差の是正はますます難しく，むしろ近年では改正都市再生法により，市町村が都市機能誘導区域や居住誘導区域を計画できるようになるなど，国が主導する形で「選択と集中」が推し進められようとしているため，都市計画との連携も考慮されるべきである．また，これを機会に公共施設と公共サービスの高質かつ持続的な再編を実行するためには，むしろ地域特性を積極的に評価した方針が望まれる[17]．

手順オ：以上の個別検討を統合した施設体系の再編計画策定
　手順アからエまでの検討を統合して自治体内の施設全体の再編計画を策定する．ここでは，個別の施設に関する再編方針と実施時期が決定される．

（3）StepⅢ. 再編実施段階：【4】既存施設の再編実施計画の策定
【5】単体施設の再編導入手法の選定

　StepⅢは再編計画の実施段階となる．この段階は，StepⅡの施設体系の再編計画に基づく既存施設の個別再編方針判定に対して，どのような手法を導入するか，さらにどのように実施するかを決定するものである．

　再編導入手法の選定と実施方法を決定するためには，既存施設および新築，借上げ

---

*3　日本建築学会大会建築計画部門研究協議会「公共建築の再構成と更新に向けての建築計画研究からの提言」（2009.8，文献[17]）における森傑氏（司会）の指摘．

による新設施設の単体施設ごとに実施計画が策定されなければならない．Step Ⅱの再編計画は施設体系を対象とした施設再編の基本計画と位置づけられるが，Step Ⅲは再編実施のための単体施設の実施計画といえる．この実施計画の構成は，①施設の基礎情報，②施設の現状と評価，③再編実施方針，④導入手法，⑤実施時期，⑥実施費用，⑦削減効果で構成され，Step Ⅰの既存施設の単体評価とStep Ⅱの再編計画の方針で得られたデータを，施設別に再構成したものである．

実施計画では，実施時期，実施費用とその効果が示されるが，そのためには実施の優先度を決定しなければならない．ここでは，その根拠として再編対象施設の更新時期，利用圏域，立地，機能性，耐久性といった視点から実施優先度を設定し，中長期的な実施費用の平準化を考慮して実施時期を決定する．

そして，個別再編方針に応じた導入手法が決定される．ここでは導入手法として，①運営等の効率化，②長寿命化，③用途変更，④跡地活用，⑤民間活用，⑥複合化，⑦集約化，⑧分散化の八つを挙げている．

個別再編方針は改修や現状維持の既存施設の利活用と処分に分けられるが，既存施設を利活用する場合は，①運営等の効率化と②長寿命の二つの手法が，用途に関係なくすべての施設に求められる施設改善の基礎手法と位置づけられる．

次に，公共サービスを縮小もしくは休止・廃止し，既存建物を活用する場合は，③用途変更が選択される．いわゆる既存ストック活用であり，ここでは機能の充足や改修方法の検討が重要となる．また，施設改修の計画設計と運用の各段階での住民参加の方法も課題となる[20]．

さらに，既存建物を処分する場合，建物の解体もしくは，民間への貸付け，売却が選択肢となる．建物を解体した場合は④跡地活用の手法が，貸付け・売却の場合は⑤民間活用の手法が導入される．いずれの場合も法適合性が大きな課題となる．具体的には，公共的な用途に供する施設は行政財産であり，行政財産は土地の貸付けに関する以外の貸付け，交換，売払い，譲与等ができないため，まず普通財産に切り替える手続きが必要である．ただし，2006（平成18）年の地方自治法改正により，行政財産の貸付け要件が緩和されている．また，国庫補助金等によって整備された施設は定められた期間内において譲渡はできず，違反した場合は補助金の返還を求められるため，償却期間に注意する必要がある．ただし，一部の国庫補助制度については，財産処分の承認手続きを簡素化・弾力化する措置が講じられている[24]．

最後に，公共サービスを統合するなどして既存施設の改築，新設施設の整備を行う場合には，⑥複合化，⑦集約化の手法が選択される．これは，Step Ⅱの全市的サービス再編を伴う施設群再編において個別施設で統合化を図る再編手法である．逆に，公共サービスを小規模化する⑧分散化という選択肢もある．たとえば，高齢者福祉分野

では，都市周辺部での立地が多かった大規模な特別養護老人ホームを小規模化（サテライト特養）して街中に立地させたり，日常生活圏域内での小規模多機能型施設の整備が進められたりしている[23]．

　本章では公共施設再編の理論的な枠組みと施設再編の流れについて概説した．次章より，公共施設再編の計画策定および実施のプロセスの各段階について詳述する．第3章がStep Ⅰの既存施設評価，第Ⅱ部がStep Ⅱの再編計画策定，第Ⅲ部がStep Ⅲの再編実施に対応し，各段階の考え方と要点を解説する．

第3章
既存施設の評価

3-1　既存施設の従来評価と今後の評価

　建物の従来評価には，いくつかの評価軸がみられる．自治体における既存施設の評価は，建物の性能評価と行政ニーズからの評価方法が一般的であった．この評価軸では，物的な建物としての資産価値の面と，行政ニーズからみた使用価値の面という二つの側面からの判断であった．この二つの評価によって既存建物を残すか，残さないかを決定する傾向がみられた．既存建物の建物性能と行政ニーズが高い，つまり資産価値と使用価値がともに高ければ，保持したまま継続して使用されるという判断が選択される．建物性能が高いが，行政ニーズが低ければ，利用状態を変更して継続的に使用するか，ほかの用途に変更するという判断が選択される．

　また，建物性能は低いが，建物を使用する事業の行政ニーズが高ければ，建物そのものの改築や大規模改修・修繕を行うという選択が多くなる．

　建物性能が低く，その建物を使用するニーズが小さいという状態が生じると，自治体は建物を解体し，行政ニーズが高い用途の建物を建設するか，あるいは建物を売却するという選択がとられる（図3-1）．

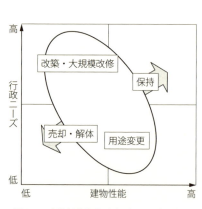

図3-1　建物性能評価と行政ニーズ評価の相関関連図

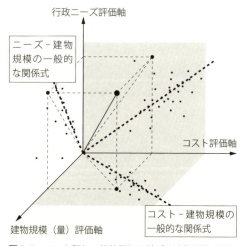

図3-2　コスト評価，性能評価に基づく建物規模（量）評価，行政ニーズ評価の関連図

しかしながら，国，自治体を問わず財政状況が厳しいことから，単純に建物性能と行政ニーズがともに高ければ，すべての施設を現状のままの状態で残すという判断や，建物性能が高いために，用途変更を行いながらでも建物そのものを残すという判断もできなくなっている．すなわち，コスト面からの評価が重要な要素となり，コスト評価によって建物の存続が決まるといっても過言ではない状況になっている．

今後は，コスト評価に加えて，性能評価に基づく建物規模（量）評価，公共としての行政ニーズに対する自前の建物の保持の是非を判断する行政ニーズ評価，以上の三つの視点からの評価が，公共施設を存続させるための判断として求められている（図3-2）．

3-2　三つの視点からの評価方法

今後の既存施設の評価を考えるためには，従来の評価について詳細に検証することが有効である．そこで，三つの視点から既存の評価方法を整理する．

（1）コスト評価

既存のコスト評価をみると，どちらかというと施設を新築するためのコストが評価の対象となり，これによって既存施設の現在価値を算定するものが多いといえる．

その代表例が火災保険における評価であり，再建築や再購入に必要な建物価値をコストとして評価するものである．建物本体だけでなく付属施設の基礎，門扉なども補償対象になり，これらを含んだ再建築あるいは再購入するための補償を行うことが前提となっている．

新築の場合は，売買契約や消費税からの逆算で行うことが多いのに対し，既存建物の場合は，地域，構造，外壁，屋根の仕上げ，建築後年数の要素から，新築した場合の平米単価を算出して，その単価に延床面積を乗じ，さらに付属施設を加えることで最終的な評価が行われる．構造や仕上げの程度，どのように使ってきたかという使用状態を直接的に評価するのではなく，同じ仕様の建物を再調達するために必要なコストを評価するものであるといえる．このような評価はリスク評価であり，災害時への対応ともいえる．

一方，火災保険に加入するかどうかは，火災発生率とコスト負担率との兼ね合いから判断する必要があるが，いくつかの自治体では，この検証を行わずに建物の重要性や規模に関係なく加入しているケースもある．今後，自治体がコスト評価を行う際，とくに自己所有の建物については，このようなコスト負担を検討することが重要である．

またその他では，不動産としての現在価値の評価が行われている．その代表的な評

価方法が不動産鑑定評価である．不動産価格に影響を与える要因を分析してコスト評価を行うものである．その要因としては，①不動産が本来もっている一般的な要因であり，その項目は，ⅰ地盤，土地の高低差，河川との距離的関係などの自然要因，ⅱ不動産がある都市構造，公共施設の整備状況などの社会的要因，ⅲ社会全体の財政状況などの経済的要因，ⅳ法規制などの行政的要因がある．また，②宅地であれば，日照，温湿度，風向などのその土地がもっている気象条件，インフラ整備状況，公共・公益施設や商業施設へのアクセス状況，街並み，眺望などの地域要因，③建物の属性などに関する要因として，建築年次，建物の建築面積，延床面積，高さ，構造，材質，耐震性やその周辺環境，さらに建物の配置状況，賃貸借などの個別的要因が挙げられる．

不動産鑑定評価の手法については，原価法，取引事例比較法，収益還元法の手法がある．原価法は，対象不動産の再調達原価に耐用年数などから減額できる修正（減価修正）を行って，対象不動産の価格を求める手法である．

取引事例比較法は，対象不動産の付近の多数の取引事例を収集したうえで適切な事例の選択を行い，事情補正や時点修正，地域的な要因比較によって，対象不動産の試算価格（比準価格）を求める手法である．ただし，取引事例比較法は，市場において発生した取引事例を基に試算価格を出すため，多数の取引事例を入手することと適切な事例を選択することが必要となり，これによって価格の精度が定まるという評価上の課題がある．

収益還元法は，対象不動産が将来生み出すと想定される純収益に基づき，現在の価値の総和を求めることから，対象不動産の試算価格（収益価格）を求める手法である．

このように，不動産価格も生鮮食料品と同様に，その時々の時勢や将来予測によって変動しており，その時々で評価が変化している．このことは，自治体所有の不動産や公共施設であっても，有償の価値を生み出す資産を形成していると考えるべきである．つまり，事業を行う際は，その事業による保有床が近傍の平米単価に基づく賃貸価格と比較して価値を有することが判断できなくては，自己所有での事業を行うことはできないといえる．さらに，事業の有効性が証明されたとしても，公共空間において実施することの判断が必要となる．

次に，リスク面からみたコスト評価としては，不動産投資および取引におけるデューディリジェンス（投資対象の詳細な調査）があり，「エンジニアリング・レポート」としてまとめられている．このレポートは，以下の四つの項目で構成され，リスク評価が行われる．①不動産状況（ⅰ土地の地目，隣地境界，埋蔵文化財，地下埋設物，地盤など，ⅱ建物の建築年次，建築設備の経過年数，修繕・更新費用，耐震状況，耐震補強，既存不適格事項，再調達価格など），②アスベスト，PCBなどの有害材料設置，

土壌汚染，地下水の有無，③権利関係，賃貸借関係，占有関係，確認申請，検査済証などの取得状況，④不動産市場・地域状況，将来収益予測．

エンジニアリング・レポートは，民間では，独自で作成して判断することもあるが，一般的には，（公社）ロングライフビル推進協会（BELCA）の作成したガイドラインが客観性もあり広く活用されている[5]．このリスク評価は，民間では投資効率の可否を判断するキーアイテムとなっている．

以上のように，コスト評価手法を整理したが，これらの評価には，一長一短があり，評価の目的によって活用方法も変わってくる．そのため，公共施設再編における施設評価については，各手法の評価項目に着目し，目的に応じて選択する必要がある．

今後の公共にとってのコスト評価は，少なくとも土地を購入してまでの施設建設はほとんどないと考えられるが，もし既存施設を土地と同時に購入するのであれば，行政需要のみならず，不動産鑑定やリスク評価を行ったうえで，現在だけでなく将来の改修・更新のコスト負担を厳しく検証する必要がある．往々にして，公共は将来需要を過大に見積ることが多く，そのことは将来世代への大きなリスクとなり得る．

既存公共施設の評価では，施設を保持するためのコスト（直接の維持管理費のみならず，事業を行う直接人件費および間接人件費を含む）がどの程度必要となるのかを，改修・更新のための将来負担コストを含めて検討することに主眼を置いている．さらに，更新時には，ほかの代替手法を活用した場合のコストを算定し，比較検証することによって，どの方法がコスト面で有利であるかを判断することが重要となっている．

（2）性能評価に基づく建物規模（量）評価

この評価は，建物を性能面で評価し保有する施設の適正度を判断するものである．この評価を積み上げることにより，施設全体における適正な建物規模（量）の把握が可能となる．

建物の性能評価については，（一財）建築保全センターが作成している建築保全の評価が挙げられる（表3-1）．この評価は，安全性，環境性，経済性の三つの視点を基本として，自己評価と第三者評価に評価主体を分けた二段階評価である．まず，自己評価を行い，その評価によって，専門家による第三者評価の要否が判断される評価制度である．第三者評価には，既往の診断結果も活用できることになっている．評価される性能は，基本的なものに限定して項目数を極力削減している．主観評価と客観評価を組み合わせた評価で，とくに主観評価は，専門知識をもたない職員でも実施可能な簡便な内容となっている．評価結果は，建築保全に関する既存施設の格付けに活用されている．この評価方法は，簡易な性能評価であり，自治体の技術職員でなくても行えるため，初期段階の既存施設の評価に適していると考えられる．

表 3-1 建築保全の性能評価構成（建築保全センターの資料を基に筆者編集）

大項目 A・B・C	中項目 a・b・c	小項目 1～5 点
安全性	耐震性	建設年次
	防災性	消防検査
	利用者の安全性	定期点検等
環境性	周辺環境性	利用者の意見
	利用者の快適性	（アンケート等）
	環境負荷低減性	
経済性	保全の体制	組織・担当
	維持管理費	使用実績等
	光熱水費	

　その他の性能評価では，住宅性能評価や長期優良住宅の認定制度がある．評価内容は，構造の安定，火災時の安全，劣化の軽減，維持管理への配慮，温熱環境，空気環境，光・視環境，音環境，高齢者への配慮，防犯で構成されている．性能評価によって，売買時などでの価値判断を行うことができる．

　さらに，建物の環境性能を評価するツールとして，（一財）建築環境・省エネルギー機構（IBEC）が開発した建築環境総合性能評価システム（CASBEE）は，建物の環境配慮項目を環境品質と環境負荷低減の二つに区分し評価するもので，性能項目ごとに 5 段階で評価が行われる．建物の環境性能が段階的に評価できるため，目標管理に適しているといえる（表3-2）．

表 3-2 CASBEE - 建築（既存）の環境配慮項目概要（文献[6]を基に筆者編集）

配慮項目	配慮項目
Q　建築物の環境品質・性能	LR　建築物の環境負荷低減性
Q-1　室内環境	LR-1　エネルギー
1　音環境（騒音，遮音，吸音）	1　建物の熱負荷抑制
2　温熱環境（室温・湿度制御，空調方式）	2　自然エネルギー利用
3　光・視環境（昼光利用，グレア対策，照度，照明制御）	3　設備システムの高効率化
4　空気質環境（発生源対策，換気，運用）	4　効率的運用
Q-2　サービス性能	LR-2　資源・マテリアル
1　機能性（使いやすさ，心理性・快適性）	1　水資源保護（節水，雨水利用等）
2　耐用性・信頼性（耐震・免震，部材等の耐用年数，信頼性）	2　非再生性資源の使用量削減（材料使用料の削減等）
3　対応性・更新性（空間・荷重のゆとり，設備の更新性）	3　汚染物質含有材料の使用回避（フロン・ハロンの回避等）
Q-3　室外環境（敷地内）	LR-3　敷地外環境
1　生物環境の保全と創出	1　地球温暖化への配慮
2　街並み・景観への配慮	2　地球環境への配慮（大気汚染防止等）
3　地域性・アメニティへの配慮	3　周辺環境への配慮（騒音・振動・悪臭の防止等）

次に，東京都が1999（平成11）年度から実施している施設評価に基づく資産アセスメントに着目する．施設評価の内容をみると，施設の利用状況による有効活用の評価，費用対効果，都民ニーズに対する適合性（施設の必要性，規模，機能），施設の立地と都市計画法上の用途地域および周辺の土地利用との整合性，施設位置と施設の所管区域との位置関係，実施事業の将来性（事業の将来動向を予測した事業計画・施設整備計画の有無），事業の時代適合性で構成される．このように，施設そのものの性能評価に加えて，その施設を使用して実施している事業についての将来にわたる評価を行っている点に特徴がある．評価は，一次評価を事業担当部局が行い，二次評価を財産管理担当部局と技術的な専門部局の共同作業で行っている．この評価によって，既存施設の利用の継続と一部見直し，事業の見直しや廃止の判断が行われる．

　この施設評価では，性能評価と行政ニーズ評価を同時に行っているものである．表3-3は，技術的評価の一部であるが，建物の性能評価と位置づけられている．すべての項目を点数化して，評価要素ごとに重みづけを行い，100点満点評価を行っている．この評価の注目すべき点として，資産価値評価では不動産鑑定評価を準用していることと，文化財価値が高いものについては，ほかの性能評価が低くても，それだけでは公共施設を廃止しないと判断することが挙げられる．

表3-3　技術面からの評価判断基準（東京都の資料を基に筆者編集）

評価項目	評価基準	評価内容	評価項目	評価基準	評価内容
維持管理費	維持管理の妥当性	維持管理状況	耐震診断	耐震診断の結果と処置	安全性
長期保全計画	長期保全計画の作成状況		非常用電源	（非常用電源の確保）	
			OA化対応	OA化対応	機能性
有効利用	敷地の有効利用度	有効性・効率性	トイレ・EV・段差	ユニバーサルの達成度	
充足度	容積率の充足度		省エネ（CO_2）対策	省エネ（CO_2）対策	
レンタブル比	レンタブル比		フレキシビリティ	躯体のフレキシビリティ	フレキシビリティ
庁舎面積/人	1人あたり床面積		容易性	機器更新の容易性	
1ベッドあたり面積	個室，多床室		資産価値	資産価値の残存状況	価値
学校面積	生徒1人あたり床面積		文化財的価値	文化財的価値	

　以上のような既存施設の性能評価を実施することで，ストックとしての公共施設の価値を算定して，これらの評価の積み上げによって公共施設全体の保有量を維持することが適切であるかどうかの判断を行うことになる．

（3）行政ニーズ評価

　行政ニーズ評価は，住民などの行政ニーズに対して，既存施設で十分な行政サービスが提供できるかを判断するものである．つまり，既存施設の機能性と住民への適切な行政サービスの整合性を評価する方法といえる．現在，実際に行われている行政ニーズに対応した評価方法は，施設に関わる総合的な評価ではなく，行政サービスの単純

評価となっている．その中で，宮崎市などの自治体では，行政サービスの評価を組み込んだ既存施設の評価が行われている．

宮崎市の施設評価は，定量的な基礎評価に定性的な評価を加えた構成となっている．基礎評価では，公共施設実態調査の結果を基に，公共施設経営システムを活用し，品質（劣化状況，安全性）・供給（サービスの適切さ）・財務（収益・市負担）の定量的な要素で評価している．さらに，施設の主管部局において，基礎評価の結果に対して定性的な要素（近隣施設・類似施設の有無，民間との競合，防災対策など）の検証・分析を行い，その評価を勘案したうえで，「総量の最適化」（建物）と「質の向上」（機能）のそれぞれの評価を組み合わせ，総合評価としている．

行政ニーズによって整備しなければいけない公共施設は，その時々の社会的環境によって求められるものが刻々と変化している．たとえば，昭和20年代は，戦後復興の住宅不足の解消，団塊の世代の成長に伴う学校の整備が中心的な課題であった．それぞれの自治体において現在の公共施設のニーズを判断することが重要となる．さらに，公共施設のニーズに対して，公共施設を保有して対応するのか，それとも民間施設などでの対応が可能であるか，その判断が求められる．

3-3 既存施設の評価のあり方とその方法

公共施設は，目的に応じて各種の評価があり，その評価が根拠となって施設そのものの存続，廃止，用途変更が判断されている．ただし，単独の評価結果のみを根拠として，各種の事業に伴う公共施設の再編や廃止を実行することは，住民や議会の理解を得ることが難しいと考えられる．そのため，公共施設の再編を念頭に置いた既存施設の評価については，コスト，性能・規模，行政ニーズの評価を複合的に実施する必要がある．そして，評価方法が確定することによって，その評価結果に基づく存続や廃止などの判断，既存施設の活用に関する用途変更などの仕組みも連動して確立していくと考えられる．

最後に，現在から将来にわたってどのような評価方法が必要となるかについて考察を加える．まず，コスト評価方法では，不動産鑑定評価やエンジニアリング・レポートで実施されている仕組みを活用した評価が有力であるといえる．公共施設ごとの建築年次および建築設備の経過年数からの修繕・更新費用，耐震状況による耐震補強費用，既存不適格事項への対応費用などの将来予測費用と，今後の自治体の財政状況からインフラを含めた公共施設全般に対する公共投資の側面からの評価が必要と考えられる．

しかし，年次ごとの可能な投資的経費と施設の投資需要からだけでの評価で，施設

規模を判断することは，行政ニーズに対応できなくなる可能性があるため，行政ニーズに対応した評価も重要な要因となる．たとえば，2022年には団塊世代が75歳以上になり始めるため，介護人数が急激に増加する時代となる．これらの事業が施設保有に見合うものであれば，余剰の児童施設などの用途変更が行われることとなり，また，公共施設として保有しなければ，民間施設での対応が検討されることになる．どちらを選択するのかはコスト評価との相対的な判断となる．

このように，高齢者施設の需要がますます大きくなる行政ニーズに対して施設量の確保が重要となるが，実際には総人口が徐々に減少しており，2060年前後には日本全体の高齢者人口も減少に転じることが予測されている．自治体によっては，2050年以前から高齢者人口が減少する．このように，将来的な高齢者施設の需要も時期として限定的であるため，現在，保有している高齢者施設数で充足する可能性が大きくなり，高齢者対策はこれより30～50年間での対応となると位置づけられる．

このように，公共施設の評価は，①おのおのの自治体の財政面からの投資可能予測金額および施設負担コストに基づくコスト評価と，②自治体の将来年齢別人口予測などからの行政ニーズに対応できる行政サービスの評価，さらに③公共施設が備えるべき安全性・環境性・経済性の視点からの性能評価，という三つの総合的な評価を行い，各行政サービスを提供する施設の必要規模などを検討することが求められる．加えて今後は，単独での自治体だけではなく近隣自治体と共同保有する公共施設についても，あわせて評価することが重要となってくる．

3-4　公共FMにおける既存施設の評価

　前節までの既存施設の評価は，単体施設の個別評価の方法として従来評価を整理し，その課題と今後の評価のあり方を示したものである．本節では，すでに手法として確立しているファシリティマネジメント（FM），とくに公共FMにおける施設評価の方法について整理する．なお，公共FMにおける既存施設の評価においても，前節で示したコスト評価，性能評価に基づく建物規模（量）評価，行政ニーズ評価は，評価体系の中に含まれるものであり，個々の評価手法は公共FMの中で活用されているものもある．そのため，本節では3-2節の評価方法を公共FMの観点から再構成したものである．

（1）公共FMにおける現状評価としての既存施設の評価

　公共FMでは，財務・品質・供給の三つの視点から定量的な目標が設定される．さらに，目標を実現するためにPDCAサイクルを実施し，長期にわたって継続的改善が行われる．この意味で最初の目標設定が重要となり，目標設定のためには既存施

設の現状が評価されなければならない．FMの解説書においてFMにおける現状評価は，財務目標では，1) ファシリティコスト評価（維持・運営・管理のコスト），2) 施設投資評価，3) 施設資産評価，4) ライフサイクルコスト（LCC）評価の四つ，品質目標では，1) 品格性評価，2) 快適性評価，3) 生産性評価，4) 信頼性評価，5) 満足度評価，6) 環境保全評価の六つ，供給目標は，1) 需給対応性評価，2) 施設利用度評価の二つ，以上の12の評価技術があるとされている[*1]．

（2）公共FMにおける既存施設のコスト評価とFM戦略

　公共FMの目標に対し，PDCAサイクルのPlanとして公共FM戦略が立案される．公共FM戦略の主要施策は，公共施設の総量削減，計画的保全による長寿命化，予防保全による改修・修繕費の削減と平準化が挙げられ，主に財務的効果が期待できる．そこで，既存施設のコスト評価に注目し，FM戦略との関係性を整理する．

　四つの財務目標に関する評価のうち，ファシリティコスト，施設投資評価，施設資産評価が会計制度に対応しているのに対し，LCCは建物の設計・建設の初期投資から施設の運用段階の管理運営および改修費用，解体処分にかかる費用までの建物の一生に必要な費用である．LCCを評価し，これを最小にするLCCの最適化はFM戦略の一つであり，この活動がライフサイクルマネジメント（LCM）である．既存施設においては長期にわたる修繕・改修計画と建物の長寿命化が最適化の手段となる．一方，公共FMにおける長期の運用段階のファシリティコストの算定と財政的効果の試算は，長寿命化の実施や大規模改修などの計画的保全の実施を想定したシミュレーションモデルが考案，活用されており，LCCの算定手法とは必ずしも一致していない．

　このような既存施設の評価のためには，現状のデータを一元的に管理し，分析・評価の結果を「見える化」することが重要である．そのためのFMデータベースの構築が課題となっている．現在は，既存の公共施設の現状のデータと分析・評価の結果が「施設白書」として「見える化」されており，公共FM戦略を立案するための基礎資料となっている．

[*1] FMおよび公共FMの解説書として，参考文献[7]～[12]がある．12の評価技術については，文献[9]のFMの目標管理（pp.8-9）を参照した．

第Ⅱ部
公共施設の再編計画
（施設体系レベル）

　第Ⅱ部では施設体系レベルの再編計画の策定について解説する．第4章では再編計画の策定の全体的な流れと要点を提示する．4-1節は五つの手順に区分した再編計画の策定の枠組みを示し，各段階の要点を解説している．ここでは，第Ⅱ部の4-1節以後の第4章から第6章までの各節が再編計画の策定の枠組みの中で，どのように位置づけられるかについても言及している．次の4-2節と4-3節では，再編計画策定の先行自治体として，神奈川県秦野市と大阪府豊中市の公共FMを取り上げ，公共施設再編の側面から解説している．さらに，4-4節では，再編計画の策定段階で住民の合意形成を得る際の留意点を考察している．第5章では，再編計画においてポイントとなる主要な施設種別として教育施設，社会教育施設，公営住宅の三つを取り上げ，各種別の施設再編の考え方と再編方法を解説している．また，再編計画は自治体の規模や立地状況によって状況が大きく異なるため，第6章ではとくに過疎地域を取り上げ，北海道士幌町の取り組みを解説するとともに，過疎地の重要なサービスである医療と福祉に注目し，その現状とサービス維持の方策を解説する．

第4章
再編計画策定の流れと要点

4-1 概　要

　ここでは既存施設の単体評価を基に再編計画の策定を行う（図4-1）．この際，衡平性と効率性の追求のみならず，高水準，高質かつ持続的な公共施設整備のチャンスとして捉えることが重要となる．

　ところで，行政サービスの判断基準として「公平性」と「効率性」とよくいわれるが，ここでは川上が提唱している「衡平性」と「効率性」という表現を用いたい[1]．「衡平性」は，「効率よりも必要とする地域に必要な供給を行おうとする平等性に根ざす行政態度」である．この定義自体は「公平性」と大差ないが，川上は公平と表記せずに衡平を用いる理由として，「『公平』の語が『公正』の意と受けとられ，絶対善であると解されることを避け，『効率』という評価軸に対して別の視点の評価軸であることを価値中立的に表現するため」と説明している[*1]．つまり，両者に優劣はなく，ニュー

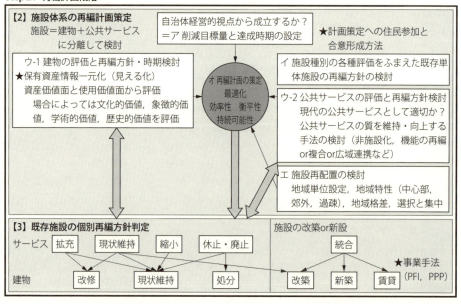

図4-1　公共施設の再編計画段階の枠組み（図2-1から抜粋）

トラルに異なる二つの評価軸として両者を扱うという態度である．

1 先進自治体における再編計画策定の流れ

再編計画策定の大まかな流れをつかむために，再編計画をすでに策定している先行自治体の神奈川県秦野市と大阪府豊中市を例に挙げて説明する．なお，両市の再編計画は，4-2 節，4-3 節で詳述する．

▶秦野市 (4-2 節)

秦野市の再編にあたっての方針をみると，今後原則として新規の公共施設整備を行わないとしたうえで，既存施設についてはできる限り機能維持を図るものの，優先順位をつけて大幅に減らすこととしている[2]．具体的には，義務教育，子育て支援，行政事務機能を最優先としている．そして，今後の税収見込みや施設更新費用などをふまえて，今後 40 年間に総床面積の 31% を削減するとの目標が設定された．さらに，地域単位の設定は，小学校を核とした 14 地域＋市全体施設が集約される 1 地域の合計 15 地域としている．

▶豊中市 (4-3 節)

豊中市の再編は，大量の公共施設の更新を前に単なるコスト削減のみならず，これまで個別に見直されてきた取り組みを，部局や施策の枠を超えて，事業，施設，仕組みを構造的に見直すことを目的としている．まず，市有施設データベースを整備して，サービス，コスト，建物の三つの側面から個別の施設評価を行う．その後，施設の戦略的配置を検討する．とくに効率化を進めるため，複合化，多機能化，戦略的配置の三つを重点項目として挙げる．なお，戦略的配置とは持続的な行財政運営を前提としながら，地域活性化，都市の発展を実現するため，限られた資源の下で市の施設全体の効用を最大化すべく地域特性や社会情勢を考慮した効果的な施設配置を行うことと位置づけている．

さらに，検討の方向性は施設種別によって四つが示されている．具体的には，教育文化，社会福祉，公営住宅，生活安全関連施設については，個々の施設の状況とともに総合計画の施策体系に位置づけて総合的に検討する．集会・コミュニティ施設は，管理運営方法を含めコミュニティ基本方針に基づき検討する．行政施設は施設の配置および老朽度の面から検討する．供給・処理施設は，国の制度や料金体系もふまえて各施設の計画で対応する．以上の四つである．

二つの先行自治体における施設再編計画の枠組みを比較すると，秦野市は，まず総量削減の目標値とその達成時期を決めるトップダウン型といえる．一方，豊中市は現

---

*1　文献[1] p.11 参照

況の施設種別の評価をベースとしたボトムアップ型といえる．どちらのアプローチがよいというわけではなく，むしろ両方のアプローチを組み合わせることによって，自治体の持続可能性，効率性，衡平性のバランスのとれた施設再編が可能と考える．両市の事例を基に施設再編計画策定の流れをまとめると，次のようになる．

- 自治体の将来的な財務計画に基づく削減目標量と達成時期の設定（図4-1の手順ア）
- 施設種別の各種評価をふまえた既存単体施設の再編方針の検討（同手順イ）
- 地域特性をふまえた施設再配置の提示（同手順エ）

さらに本書では，イとエの間に，効果的な再編を検討するプロセスとして，「手順ウ：建物と公共サービスに分けた評価と再編方針の検討」を追加したい．すなわち，施設の再編基本計画策定の流れは以下のようになる．

ア：自治体の将来的な財務計画に基づく削減目標量と達成時期の設定
イ：施設種別の各種評価をふまえた既存単体施設の再編方針の検討
ウ：建物と公共サービスに分けた評価と再編方針の検討
エ：地域特性をふまえた施設再配置の検討
オ：以上の視点からの検討を統合した再編基本計画策定

② 再編計画策定の流れと考え方

施設再編計画の流れとして示した五つの項目について，その内容と考え方を述べる．なお，アからエまでの四つの検討項目は，最初にアの目標が検討され，その後，再編方針に関するイ，ウ，エが同時並行で検討されることとなる．

（1）自治体の将来的な財務計画に基づく削減目標量と達成時期の設定（手順ア）

まず，自治体の将来人口とそれに基づく税収見込みなどを的確に算出した財務計画が前提となる．次に，既存施設を維持・更新する費用を算出する．そして，どれだけの施設床面積を削減すべきか，明確な削減目標量とその達成時期を設定する．この削減目標量の設定は，次項で述べる施設種別での既存施設の再編方針を積み上げるだけでは難しい．これらの施設種別の検討を積み上げただけでは，往々にして，その維持・更新費が将来の自治体予算規模に対して適切なものにはならないからである．

したがって，自治体の経営的観点から成立するかという視点から設定したほうが明快である．最初に自治体が持続可能な削減目標量とその達成時期を設定し，その後にいかにそこまで削減するかを再編の実施段階で経年的に調整する流れとなる．たとえば，秦野市では，まず今後の施設更新等の経費の不足額を試算して把握したうえで，施設更新量と管理運営費削減のシミュレーションから更新量の目安を算出

し，再編方針における施設更新優先度を勘案して具体的な削減目標値を認定した（4-2節参照）．

また，公共施設再編計画に関しての住民合意を得ることは一般的には困難が想定されるところであるが，自治体の将来人口および税収見込み等に基づいた合理的な施設削減量とその達成時期について丁寧に説明することが合意を得るための条件となることから，目標の設定は重要である．

（2） 施設種別の各種評価をふまえた既存単体施設の再編方針の検討（手順イ）

既存建物の再編方針については，まず全市的視点で施設種別ごとに検討を行う．この時点で個別の施設の再編方針が提示されることになる．

現在，公共施設の再編・再配置計画を策定している先行自治体の多くは施設種別ごとに再編方針を明示している．施設種別といっても自治体の抱える施設種別は多岐にわたる．そのため，たとえば，愛知県清須市では，市域全体を対象として整備活用する施設を「全市的施設」，身近な地域活動の拠点として整備活用する施設を「地域的施設」として，二つの層に区別している[3], *2．前者の全市的施設の例は庁舎，学校給食センター，美術館・図書館・博物館，プール，観光施設であり，後者の地域的施設の例は小・中学校，保育園・幼稚園，児童館，福祉施設，保健センター，生涯学習施設，スポーツ施設である．

また，どの施設種別の床面積が最も多いかを秦野市の例でみると，学校教育施設と生涯学習施設の二つの教育施設で約75％を占めている．したがって，保有面積の大きい施設種別の将来的なあり方を中心として丁寧に議論していくことが，再編の核心につながるであろう．本書では，これらの二つの施設に加えて公営住宅を施設再編の重点施設として位置づけ，第5章で詳述する．ここではその要点を示す．

▶ **教育施設（5-1節）**

教育施設は一定の地域・地区ごとに設置され，児童数に関わらず教育環境としての質の保証が求められると同時に，コミュニティ形成上でも重要な施設である．したがって，統廃合については単に生徒数減少といった少子化の面からのみならず，地域的視点も含めた多角的な検討を要する．

現在の統廃合に至るプロセスをみると，児童数が減少したからといってただちに統廃合の対象となるわけではない．まず余裕教室の多目的教室化，続いて地域開放ゾーンの設置，そして一部の用途変更（高齢者施設など）を実施したあとに，単独で学校を維持していくことが難しくなった場合（単学級かそれ以下）に統廃合が検討される．

少子化の進む地域で学校が統廃合されるのは致し方ない面もあるが，学校は教育の場であるのみならず地域の核でもあることから，学校規模の維持，ましてや地方財政

---

*2 文献[3] p.9参照

負担の軽減を目的として安易に統廃合を進めることは避けるべきである．代替案として，たとえば学区再編や複合化などの手法がある．

学区再編は，市区町村全体の人口減少が著しくなく，当初設定された学区ごとに人口偏在がある場合に有効な手段である．これにより各学校規模の調整が可能になるが，一方で，通学圏の拡大に伴う一部児童・生徒の負担増大や，既存の地域コミュニティとのミスマッチなどの問題も生じる．また，学区自体を撤廃して学校選択制を取り入れた自治体もある．しかし，学校間の格差拡大，地域コミュニティの希薄化などにつながる懸念があり，結局，学校選択制を縮小，撤廃した自治体もある．

また，「複合化」は地域に複合の対象となる施設があることが前提となる．たとえば，社会教育施設，社会体育施設，高齢者福祉施設，保育施設，あるいは民間施設等と複合するケースがみられる．加えて，人口減少の進む過疎地域を中心に学校規模を維持するために，小学校と中学校の統合を図る小中一貫校化も見受けられる．

なお，統廃合に際しては廃校後の校舎と跡地をどう活用していくかも検討項目となる．また，1999（平成11）年のPFI法（民間資金等の活用による公共施設等の整備等の促進に関する法律）制定以降，PFIによる学校施設も増加している．

▶**社会教育施設（公民館）（5-2節）**

公民館では，平成の大合併をきっかけとした再編の動きがみられる．たとえば，中国地方をみると，53.6％の自治体が公民館系施設を再編する予定で，うち67.8％が機能再編の予定であった（2011年時点）．

その役割としては，従来どおりの講座開催等の生涯学習事業や貸館業務を行う「社会教育機能型」，その社会教育事業に加えてまちづくり活動の拠点機能を備えた「まちづくり拠点機能複合型」，合併後の市で旧市町村の公民館の役割が未統一状態にある「混在型」などに分類される．とくに，「まちづくり拠点機能複合型」と「混在型」が増加傾向にある．

公民館のまちづくり拠点化の背景には，地方分権を視野に入れた官民協働のまちづくり政策がある．そのため，今後も公民館がまちづくり活動の受け皿となる可能性は大きい．まちづくりは多義的な語であり，自治体によってその意味や役割が異なる．これを，やや仮説的にまとめると，主に地域をよりよくする実践活動（環境づくり，ルールづくりなど）とそのための人材や集団の育成活動（ひとづくり）に集約される．まちづくり拠点における生涯学習活動は，地域課題を解決するひとづくりも含むものであり，これはまさに公民館における社会教育の一つである．したがって，まちづくり活動における公民館の基本的役割は，地域の情報拠点と地域自治の場，そのための社会教育の場となり得ることである．

一方，これまでの地域の歴史において公民館の担ってきた役割は異なり，そして地

域によって課題の内容や対処方法が異なる．そのため，公民館の再編に伴うまちづくり活動も，地域特性に応じた形態となることが予測される．したがって，上記の基本形をふまえつつ，地域性を取り入れたまちづくり拠点の方式を形成することが課題となる．

▶公営住宅（5-3節）

公営住宅は国の「公営住宅ストック総合活用計画」（2000年），「公営住宅等長寿命化計画」（2009年）の制度に基づき整備，改善が計画されるため，自治体独自で判断して，ほかの公共施設種と同じレベルで再編検討の対象とすることは難しい．老朽化が進む公営住宅の大量更新時期を迎えて，従来どおりの供給を前提としない施策，たとえば民間賃貸住宅の活用や家賃補助制度の検討などについて議論されているところもある．しかし，公営住宅は住宅セーフティネットを構築する重要な役割をもつため，慎重な議論が必要とされる．つまり，公営住宅はその扱い方についてとくに慎重な手続きが必要な建物種別であるため，本書において重点施設と位置づけて取り上げる．

現在，公営住宅の大きな課題には，ストックとしていかに適切な維持管理や活用を行うかというハード面のものと，管理主体である自治体の財政難や住宅セーフティネットの役割への対応というソフト面の両面が存在する．

ハード面の対応として，まず将来の公営住宅の適正管理戸数を設定することが前提となるが，これは国土交通省のマニュアルに基づいて推計できる[4]．これに従って，現在住戸の用途維持，機能変更，用途変更または廃止の選択肢がある．余剰床の機能変更については，既存部分の機能の一部変更，低未利用空間の活用がある．

（3）建物と公共サービスに分けた評価と再編方針と再編時期の検討（手順ウ）

施設種別の再編という従来的方法に対して，さらに施設再編の効率化を図るために，施設を使用する建物と提供する公共サービスに分けて検討する方法を提案する．

施設の英訳はinstitutionであるが，この語は「建物」と「組織」という二つの意味をもつ．つまり，施設という言葉は建物とそこで提供されるサービス供給主体という意味をもつことが再認識される．そこで，公共施設再編にあたり，公共施設を建物とそこで提供される公共サービスに分けて捉える．

わかりやすい例を提示しよう．近年，高齢者福祉の分野でサービス付き高齢者住宅の整備が進められている．これは，住宅と介護サービスの機能を分離し，住宅には最低限の見守り機能を付随させるものの，それ以上の介護サービスは地域の居宅介護事業者の訪問サービスを利用することによって，介護度の進行に対しての居住継続を保障する仕組みである．また，建物と公共サービスを分けて考え，将来的に建物用途（サービス）を変えることを想定した建物の形式としてスケルトン・インフィル（SI）という考え方も導入されている．

なお，建物評価とサービス評価によって既存単体施設を評価し再整備する際には，計画・設計－工事－運用といった過程において，関係者がこれらの評価を認識し，施設整備の意義を理解することが重要である．

それでは次に，建物と公共サービスに区分した検討プロセスについて，その要点を整理する．

▶公共サービスの妥当性と効率化，再編方針の検討

まず，公共サービスそのものの妥当性を検討する．たとえば，その公共サービスは住民の利用ニーズと整合しているか，公共の負担すべきサービスとして適切かといった観点から，従前サービスの妥当性を検討する．このプロセスは前項で説明した施設種別での検討と同様のものである．公共サービスの現状評価に基づくサービス再編の選択肢としては，「拡充，現状維持，縮小，休止・廃止」が考えられる．

ところで，公共施設の目的はそもそも公共サービスを提供することである．逆にいえば，公共サービスの質が保持されるのであれば必ずしも建物は必要ない．ITの活用による行政書類の電子交付も多くの自治体で導入されているところである．また，サービスを効率化する具体的手法として，指定管理者制度の導入はすでに一般化している．ここでは，その他の新しい公共サービスの提供手法について整理する．

・システム（体系）からネットワーク（連携）へ

従来の施設体系は，施設規模やサービスの内容，利用者数によってサービス圏域を設定し，これらの圏域がなるべく重複しないように配置することが原則であった．さらに，教育施設や医療施設では施設規模や機能に応じて施設が段階的に整備された．このため，地域ごとにほぼ同等の機能をもつ同種施設が存在した．これが従来の施設体系（システム）である．一方，コンピューターの世界で使用される「ネットワーク」では，たとえ各部分が未完結な断片的情報であっても，ネット上で瞬時に移動し，各部分を組み合わせてそれぞれを補完しながら，目的の情報を得ることが可能である．このような考え方を応用することによって，地域施設のフルスペック型整備から，各地域施設の不足機能は隣接する他施設の機能を利用するなどして補完しあうような，施設ネットワーク型整備への移行が考えられる．

これに近い例として，地域図書館ではA館にはないがB館に所蔵される本をA館でも申し込めば借りられるようになっている．つまり，地域図書館全体で蔵書を融通するネットワークとなっている．ただし，蔵書の場合は本を動かせば済むが，その他のサービスの場合は隣接施設への住民のアクセスが重要となる点に注意が必要である．

また，過疎地域の医療施設では，診療所を広域連携化してスタッフローテーションを組むことで人件費を削減するとともに，診療機能の持続を図る事例もある．

● 機能複合による再編

既存の公共施設の利活用では，拠点化などの機能再編や余剰部分の機能変更によって一つの建物に複数の機能が導入される「機能複合」が行われる点に特徴がある．このような機能複合による再編は，次に示すような施設用途において従来型の施設体系とは異なる新たな公共施設整備の方向性がみられる．

第一に，コミュニティ施設を中心にした「多機能な地域施設の整備」である．福祉，生涯学習，交流などの多機能で小規模な地域施設を整備し，地域のコミュニティ活動の拠点施設として位置づけるものである．これは，全体の施設体系よりも，場所の特性に応じた機能充足を基本とする施設整備の方向性である．

第二に，福祉や医療を中心に行政区分を越えた「広域連携による施設体系の再構築」がみられる．これは，地方の小規模自治体による自立的運営の限界を超えるための，スケールメリットをベースとした再編ビジョンである．

第三は，「従来型の施設用途とは異なる機能複合施設」である．これは，公共施設の長寿命化と法的な規制緩和によって利活用が可能となった既存の公共施設の複合化も含まれる．また，公共施設の中に民間施設を導入する形態の複合もみられ，経済的な有効性も利点となっている．さらに，既存施設の余剰部分の活用は，新築による整備に比べて整備費を抑制することができる．自治体では，地域住民の意向を反映した用途やこれまでに整備経験のない試行的な用途を導入するうえで，既存施設の余剰部分を活用する事例もみられる．

このように，機能複合によって公共施設の用途区分そのものが再編され，地域や時代に即したサービスの提供，異なる用途の利用者間交流や新機能導入による利用の発展といった効果が期待できる．

▶建物の評価と効率化，再編方針，再編時期の検討

次に，建物評価については資産価値面と使用価値面から評価される．つまり，建物のFMの実行であり，改築や建替えの場合の費用が検討される．そして，再編の選択肢として，「改修，現状維持，処分，改築（建替え）」がある．ただし，施設によっては建物の文化的価値，象徴的価値，学術的価値，歴史的価値などについても検討する必要が生じるであろう．

また，個々の建物の老朽度と耐用年数を参照して更新時期を確認したうえで，建物群全体の再編時期を整理し，再編の順序を設定する．

建物の効率化の例として，一般的には上述の複合化がよく知られている．また，複数の施設種の機能を再構成して単一建物へ集約化する方法もある．その他にも移動図書車の活用などのモバイル化がある．加えて，自前の建物や部屋を所有せず賃貸（レンタル，シェア）に切り替える方法もある．たとえば，公民館が複合施設内に事務室

のみを専有し，講座を開く際には会議室を借りることにより，公民館はハードの維持管理から自由になり講座企画などの本来業務に専念できる．また，公営住宅における民間借上げもこれにあたる．これらの手法は公共サービスの非施設化といえる．

（4）地域特性をふまえた**再配置の検討**（手順エ）

ここでは，自治体内の施設群全体の適切な配置について検討する．この検討は，自治体全体での施設体系の再編計画の一部となる．

従来の施設配置の方法は，施設規模やサービスの内容，利用者数によって利用圏域を設定し，利用圏域が重複しないことを条件として配置が決定された．また，用途によって規模が設定され，都市施設と地域施設のような形で区分される．さらに，教育や医療などの施設では規模や機能が段階的に整備されることもある．これらの施設体系の評価は，単体施設の機能性と利用度（利用者数，利用率）が施設レベルに応じて適正であるかが基本となり，施設数の不足への対応が中心であった．

以上のような，従来型の機能ベースの施設体系および配置方法は，どちらかといえば「衡平性」を重視したものであるが，施設再編・再配置においては「効率性」が優先される．これは決して「衡平性」を無視するというわけではなく，これまで重視された衡平な施設配置に，新たに「効率性」からの検討も加えて両者のバランスをとるという姿勢である．

▶再配置の方法

そこで，具体的な再配置の方法について整理する．再配置については現在の施設分布が基本となることはいうまでもない．しかし，施設複合化や，国土交通省が推奨する都市計画分野でのコンパクトシティ政策に連動した施設集約を検討する場合には，どのような地域単位に再編するかの検討が必要となる．

先行例では，各施設種を大きく全市的施設と地域的施設に分け，後者の地域単位を検討するものが多い．

たとえば，秦野市（人口約 17 万人）の再編地域単位は，小学校を核とした 14 地域＋市全体施設が集約される 1 地域の合計 15 地域としていると述べた．これは，現在の小学校区が従来からのコミュニティ単位と合致している点で合理性を有すると判断されたものである．

また，香川県三豊市（人口約 6.7 万人）では，現在の支所，および中学校と統合後の小学校を中心としたコミュニティ拠点を 7 箇所，全市的な施設を集約する拠点を 1 箇所の合計 8 箇所を想定している．

さらに，埼玉県宮代町（人口約 3.3 万人）では，三つの鉄道駅の周辺に市街地が形成されていることをふまえて，それらの鉄道駅周辺に地域施設（小・中学校，公民館，地域サロン，学童保育）を集約する方針を示している．

以上より，各自治体によって再編の地域単位は異なるものであり，それぞれの合理性を説明できる単位で設定されなければならない．その中でも，小学校はこれまでの行政地区単位の基礎となってきた経緯もあるため，検討の基本となり得るといえる．また，施設種別によっては異なる自治体間の広域連携も視野に入れる必要がある．

なお，再配置の時期は既存施設の更新時期にあわせて段階的に行うケースが多い．また，合併特例債の発行期限が合併から15年（東日本大震災被災地は20年）に延長されたが，この期限も一つの目安となり得る．さらに，改正都市再生特別措置法により，中心拠点や生活拠点への福祉・医療・商業等の都市機能の立地を推進するために，対象となる誘導施設整備事業者への民間都市開発推進機構による出資支援等の実施が2014年度から開始された．この財源に基づいた再編も想定される．

▶地域格差の是正か「選択と集中」か

ここで地域格差について触れておく．6-3節で示される愛知県下における高齢者の訪問介護拠点の分布をみると，都市部の名古屋市付近では自宅から5 km以内に同拠点が100箇所以上立地する地域があるのに対し，過疎地域の東部山間部では自宅から5 km以内に同拠点が0の地域も存在する．これは，事業効率性の観点から事業者が都市部に集中しやすいためである．しかし，高齢者福祉は行政が直接のサービス事業者ではないため，過疎地域のサービス維持については地域加算を行うなどのインセンティブを働かせることによって誘導するしか術がない．

いずれにせよ，人口増加期においても解決され得なかった地域格差の是正は，人口減少期においてはますます難しく，むしろ近年では国が主導する形で選択と集中が推進されている．

▶地域特性の的確な評価と公共の役割の再考（6-1節）

一方，施設再編を機会に公共施設と公共サービスの高質かつ持続的な再編を実行するためには，地域特性を的確に評価した方針を設定することが求められる．

6-1節で取り上げる北海道上士幌町は人口約5,000人の小さなまちであり，2040年には3,200人程度に減少すると予測されている．このような小さなまちでは，住宅以外の建物はほとんどが公共施設であるため，その再編がまち全体の空間構造へ及ぼす影響が都市部に比べて大きい．すなわち，公共施設が生活の場の一部として大きな役割を担っている．

そのため，公共施設の再編では，単なる町の財政と人口規模に見合った再編のみならず，「人口5,000人規模の小さなまちでどうしたら豊かに暮らし続けられるのか」「そのために公共施設が果たす役割は何か」ということから検討が始められた．この計画過程では，まず立地の歴史的特性，未利用地の再評価など，まちの構造が分析され，それを基にまち全体の空間計画（グランドデザイン）が描かれた．その際，住民ワー

クショップが開催され,「どのような場所でどのような活動をしたいのか」,「どこにどのような空間とサービスがあればよいのか」という点からアプローチし,30年後のまちの姿が描かれて目標化された.

以上の結果,まちの中心部の歩いて回れる範囲に公共施設を集中させる計画が立案される.具体的には,世代が偏ることなく,また特定の目的がなくともふらりと立ち寄れるような「街中の居場所」をつくり,なおかつそれぞれの生活活動が連続し施設間の移動が楽しくなるような界隈とする公共空間の創出が目指されることとなった.

ここでの再編計画は,地域特性を的確に評価することの重要性と同時に,「地域社会が求めている公共性とは何か」,そして「その公共性に立ったサービスと建物は何か」という基本理念の再構築がなければ,地域社会と大きく乖離した公共施設の再編となってしまうことを戒めている.

▶過疎地域における居住持続を可能とする医療・高齢者福祉サービス

一方,高齢化の進む過疎地域では,その居住可能性を当面持続することが喫緊の課題となる.鈴木によると,集落が一つの社会生活の場として存続し得るのに必要な条件として,離島集落の場合には,水,医療,交通,教育,電気の5要件があるという[5], *3.また,筆者が金沢市で行った調査では,要介護高齢者の外出距離を伸ばす三大外出先は,病院,介護施設,スーパーなどの商業施設であった[6].したがって,その三つが高齢化した過疎地域の居住可能性に関わるといえる.そこで,過疎地域の医療サービス,介護サービスの要点を以下に示す.

- 医療サービス(6-2節)

過疎地域では診療所を維持するための医療スタッフの確保が難しい.そのため,広域連合,つまり数箇所の診療所をネットワーク化して運営し,医師のローテーションなどによって医療サービスを維持する地域がみられる.

また,過疎地域の診療所では遅かれ早かれ病床の廃止または療養病床への転換が迫られるが,どちらの場合も問題が存在する.さらに,急性期後の病床の補完受け入れ先として現在,老健や特養が実態として活用されているが,この点でも問題が大きい.そこで,公営住宅と無床診療所などの医療と介護の三つをセットにして拠点化するという合理化案が示されている.

- 高齢者福祉サービス(6-3節)

過疎地域では地域住民に対する在宅介護事業が充実しない一方で,安価な土地価額を背景として特養や老健などの介護保険施設が立地する実態がみられる.これらの施設の入所待機者のうち約8割は遠方の都市部の高齢者である.しかし,施設入所定員が地域の高齢者人口以上となると,かえって地域の高齢者が早めに施設に入所してし

---

*3 文献[5] p.311 参照

まい，地域居住を支える在宅介護事業はますます逼迫するという悪循環に陥る．

このような状況に対して，本来都市部を念頭に創設されたサービス付き高齢者住宅の活用を解決策の一つとして示している．つまり，訪問看護や介護サービスと高齢者住宅の併設，もしくは小規模多機能型居宅介護事業所とサービス付き高齢者住宅の併設である．6-2節の医療サービスにおいても同様の方策が導き出されている．したがって，今後，医療と介護の連携による地域包括ケアの推進と住宅施策との融合が，過疎地域の高齢者の生活持続を支えると考えることができる．

(5) 以上の視点からの検討を統合した再編計画策定（手順オ）

これまでの検討項目である削減目標量と達成時期の設定，既存施設の個別再編方針の検討，建物と公共サービスのそれぞれの評価と再検討，施設再配置の検討を総合して，自治体内の施設群全体の最適状態の計画を策定する．この際，個別の施設に関する再編方針とその順序も決定される．ここで「最適」と書いたが，現実には「最善」といったほうが的確かもしれない．削減目標量の設定次第では理想の施設構成をとることは難しく，可能な限り理想に近いものを目指すほうが現実的といえるためである．

以上の再編計画策定のための検討において重要な点は，建物と公共サービスのそれぞれの評価および再検討の組み合わせとして，個々の施設の再編方針を決定することである．たとえば，ある公共サービスそのものが不要の場合，もしくはその公共サービスは必要でも何らかの「非施設化」で対応可能な場合，建物についても処分，もしくは用途変更の対象となる．一方，ある公共サービスは必要であっても現状の建物では充足できない場合，建物の改修または改築が検討される．その際には，現在の場所がよいのか，ほかの場所に集約すべきかといった再配置も検討項目となる．

このような既存施設の再編プロセスは，従来型のものとは大きく異なる．従来型プロセスであれば，ある施設が老朽化に伴い建替えが行われる場合，その施設単体に対して，担当部局が施設区分の枠内で機能の見直しなどの基本計画を立案し，営繕部門が工事費を算出する．これらの結果を基に担当部局が関連部局と調整し，事業計画を立案する．これに対し，FMをベースとした既存施設の再編では，まず基本計画段階において従前施設の必要性が検討される．つまり，その場所において従前のサービスが必要であるのかそれとも別の場所がよいのかという検討が，全市的視点のバランスの下で行われる．ただし，その検討プロセスにおいては既存施設の現状評価をふまえた検討が必要であり，手順イ〜エを行き戻りしつつ検討することになる．

(6) 住民合意形成に関する留意点（4-4節）

最後に，公共サービスの評価プロセスにおける住民参加方法を含めた住民合意形成の課題について整理する．住民にとって，人口減少していく中で公共施設の総量を削減する必要性は理解できつつも，いざ公共施設を再編するとなると公共サービスの質

の低下を招くかもしれないといった懸念が生じる.

本節では,建物と公共サービスの評価を分けて検討する方法を提示したが,この建物と公共サービスの両面についての検討を並行する方法は,計画策定に関わる自治体関係者や専門家にとって違和感はなくとも,一般住民には理解が難しい.なぜならば,一般住民にとっては,建物の改善と公共サービスの見直しの議論はまったく異なる内容にみえるためである.

とくに,再編計画の検討が建物から始まる場合には慎重となる必要がある.そのあとで公共サービスの検討が始まると,現状維持という選択肢が非常に強力となるからである.したがって,建物と公共サービスの両面から計画策定プロセスを意識し,議論を導くことが肝要となる.

一方,公共施設整備の責任は基礎自治体にあるとはいえ,国や都道府県の制度から完全に独立しているわけではない.そのため,計画策定完了のタイミングはしばしばそれらの制度,たとえば合併特例債の期限などから逆算して設定される.したがって,期限を有する制度を利用する場合には,期限内に住民合意形成に至らなかった場合の対応も想定しておく必要がある.

4-2　再編計画の先進例1 ― 削減目標設定が先立つトップダウン型(秦野市)

1 秦野市の概要

秦野市は神奈川県央西部に位置し,市北部を丹沢山麓,南部を渋沢丘陵に囲まれた盆地に位置する.歴史は古く,町村制が施行された1889(明治22)年には,現在の秦野市を構成する地区の原型となる町や村のほとんどが誕生していた.1927(昭和2)年に小田原急行鉄道(現在の小田急電鉄)が開通後,1955(昭和30)年に4町村(旧秦野町,南秦野町,東秦野村,北秦野村)の合併により秦野市として新設され,その後1963年に西秦野町も合併して現在の市が誕生した.小田急線の3駅を有し,1970年代以降首都圏のベッドタウン[*4]として発展してきた.

人口は約17万人,人口密度[*5]は1,635人/km^{2}であり,近隣の伊勢原市(1,817人/km^2),厚木市(2,397人/km^2),平塚市(3,807人/km^2)と比較すると,やや密度は低いが,現在も微増傾向にある(2014年4月現在).市内に私立大学があることなどから高校生や大学生の流入が多いが,その後の就職により市外へ流出し,30代以降は微減の傾向にある.1998(平成10)年以降,子育て世帯の他市からの流入もみられなくなり,全国的な傾向に違わず少子高齢化が進んでいる.

---

*4　秦野駅は新宿駅や横浜駅から急行で1時間半程度の距離に位置している.
*5　人口密度は2014年4月現在の値を示す.

公共施設については，ほかの自治体と比べても慎重に整備をしてきた自治体といえる．しかし，多くの施設が高度経済成長期に整備され，1980（昭和55）年に施設整備のピークがみられる．それらの老朽化はすでに始まっており，2018（平成30）年度末には7割以上の施設が築30年以上を経過する状況である．さらに2001年頃をピークに生産年齢人口の割合は減少に転じており，2034年には1985年頃と同じ程度になる．1985年の施設面積は現在の2/3ほどであることに加え，2034年の就労人口に対する非生産年齢人口の比は，1985年のおよそ5倍程度である（図4-2）．このことより，将来的に深刻な財政状況になることが明らかとなった．

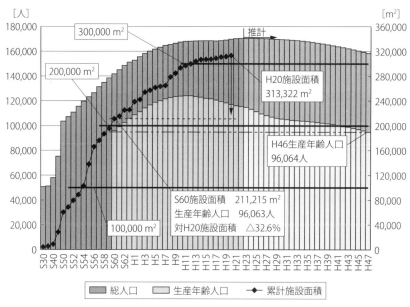

図4-2 秦野市の人口推移と保有公共施設面積（平成21年4月1日現在）[2]

②秦野市型の公共施設再配置方針

こうした状況から秦野市は，市の職員が自らの手で非常に充実した公共施設白書を作成し，今後訪れるきわめて厳しい市の財政状況および公共施設の老朽化の事実を市民に対して明らかにした．さらに，外部学識者，白書を作成した市職員に加え，会議の内容をすべて公開し逐次意見を投稿してもらう「Web委員」を市内有志より選定し，公共施設再配置検討委員会を組織した．検討委員会は，白書に基づき1年4ヶ月にわたる議論の末，全国の自治体に先駆けて以下のような大胆な秦野市型公共施設再編計画の方針を打ち出した（図4-3）．

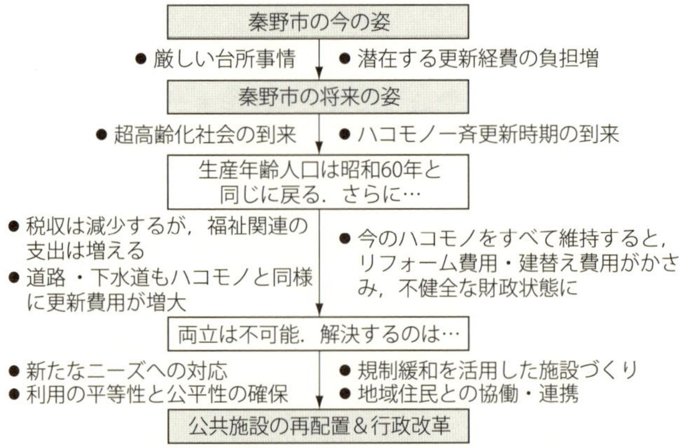

図4-3 秦野市公共施設の再配置に関する方針のフロー（文献[2]を基に筆者編集）

1) 今後，新たな公共施設整備は行わない．行う場合は，更新予定施設の（コストにして）同面積分の更新を取りやめる．
2) 既存公共施設（建築）の更新は，できる限り機能維持の方針をとり，優先順位をつけて大幅に減らす．
3) 優先順位の低い施設（建築）は，全て統廃合の対象とし，跡地の売却・貸与により優先施設の更新予算に充てる．
4) 公共施設（建築）は，全て一元的に管理する．
  今後の公共施設維持については機能の維持と考え，義務教育，子育て支援，行政事務の機能を最優先とし，その他の機能は耐用年数ごとに客観的評価により検討する．

　ここで特筆すべきは，秦野市では公共施設をその建物（「ハコモノ」と表現）とソフト（「機能」と表現）に分離して再配置の検討を進めるという点である．そのうえで施設機能の優先順位をつけて考えるが，建物の維持更新については，できる限り削減の方針を打ち出し，複合化や共有・共用を，聖域なく積極的に進めることとしている．そのため，施設機能維持の最優先に挙げられた義務教育施設の更新においても，今後の更新においてはスケルトン・インフィル方式を採用し，長期的には各コミュニティの状況に応じて，その他の機能の複合化を可能とする方針として打ち出した．さらに，自治会館，いこいの家などの小規模施設は，自治会などの各地域に譲渡し，地域の責任において管理運営を任せるとした．
　以上により，学校を核とした14の地域に中央施設が集約される一つの地域を加えた15のコミュニティ単位（図4-4）で，以下に示す五つの条件の下，学校の複合施

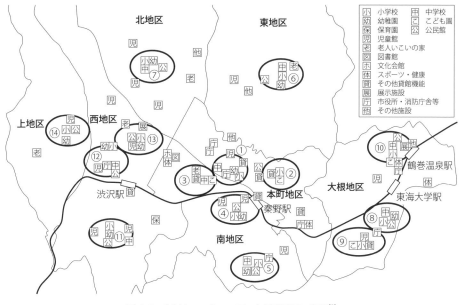

図 4-4 秦野市のコミュニティと施設配置の現状[2]

設化を中心とした施設機能再編を進めることとして，市民に対して繰り返し説明が行われた．

<コミュニティ拠点形成にあたって想定した条件>（秦野市資料より引用）
1) 現在の小学校または中学校を中心として，小中学校の統合に加え，コミュニティ拠点としての機能を付加します（現段階では本市は小中学校の廃止を行うことなく再配置を進められるため）．
2) 1)により小学校または中学校の敷地を利用した 14 の拠点を形成し，これに全市的対応エリアとして現在の中央運動公園付近を加え，15 のコミュニティを形成します．
3) 2050 年までに更新時期を迎える施設のうち，更新できない施設を維持するためには，公民連携による維持を前提とします．
4) 地域住民の利用が主となる施設については，直線距離でおおむね 1 km を超えての機能移転，機能補完は行いません．1 km 以内の場所に公共施設がない場合は，開放型自治会館で機能を補完します．まお，この場合，地区全体での機能低下を防止するため，拠点となる公民館等の施設に新たな機能を付加します．
5) 2051 年以降に更新時期を迎える施設の機能に関しては，方向性を明示していません（第 2 ステージ以降の基本方針において方向性を明示します）．

3 秦野市型公共施設再編を可能とした背景

秦野市では，前述したように非常に大胆かつ前例のない公共施設再配置方針を打ち出し，その中で施設の「スケルトン・インフィル方式」の採用を大きな特徴としているが，これは単に厳しい維持更新予算に裏付けされた施設総量の削減・圧縮だけを目的とする数字（金額）上の議論のみから生まれたものではなかった．今後更新される学校施設を，地域拠点となる複合施設へと変えながらハコモノの総量圧縮を目指す秦野市型公共施設再編は，秦野市のこれまでの施設整備の進め方やコミュニティ形成の特徴を背景としている．

（1）コミュニティ単位と学区

秦野市は，前述したように五つの旧町村の合併により誕生した市であり，現在も続くコミュニティの単位は，昭和の大合併により市となる以前の旧町村の単位に基づくものとなっている．そのため，現在の小・中学校は，図4-4に示すように各コミュニティに1校ずつ存在している（上地区は小学校のみ）．

小田急線沿線の地区では，地区を二つ以上の学区に分割している箇所もみられるが，それらは主に人口急増期に沿線の新興住宅街を中心として整備された分離新設校である．これらの学校もすでに30年以上経過しており，それぞれの学区が一つのコミュニティを形成しているものと考えてよい．したがって，市内のほとんどが明治期以来，もしくは30年以上続くコミュニティであり，その単位は現在も維持されている．そのため，少子化時代に転じたあともコミュニティ単位を無視した学校統廃合はせず，学区およびコミュニティを維持することが可能となっている．

（2）これまでの公共施設の配置方法

秦野市では，市立小・中学校の校地面積が首都圏の他都市に比べ大きく，小・中学校を近接させたり，市立小学校に幼稚園を附属させたりする形で整備を進めてきたという歴史的な背景をもっている．とくに，市立幼稚園の歴史は古く，秦野市の教育の特徴の一つとして考えられてきた．そのため，近年の少子化や私立幼稚園の増加により園児数が減少傾向に転じたあとも，これまでの経験を活かし，廃園ではなくこども園化という形で残してきた．

さらに，公民館等の地域利用を主とする公共施設も，原則として市立学校に隣接または近接して整備されてきた．そのため，（1）で述べたように学区がそのままコミュニティとして成立しやすい配置を取っており，学校を核とする近隣住区論的な公共施設再編にも，既存の地域コミュニティを適合させやすい状況にあった．

さらに，市内各地区の人口密度は異なるが，これまで人口増加の時期においてもいたずらに施設を整備することはなく，施設（ハコモノ）整備をできる限り少なく抑えてきた．そのため，必要な機能を整理したうえで，学校施設を核とした機能集約によ

る再編が十分に可能であると判断できた.

④ 秦野市型公共施設再配置が目指すもの

　結果として，秦野市ではスケルトン・インフィル方式の採用と，学校を核とした複合施設化により，地域コミュニティの拠点を整備していく形での施設総量削減を目指すこととなった．具体的には，予算ベースでキャップを設け，その金額から面積を割り出す方法で，2050年までの40年間に現存する施設面積の約31％（72,400 m^2）を縮減することを示した．

　しかしこれは，主な目的である維持更新費用の負担を減らすという「逃げ」のためだけの方針ではない．学校の複合施設化により，教育や子育て支援を核とした施設機能を統合することで，歴史的に力を入れてきた幼児教育の充実，多世代の交流，地域全体の子育て・教育参加など，新たな価値を生み出すことも可能としており，ベッドタウンとして再び選ばれる市として子育て世帯の新たな流入をも期待しようという前向きな側面も併せもつ．それは,市が「秦野市公共施設再配置計画　第一期基本計画」の中に示す「施設更新の優先度」（表4-1）において，最優先機能として行政事務スペースと並べて，義務教育，子育て支援のみを具体的な施設機能として記している点からも明らかである．これを本気で実現しようとすれば，従来の管轄意識や縦割り的な発想をリセットして，あるべきコミュニティの姿や，子育て，教育について検討する必要があり,市職員だけでなく全市民による議論が避けては通れなくなると予測される．つまり，この秦野市型の公共施設再編の方針は，市として「やらなくてはならないこと（＝施設総量の削減）」と「やっていきたいこと（＝子育て世帯の流入）」を同時に

表4-1　施設更新の優先度[2]

優先度	施設の機能	更新の考え方（方向性）
最優先	義務教育	①少子化による統廃合は必要です． ②更新に当たっては，スケルトン方式を採用し，地域ニーズに的確に対応した施設の複合化を進めます． ③地球温暖化防止や高齢化社会下における複合施設としての利用に配慮した仕様とします．
	子育て支援	①幼稚園，保育所，児童ホームの機能の統合を前提に，上記原則に基づいて更新する学校施設への統合を基本とします．
	行政事務スペース	①事務事業の廃止やPPPの大胆な導入による行政のスリム化を検討します． ②民間との合築，民間ビルへの入居などを検討します．
優先	客観的評価で決定	①財源の裏づけを得た上で，実現の可能性を検証して決定します． ②施設の機能を確保することを前提に，最優先の施設の中で実現する方向で検討します．
その他	上記以外	①施設機能を維持すべきとしたものは，学校・庁舎等の空き空間を活用します． ②廃止施設の用地は，原則売却・賃貸し，優先度の高い施設の更新費用に充てるものとします． ③施設廃止に伴うサービス低下を極力防止するため，交通手段の確保や近隣への代替施設の確保などの方策を検討します．

叶えることも可能な，攻めの方針と捉えることができる．

5 公共施設再配置方針・計画から実施へ

充実した公共施設白書，またすべての公共施設の一元的な再編方針を，全国の他自治体に先駆けて打ち出してきた秦野市では，2011（平成23）年度4月より公共施設再配置推進課を庁内に設置し，全庁的な体制で具体的な再編計画へ入った（2011～2020年：第1期基本計画）．

基本計画では，第1期を前期（2011～2015年），後期（2016～2020年）に分け，前期分の実行プランを策定した（図4-5）．実行プランでは，方針で定義した15のコミュニティエリアそれぞれについて施設集約イメージを示している．また，その中で先行

図4-5 第1期基本計画および前期実行プラン[2]

的に着手するいくつかの施設集約については，「シンボル事業」と位置づけ，施設の集約がサービス低下ではなく，新たな価値を生み出すものであることを市民に示すプロセスをふんでいる．

たとえば，シンボル事業の1番に位置づけられる西地区の中学校体育館，プールと隣接する公民館の複合施設化の事業では，方針策定の段階（2010年末）で民間事業者に対して複合化に関する公開型のアイデア募集を実施した．これにより，従来の公共施設事業にはない，民間の柔軟なアイデアが多く提案され，行政管轄によらない本質的なコミュニティ拠点としての施設再編の骨子づくりが可能になったといえる．

2015年に第1期前期の末を迎えるが，現在，すでに福祉施設への郵便局の誘致など完了したシンボル事業，現在取り組んでいる西地区の中学校の複合化を含め合計四つのシンボル事業の具体化に向け，市は住民との合意形成を模索しながら進めている．

2014年4月に総務省より公共施設等総合管理計画の策定要請が示された今，秦野市は，公共施設白書づくりをいち早く終え，具体的なアクションを開始した全国でも僅かな先進自治体事例として全国から注目を集めている．

4-3　再編計画の先進例2―現況施設の評価をベースとしたボトムアップ型（豊中市）

① 公共施設からみた豊中市の特徴

大阪府の北部に位置する豊中市は，1955（昭和30）年以降市町村合併はなく，1978年以降小学校数の変化もない．2010（平成22）年の国勢調査結果によると，人口38.9万人，高齢化率22.0％，人口密度10,702人/km^{2}であり，1970年代にはすでに市域全域が人口集中地区（DID）となったことに代表されるように，人口密度が非常に高い住宅都市である．豊中市では，1960年代以降の人口急増，市域全域の市街化に伴うサービス需要の拡大に対し，多数の公共施設の建設で応えてきた．さらに，バブル経済による市税収入の増加，福祉関連施設の需要拡大，阪神・淡路大震災後の市営住宅整備などの条件が重なり，1990年代においても公共施設の新設を続けてきた[7]．

豊中市の公共施設を建設年代別にみると，1960～1970年代に建設された公共施設の床面積の割合が大きい．これらの施設は，現在，築年数が40年を経過し更新の時期を迎えており，実質的な再編計画が喫緊の課題である．

② 公共施設の再編に向けて動き始めたきっかけとプロセス

（1）行財政改革の動き

豊中市では，1998（平成10）年4月に「豊中市行財政改革大綱」を策定して以来，2007年度までの10年間にわたり，行財政改革を進めてきた．1999年には「財政非常

事態宣言」が出され，準用財政再建団体転落への危機が迫っていた時期であるが，徹底した事業の見直しや給与構造改革などの制度の見直しにより，準用財政再建団体への転落は回避された．しかし，経常収支比率95％という目標が未達成であったことや，さらなる厳しい社会経済状況に対応するため，2007年8月に「新・行財政改革大綱」を策定し，構造改革により2013年度予算で経常収支比率95％を達成することが目標として定められた．現在，豊中市で進められている公共施設再編の動きは，この「新・行財政改革大綱」から始まっている．「新・行財政改革大綱」の中で，都市経営理念に基づく政策・施策の展開の一つとして市有施設の最適化を掲げ[*6]，「市有施設に関し，都市経営上の重要課題として，その整備・管理運営・配置の最適化に取り組みます．」としている．具体的には，表4-2の3点を挙げている[7]．

表 4-2 公共施設の有効活用に関する方向性[7]

○市有施設のあり方にかかる総合方針の策定 　市有施設について，政策的位置づけ・市民ニーズ・耐震診断結果・LCC（Life Cycle Cost＝施設の生涯通じての費用）試算などの指標設定を行い，整備・管理運営・配置について，統廃合・廃止まで視野に入れた総合方針を策定します． ○既存市有施設の有効活用 　既存の市有施設について，評価指標を用いた有効活用度の把握を行う手法を開発するとともに，場合によって転用や外部活力による運営等の選択肢も含め，地域の公共資産としての施設の付加価値が最大限に発揮されるよう有効活用を図ります． ○選択と集中の観点による市有施設配置の再編 　市有施設の整備・管理運営・配置に関する総合方針にもとづき，配置について政策的に検討する場の設定を行って，選択と集中の観点から再編を図ります．

「新・行財政改革大綱」の中で目標として示した2013年度予算で経常収支比率95％を達成することや，単なるコスト削減ではなく，戦略性をもった行財政運営を進めるため，2010年度に改革創造会議を設置した．改革創造会議では，2010年11月に事業等の戦略的たな卸し（以下，たな卸し）を実施した．たな卸しとは，豊中市の事業，施設，仕組みを，個別に見直してきた取り組みのレベルを超え，第3次総合計画にある豊中市の新たな将来像の実現に向け，部局や施策の枠を超えて事業，施設，仕組みを構造から見直すことを目的としたものである．第3次総合計画の施策体系に沿った18項目について所管部局からの説明を基に公開にて討議し，各テーマの方向性について提言を行った．たな卸しは，当日の傍聴者延べ245名を集め，2日間にわたって開催された．たな卸しで議論の対象になった公共施設の例として，幼保一体化の動きにあわせた検討などが必要とされた保育所と幼稚園，類似機能の整理などが必要とされた子育て支援センター，地域福祉事業などとの連携が必要とされた労働会館などが

---

*6　豊中市の公共施設再編では，市の所有する建物を対象とするため，さまざまな計画において「市有施設」と称している．ここでは，一般的な名称として「公共施設」と表記するが，各種指針名など固有名称の場合は「市有施設」と表記する．

挙げられる．

（2）公共施設再編の動き

「新・行財政改革大綱」を受けて2007（平成19）年12月に策定された「新・行財政改革プラン」に基づき，「市有施設の有効活用のための基本方針」（2009年4月），「市有施設の有効活用指針」（2010年8月），「市有施設有効活用計画」（2011年7月）が示された．この間，公共施設の有効活用を進める計画策定のための基本的な考え方や方向性を徐々に定めながら，市有施設データベースの整備や組織体制の構築などを進めてきた．それらの指針や計画に示されている公共施設の有効活用策を表4-3にまとめる．

表4-3　公共施設の再編に関する指針や計画と概要（文献[15]を基に筆者編集）

策定年月	名称と概要
2009.4	「市有施設の有効活用のための基本方針」
	■目的 「新・行財政改革プラン」（2007.12）に基づき，基本的な考え方を提示する． ■市有施設の有効活用のための基本的な考え方 （1）建設時の用途・目的にとらわれず，サービスの必要性を検証し，施設の複合利用，他用途への変更，廃止を検討する． （2）市民ニーズに対応した用途への転換を進める． （3）民営化も含めた管理運営の改善を図る． （4）施設の計画的な維持管理や保守経費を縮減する．
2010.8	「市有施設の有効活用指針」
	■目的 経営的観点からみた市有施設有効活用の計画策定へ方向付けを行う． ■市有施設の効率的なマネジメントの検討方法 （1）市有施設データベースを整備し，データベースを基に，施設管理部局において建物性能の評価と効率的なマネジメント方法の検討を行う． （2）サービス評価×コスト評価×建物評価の3側面から個別施設の評価[※1]を行う． （3）個別施設の評価ののち，施設の戦略的配置を検討する． ■推進体制 市有施設有効活用専管組織の設置が必要である．
2011.7	「市有施設有効活用計画」
	■目的 総合計画基本構想に基づき，市有施設の整備・管理運営・配置の最適化を図るための計画を示す[※2]．
2012.12	「複合化・多機能化・戦略的配置についての方針」
	■目的 「市有施設有効活用計画」に示されている「複合化」「多機能化」「戦略的配置」について，具体的に示す． ■複合化，多機能化，戦略的配置の手法 （1）複合化：ハード面の観点から，一つの土地・建物に複数の施設を集合させること． （2）多機能化：ソフト面の観点から，一つの施設に複数の機能をもたせること． （3）戦略的配置：持続可能な行財政運営を前提としながら，地域活性化・都市の発展を実現するため，限られた資源の下で市の施設全体の効用を最大化するべく，地域特性や社会経済情勢を考慮した効果的な施設配置を行うこと．

※1　評価指標の例　1. サービス評価：市民ニーズからの必要性，目的への貢献度，稼働率　など
　　　　　　　　　2. コスト評価：市民1人あたりの負担一般財源，床面積あたり一般財源　など
　　　　　　　　　3. 建物評価：耐震性能などの安全性，老朽化度，スペース効率　など
※2　詳細は，③項参照

2007年8月の「新・行財政改革大綱」において公共施設の有効活用あるいは再編を行うことが発表され、2009年に基本方針が出され、2011年になってようやく有効活用の検討の手順や建物評価の方針が示された。それだけ、公共施設の再編が容易には進まないことを示しているともいえる。なお、2008年当時、この公共施設の有効活用と再編は企画系部局が担当していたが、企画系部局では施策を推進することが困難であり、時間がかかった要因と考えられる。2010年の「市有施設の有効活用指針」において、専管組織が必要であるとし、公共施設全般の再編企画を担当する資産活用部が新設された。2014年現在、部内の施設活用推進室ファシリティマネジメントチームが担当している。

③ 公共施設再編に向けた検討手順

公共施設の有効活用に向けた検討手順の概略を図4-6に示す。まず、全公共施設のハード面、ソフト面に関する施設データベースを構築し、個別の施設評価を行う。その評価をふまえ、総合計画からみた合理性や地域内での施設再編の可能性など施設群を対象とした検討を行うという検討フローである。

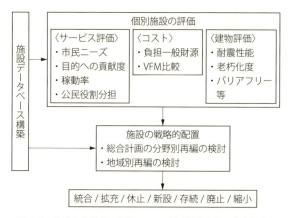

図4-6　施設有効活用の検討フロー（文献[8]を基に筆者編集）

2014（平成26）年現在、2011年7月に策定された「市有施設有効活用計画」を基に、有効活用の議論が進められている。ここでは、有効活用計画に示された公共施設の再編に向けた検討手順を解説する。

公共施設の再編検討対象とする施設は、市の所有する建物を基本とし、一部事務組合などの施設、市が借り上げている施設も含んでいる。ただし、検討の方向性は各施設の設置目的などによって異なるため、図4-7のように4種類の検討の方向性を示したうえで、「市有施設有効活用計画」により検討を行う施設は、第3次総合計画の施

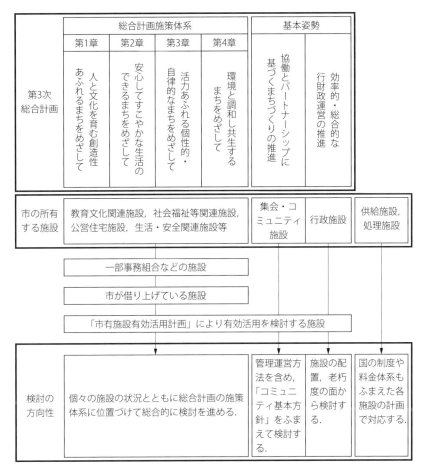

図 4-7　公共施設再編検討対象施設と検討の方向性（文献[10]を基に筆者編集）

策体系に示されている四つのテーマ[*7]を実現，推進するための施設としている．

　地区会館，共同利用施設などの地域集会所は，地域住民に管理運営を委託していることもあり，「コミュニティ基本方針」をふまえた，利用のあり方を中心とした検討を行う予定である．

（2）公共施設の有効活用の検討手順

　公共施設の有効活用検討手順について，そのフローを図 4-8 に示す．

[*7]　第 3 次総合計画では，1)人と文化を育む創造性あふれるまちをめざして，2)安心してすこやかな生活のできるまちをめざして，3)活力あふれる個性的・自律的なまちをめざして，4)環境と調和し共生するまちをめざして，の 4 テーマを施策体系の柱としており，それらを実現するための基本姿勢として，5)協働とパートナーシップに基づくまちづくりの推進，6)効率的・総合的な行財政運営の推進，の二つを挙げている．

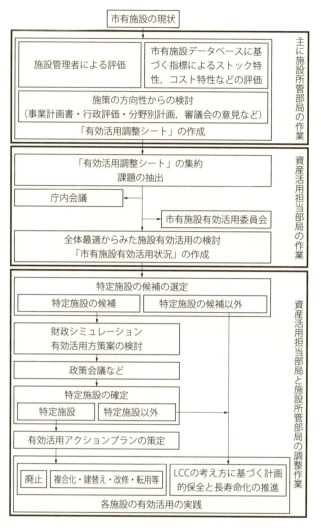

図 4-8　公共施設の有効活用の検討手順（文献［10］p.35）

表 4-4　有効活用システムの情報（文献［10］を基に筆者編集）

	情報内容の例示
ストック情報	市有施設の所在地，建物名称，施設名称，敷地面積，床面積，構造，階層等の基本的な施設の情報と，権利関係，収容可能人員等の施設の基本的な機能など
コスト情報	プライマリーコスト（取得価格，大規模改修などの大規模な追加投資など），ランニングコスト（施設の維持管理等に要する経常経費と，今後見込まれる改修・修繕費用である LCC）
サービス情報	施設の利用者数，収容者数，稼働率，年間利用料など
地域情報	それぞれの市有施設が位置する地域の人口，年齢構成など地域の特性を示す情報や分野別の施設配置状況など

「有効活用調整シート」は，1）表4-4に示した各公共施設の情報データ，2）その情報データを基にした各施設の相対的な評価，3）施設の設置目的の整合性や市民ニーズに関しての施設管理者による評価，4）施設所管部局による総合評価，の四つの情報により構成されている．

（3）有効活用計画の推進体制

有効活用計画の推進，進行管理については，表4-5のとおり施設所管部局と資産活用部が役割分担して行うことになっている．

表4-5 有効活用計画の推進，進行管理の役割分担（文献[10] p.52）

業務	資産活用部	施設所管部局
有効活用調整シートの作成		○
市有施設有効活用状況の作成	○	
市有施設データベースの更新	○	○
市有施設有効活用計画の進行管理	○	○
維持・修繕依頼		○
有効活用アクションプランの策定	○	○
予算要求・維持・修繕の施行	○	○（小額のみ）

④「特定施設」の検討事例

豊中市の行財政改革は，「新・行財政改革大綱」の目標であった経常収支比率95%（2013年度予算）を達成することができたため，「新・豊中市行財政改革大綱」における取り組みは2012（平成24）年度をもって終了した．同時に，その総仕上げを担った改革創造会議は解散した．一方，公共施設の再編は継続的に取り組む課題であることから，2013年度からは，豊中市の公共施設の有効活用に関する市長の附属機関として市有施設有効活用委員会が組織された．その役割は，「市有施設有効活用計画」の進行管理に関する審議と助言，その他公共施設有効活用に関する助言である．

2013年度は，図書館，保育所・幼稚園，人権まちづくりセンター，老人福祉センターに対して，委員会の前身である改革創造会議市有施設有効活用部会からの提言「市有施設の複合化・多機能化・戦略的配置について」（2012年12月）を具体化し，公共施設の複合化，多機能化，戦略的配置を検討する際の具体的な検討内容を示した（表4-6，文献[12]）．たとえば，類似施設との役割分担の必要性や稼働率が低い会議室等の有効活用，施設の規模と仕様を考慮した機能の設定などが提案された．2014年度は，公共施設の戦略的配置の具体化な検討方法について提案された．

このように，2007年8月の「新・行財政改革大綱」において公共施設の有効活用，再編の方向性が示されてから7年，ようやく具体的な再編に向けて，議論が進んでいる．豊中市がトップダウン型ではなく，ボトムアップ型の再編計画を進めることになっ

表 4-6 市有施設有効活用委員会における検討内容（文献[13]を基に筆者編集）

施設	主な検討テーマ	検討内容
図書館 (9館)	戦略的な施設配置の見直し	特色ある図書館づくりや地域の知の拠点としての施設のありようなどをふまえた今後の戦略的な施設配置について，複合化・多機能化なども視野に入れ，具体的な配置計画を策定する．
保育所・幼稚園 (19園・7園)		公立保育所，公立幼稚園を認定こども園化する方向で検討しているため，サービス水準を維持し，公立施設の役割を担えるような施設配置を戦略的に見直す．具体的な配置構想の公表とそれに沿った採用計画を策定する．
人権まちづくりセンター (4館)	複合化や多機能化による新たな施設のあり方への移行	コミュニティセンター機能（人権問題にかかわる情報発信，相談事業，地域交流事業，保健福祉事業，高齢者介護予防事業など），児童館機能（学習活動推進事業，自主活動支援事業など）のほか，くらし再建支援機能などを併せた複合・多機能型施設とする方向で検討しているため，管理運営の方向性や組織体制を検討する．
老人福祉センター (4館)		高齢者の居場所づくり，介護予防などの機能に加え，相談支援など地域福祉推進のためのネットワーク拠点として多機能化を図る方向で検討しているため，多機能化を推進する．

た背景として，1) 安易に他市の真似をしない行政文化があること，2) 1998 年以降の財政再建過程において，予算や職員の給与の一律カットを行ったことに対して，一律削減するだけでは創造性に欠けることを痛感したこと，があると筆者は考えている．

4-4　住民合意形成に関する留意点

　自治体の公共施設の再編・再配置については，少子高齢化による人口構成の変化などに対応するため，各地でさまざまな検討がなされている．そして，社会資本整備に関わる住民参加や合意形成の手法を組み合わせて論点を整理し，優先順位付けを行った記録が蓄積されつつある．しかし実態として，すでに多くの自治体における知見がさまざまな媒体で提供され，参照されているにも関わらず，合意形成が困難になる事例があとを絶たない．

　その原因として，公共施設の再編について住民の合意を得るにあたり，「公共サービスの自治体内における配置等の変化」と「周辺エリアとの関係も含めた建物そのものの取扱いの変化」の二つの変化に対する合意を十分に認識していないことが挙げられる．この二つの合意は別々に検討しつつ最終的に整合を図る必要性があり，また，その手順は自治体ごとに工夫しつつ柔軟に計画されなければならない．このように範囲と対象の異なる二つの合意を区分して運用することが重要である．しかし，二つに区分する合意形成の方法が一般化していないため，そのノウハウが蓄積されておらず各自治体の事情に応じた手順へと工夫されるまでに至っていない．本節では，二つの

合意形成の構造を解説し，第Ⅲ部で示される再生手法を住民合意形成の実務の段階でも有効に活用する一助としたい．なお，本節においては，公共サービスと建物等の取扱いの変更を並行して行う取り組みを，規模や対象とする施設の種類に関わらず公共施設の再編として位置づける．

1 再編計画に関わる者のスタンスの捉え方

本節では，第2章で示された施設を公共サービスと建物に分けて検討する考え方に対応して，住民の合意の内容を前述のとおり二つに区別し，両者をそれぞれ「公共サービスの変化」と「建物等の取扱いの変化」と表現する．そのうえで，施設再編に関して選択し得る立場を，上記の二つの課題のどちらの論点を重視するか，また，広域的な論点と個人的な論点のどちらを重視するか，以上の二つの軸を設定し，図4-9のように四つのスタンスに分類した[*8]．ここでは四つに分類したスタンスが合意形成に与える影響を解説する．

公共施設の再編計画に対する提案には整合性[*9]が必要であり，またその提案を行

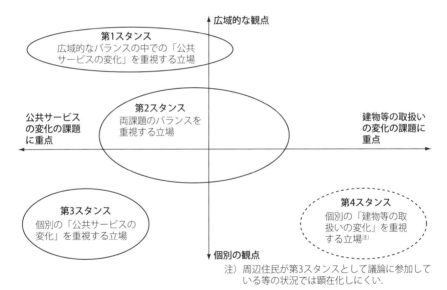

図4-9 再編計画の参加者のスタンスの関係（当初，広域的な公共サービスの観点で論議を開始した状態）

[*8] 近年の公共施設の再編計画策定の取り組みにあたっては，財政あるいは安全性などの条件から現状維持は困難であるとの前提が置かれる．現状維持が選択できない状況の下ではそれぞれの関係者個人あるいはグループの間で，自らの提案が合理的であると主張し相手を納得させ支持を得ようとする取り組みがなされる．そして，ある提案がより合理的であると他者に納得させるためには，その案についてある立脚点から論理的に一貫した説明ができることが通常の場合必要である．本節における「スタンス」はその立脚点を示す．

[*9] 本節においては「整合性」を，公共施設の再編計画に対する提案について，ある立脚点（スタンス）から論理的に一貫した説明ができることと定義する．

う者には提案の主体としての連続性[*10]を保持することが合意形成の前提条件となる．しかし，人口減少と高齢化が同時に進む中で合意形成の主題となる公共施設再編というまったく新しいフィールドにおいては，関係者は整合性のない提案，連続性のない行動を取ることが予測される．それらの行動は，自治体全体の目指すべき方向として合理的ではないかもしれないし，場合によっては地域エゴと呼ばれても仕方のないものかもしれないが，一方でなぜそのような行動を取る個人，グループが現れ，同調者を得るのかについて住民合意形成の枠外の要素として整理してしまっては，公共施設の再編における合意形成手順の改善にはつながらない．

以後の解説では，合意形成プロセスの中でスタンスの連続性を重視せず広域的な観点から個別の観点へ論点の転換を図るなどの行動がどのような動機によって生じ，それが結果的に施設整備の遅滞にどのように結びつくかについて言及している．それらを取り上げる目的は，これらの行動そのものを評価したり批判することではない．住民の合意形成の構造をより現実に近い形で理解する共通の基盤を用意し，既存の事例から知見をくみ取ってほかの合意形成に活用することが目的である．

② 各スタンスの概要

以下，図4-9に示した四つのスタンスの概要について述べる．

1) 第1スタンス：広域的なバランスの中での「公共サービスの変化」に重点を置く立場

このスタンスは，建物は器と位置づけ現在と将来の住民等（法人や将来の転入者も含む）に対して公共サービスをどのように提供するかについての検討に注力することが合理的であるという考え方で代表される．自治体執行部の財政部門，企画部門などの計画策定のための横断的なイニシアチブをとる部門，また，委託等を受けて専門知識に基づく助言を行う専門家等は主にこのスタンスの枠内での主張を行うと想定される．

2) 第2スタンス：「公共サービスの変化」と「建物等の取扱いの変化」のバランスに配慮する立場

当該計画において，直接の利害関係を有しない政治関係者，自治体執行部の中でも直接住民に対応する窓口をもつ部門，営繕を担当する部門等は主にこのスタンスの枠内での主張を行うと想定される．計画策定に関わる者のうち，このようなスタンスを

[*10] 本節においては「連続性」を，ある者が公共施設の再編計画に対する提案を変更するに際して，変更理由と内容の対応を時系列的に説明できることと定義する．変更内容には，立脚点（スタンス），そのうえで論理的に一貫すべき説明の構成要素，構成要素どうしのつながり方のいずれの変更も含まれ得る．

取るグループが多数を占める場合，一般的には，極端に議論が長期化することなく，地域にとって総合的に望ましい結論が導かれる可能性が高くなる．その意味で，この第2スタンスを取る者を増やすことは重要であるが，一方で，それだけで合意形成が進むわけではないことに注意が必要である．「公共サービスの変化」と「建物等の取扱いの変化」のそれぞれの合意形成プロセスが不明確なまま，両テーマについての議論が混在するような委員会等を継続的に開催し，第2スタンスを取る者を増加させるだけでは，以降の第3，第4スタンスを取る者との合意形成が進んでいるとは断言できない．

3) 第3スタンス：「公共サービスの変化」の影響を直接受ける立場

公共サービスの変化の影響を直接受ける者は，再編対象となる施設によって大きく異なる．しかし，直接住民に対応する窓口をもつ自治体の部門においては住民満足度の向上や業務の効率化等に向けた対応実績の蓄積，分析，業務への反映が求められているため，自治体執行部内で適切に情報を共有し整理することにより，どのような住民にどのような影響が及ぶかについて予測が可能である．

このスタンスについて具体的な予測が可能であることは，図に示すように合意形成の一部分でしかない．かつ，再編の対象となる施設の近隣で生活を営んでいる者という点で第3スタンスを取っている個人，グループは潜在的に第4スタンスとの親和性も高く，本来は最も慎重な対応を要する．

4) 第4スタンス：「建物等の取扱いの変化」の影響を直接受ける立場

図に示すとおり，「建築等の取扱いの変化」に個人的な観点から主張するスタンスは，公共施設の再編にかかる初期段階の検討では顕在化しづらく，潜在化したまま検討が進む傾向がある．その原因は，住民の立場と自治体執行部・専門家の立場の双方の要因が複合している．住民の立場では，「公共サービスの変化」に関する議論の中では，当該施設の閉鎖といった「建物等の取扱いの変化」について自覚できなかったり，懸念していても意見を述べるまでには至らなかったりすることが主な要因である．一方，自治体執行部の立場では，再編計画の担当部門，窓口部門，営繕部門のそれぞれが自分の担当業務の範囲内で再編計画に関わり議論に参加するために，合意形成に対する意見を述べる立場を取らないことが要因となる．

以上の要因が複合することで，第4スタンスが潜在したまま，すなわち自治体執行部および専門家の状況認識と，一部の住民の「建築物等の取扱いの変化」についての合意に関する認識がずれたままの状態が生じる．

この場合，自治体執行部および専門家の立場からは公共施設の再編の論点は図4-9の左上の範囲（公共サービスの変化の課題に重点を置いた，広域的な観点からの論点）

に集約されたかのようにみえているため,「公共サービスの変化」についての合意の後は大きな困難は想定されないものと考え,施設の諸元の設定,予算の確保,設計等の手続き[*11]へ移行する.

その先は大きく二つのパターンに分かれる.認識のずれが,施設整備に至る手続きに遅延を生じさせるほどの大きな課題とならない場合と,次に説明する例のとおり議論が紛糾する場合である.

③「建物等の取扱いの変化」の論点から議論が紛糾する典型例

一般的に合意形成が進んだとみなされる状況において,第4スタンスの顕在化によって議論が紛糾し,合意形成が長期化する構造の典型例を図4-10に示す.

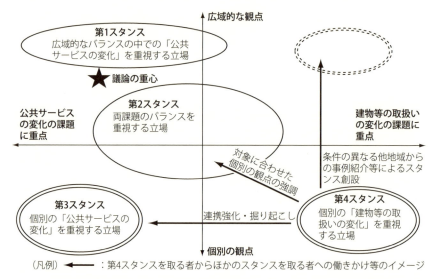

図4-10 再編計画の参加者のスタンスの関係(広域的な公共サービスの論議が進み,建物等の論点が顕在化した状態)

まず,第4スタンスの顕在化のタイミングは,自治体執行部・専門家の立場からは議論の重心が図の左上の範囲である公共サービスの変化の課題に重点を置いた広域的な観点からの論点に集約されたものと認識され,その範囲でなされた合意を建物等の取扱いに反映する手続きが提示された時点が考えられる.

[*11] 本節においては,公共施設の再編計画の策定者によって合意形成がなされたと判断された後に,施設整備に向けて行おうとする諸元の設定,予算の確保,設計等を「手続き」と記載する.これは,再編計画の合意形成に至ることを目的として主体的に順序を設定する「手順」との間で策定者の意識が切り替わっていることを示すものである.しかし,その他の関係者は,合意形成がなされた後の「手続き」として進めることを了解していない場合には,両者の意識の離齟が摩擦の原因となる.

この時点まで,「建物等の取扱いの変化」に関する合意について対処しなかった場合,この手続きが提示されることにより,住民が当該施設に対する変化を認識し,このスタンスが顕在化することとなる.

　そして,その顕在化が提示された手続きの実現に影響を与えるかどうかは,第4スタンスを選択する個人またはグループの影響力による.影響力は,人数や発言力,ほかのスタンスを取る者への働きかけの程度によって決まる.

　第4スタンスを顕在化させる個人やグループの本来の目的は,手続きの遅延そのものではない.本来の目的は第4スタンスを取る個人やグループの存在を認めさせ,再編計画にその意見を反映させることである.顕在化した第4スタンスを選択する者は建築物等の取扱いの変化について,個人的な観点からの意見が十分に取り上げられないままに施設整備への手続きが提示されていることに不公平感を感じる.それを解消したいとの動機が,整合性あるいは連続性を考慮しない主張やほかのスタンスを取る者への働きかけにより手続きを止めようとする方向に先鋭化し,同調者を得て波及した状態が議論の紛糾である.

　先鋭化の原因となるのは,前述の認識のずれが生む摩擦である.それまで第1スタンス,第2スタンスを取り,十分な議論の下で合意形成が進んだとみなしている者は,新たに顕在化した第4スタンスを取る者を容易に受け入れることはできない.この摩擦が,第4スタンスを取る者の中に一度手続きを止める必要があるとの先鋭的な考えを生む.

　先鋭化が一部にとどまらず同調者を得て波及した場合,問題は深刻な段階に至る.本稿の冒頭で述べたとおり,利害関係は対立していてもそれぞれの個人やグループの中で提案としての整合性,提案者としての連続性は維持し,それにより関係者相互の予測可能性を確保しながら調整の途を探ることが一般的には公共施設再編にかかる合意形成の前提である.もし,整合性や連続性をもたない主張に多くの者が同調してしまえば,それは合意形成プロセスの前提であるはずの相互調整の負担を著しく増大させることとなる.

　第4スタンスを取る者が先鋭化した場合の具体的な行動として,以下のような働きかけが想定される.

1) 第3スタンスを取る者への働きかけ

　第3スタンスと第4スタンスを取る個人やグループは,再編の対象となる施設の近隣で生活を営んでいるという点で本来的に重複している.その重複を活かして,公共サービスへの需要と建物等の取扱いの関係が密接不可分であるにも関わらず建物等の取扱いに関する検討が不十分であるとの主張を行い,合意内容の整理を阻害する働きかけが想定される.

2) 第2スタンスを取る者への働きかけ

　公共施設が当面維持される地域と代替施設の利用が必要になる地域の格差を強調することで，現時点では再編の対象になっていないものの人口減少が著しい地域の不安や，新たな施設の立地が困難な地域の不満を増幅させ，合意形成プロセスに対する不信を募らせる働きかけが想定される．

3) 他地域の事例等による新たなスタンスの創出

　構造，設備，敷地，周辺環境などの与条件や整備後の利用方法の異なる他地域の特徴的な改修事例等を引用し，その手法の検討を行ったかどうかについて繰り返し問い続けることも，それまでの検討を否定するうえで有効な手段となる．公共施設は耐震性・防災性等について周辺の市街地だけでなく，広域での位置づけをふまえた性能を備える必要があり，また提供されるサービスの内容や運営方式も一律ではない．一つの先行事例にならった手法の導入が，すべての与条件を満たしつつより良い結果を導く画期的な解であることは通常考えがたい．しかし，その手法が計画策定に取り組む自治体にとって仮に合理的ではないとしても，他地域の先行事例の関係者を招いた講演会等，その事例で用いられた手法を検討することが必要との新たなスタンスを創出し，その手法に関心をもつ者を掘り起こすことによって，合意内容の整理の阻害を図ることは十分に可能である．

④ 合意形成の遅延を防ぐために

　ここまで述べてきた構造の下では，施設整備の遅延を防ぐために自治体が取り得る方策は二つに整理される．まず，第4スタンスを取るであろう者を当初から対象として想定した合意形成に取り組むことで，関係者間に生じる摩擦を軽減し，第4スタンスを取る者の先鋭化を抑制する対応が考えられる．次に，先鋭化した者の施設整備への手続きの阻止に向けた働きかけに対する同調者の増加を抑止する対応が考えられる．

1) 第4スタンスを取る者の存在を想定した対応による先鋭化の抑制

　第4スタンスを取る者とほかの関係者の間に大きな摩擦が生じ，施設整備への手続きの阻止そのものを目的化する先鋭的な行動が生じることへの対応として，再編計画の検討の当初から，「建物等の取扱いの変化」に関する合意形成に積極的に取り組むことが考えられる．検討当初から「公共サービスの変化」に関する合意形成と同レベルの意識で取り組むことにより，第4スタンスの顕在化に伴う摩擦や一部の個人・グループの先鋭化を完全に防ぐことはできないまでも，合意形成プロセスから施設整備に至る手続きへの悪影響を最小限に抑えられる可能性が高まる．

大きな財政的な支出を伴う施策は実現困難だとしても，第4のスタンスの存在を当初から認め，自治体執行部が周辺地域への影響を予測し施策を検討するだけでも関係者の相互理解が深まることによる抑制効果が期待できる．
2)　施設整備への手続きを阻止するための先鋭的な働きかけに対する同調の抑止
　自治体が，時間的な制約などの面から「建物等の取扱いの変化」に関する合意形成に十分に取り組めない場合，あるいは地域住民の既得権益的な意識が極端に強く第4スタンスを取る者による施設整備に向けた手続きの阻止（現状維持）のための活動を抑制することが難しい場合には，第4スタンスの顕在化後に，同スタンスを取る者が行う各種の働きかけ等に個別に備えることで同調者の増加の抑止を図ることとなる．
　まず，第3スタンスを取る者への働きかけ（3項1））への対応としては，時間が許す場合には，公共サービスの検討と建物等の取扱いによる周辺への影響への検討を明確に区分して並行させることが効果的と考えられる．
　次に，第2スタンスを取る者への働きかけ（3項2））への対応としては，これも時間が許す場合であるが，周辺地域への影響を抑えるための施策を周辺住民とともに検討する姿勢を示すことが効果的と考えられる．
　他地域の事例等による新たなスタンスの創出（3項3））への対応として最も効果的な方法は，他地域における特徴的な事例等の当事者（設計者等の実務者）を自治体が主体的に招き，再編の対象となっている施設について適切に情報を提供しつつ意見交換を行う場を設け，その経緯を公開することである．高い水準の実務者が建物の図面や実物を見たうえで行った発言を確保することで，仮に施設整備への手続きを遅延させる意図で別の事例の実務者が講演等で招かれ発言した内容が新たなスタンスの創出の材料として引用されたとしても，議論が混乱することを防ぐ効果が見込まれる．

5 再編計画における住民合意形成のあり方

　自治体における公共施設の再編計画の策定は大きな困難を伴う．しかし，このことを経済社会情勢の下で容易に政治問題化することが原因であると総括してしまうと改善は見込めない．少しずつでも新たな観点が提案され，経緯を記録する際にその観点が意識されること，また，その記録が分析に活用されて現場にフィードバックされるという大きな流れを定着させることが重要である．このことによって，基礎自治体における公共施設の再編・再配置にかかる住民参加や合意形成の取り組みを，進歩させることができる．本節はそのための提案の一つである．
　公共施設再編は，持続可能な地域の将来像を描くための一つのツールであり，その自治体の地域特性や時間的な制約に基づく計画策定の困難さのすべてが，住民参加や

合意形成のノウハウで克服できると考えることは適切ではない．さまざまな制約の下での住民参加や合意形成手法の限界を見定め，一部の内容について合意が成立しない場合でも何とか持続可能な将来像の代案を描こうと努力し続けることも，建築計画に携わる自治体関係者と専門家に期待される役割であろう．

現在，各自治体が対応を迫られている人口減少と高齢化の同時進行は，これまでに経験したことのない課題であり，それに対する関係者の主張も多面的にならざるを得ない．個人・グループが連続的・整合的なスタンスを維持すること自体が困難である一方で，公共施設の再編は自治体が持続的に公共サービスを提供していくうえで先送りにできない課題である．このような前提に立ったうえで，議論の長期化を防ぐためには，応用可能な知見を蓄積するために共通の基盤を構築することが必要となる．

自治体においては，再編計画の検討中はインターネット等により公表されていた検討段階の各種資料が，具体的な整備が完了した時点で取り下げられ，会議等が開催された日程の記録と最終報告書だけが残される傾向もみられる．しかし，公共施設の再編などに関する住民合意形成の課題を抽出するためには，最終の報告書ではなく，これらの検討段階での資料が重要である．公共施設の再編計画に携わる関係者にとって，途中経過の資料の保管と他自治体や研究者等への提供は，共通の使命であることを認識するべきである．

（補足）再編計画のスケジュールに影響を与える要素について

ここでは，公共施設再編の検討における時間的な制約について言及する．時間的な制約の内容によっては，再編計画の内容に批判的な者による合意形成阻害の働きかけが施設整備の完了を先送りにするだけでなく，仮に合意が形成されたとしても実行が困難な状況に至らしめることもあり得る．

再編計画の検討では，財源上の制約と国等の支援制度の状況との関係で完了時期が設定されることが多い．その中で，近年最も影響の大きい制度は合併特例債制度である．本制度を用いた場合，国の財政的支援の対象となっていない基礎自治体の事務庁舎等の整備も財政的な措置を受けることができ，新築・改修ともに実質的な自治体負担が約3割に抑えられる．そのため，多くの合併済み基礎自治体が本制度を活用した取り組みを検討している．（株）日本経済新聞社産業地域研究所が全国の809市区を対象に実施した調査結果（2012年10月1日時点）によれば，本庁舎の建替え等の整備計画のある市区は151と全体の2割近くに達しており，多くの基礎自治体で合併特例債の利用，もしくは利用検討が行われている．

この制度は合併後一定期間の期限付きの制度であるため，事業の完了時期によって自治体の負担経費が大きく変動する．そのため，本制度の適用期限が迫っている自治

体においては，残された時間の中で公共施設再編の計画を策定し，施設整備を完了させることが求められる．そのため，住民の合意形成を非常に厳しいスケジュールで進める必要性が生じている．そして近年，この制度が順次延長される形となっており，そのことが各自治体の住民合意形成プロセスに与える影響も決して小さくはないと推測される[*12]．このほかに，自治体の首長および地方議員の任期が4年間であるという期限的な制約も要因の一つとなる．

上記のような状況の中では，公共施設の再編にかかる合意形成を長期化させることで再編を中止に追い込む動機も局所的には生じ得る．しかし，公共施設の再編は，そもそも人口減少と高齢化が進む中で，公共施設の安全性の確保や公共サービスの質の維持，自治体の財政運営の自律性を保つために行われるものである．議論は尽くされるべきであるが，合意形成の前提となるスタンスの連続性，整合性を否定したり，いたずらに合意形成プロセスや施設整備への手続きを阻害する行動は，長期的には住民自身にはね返る．意見の対立を越えて合意形成プロセスについて認識を共有し，合意の元で必要な施設が持続的に確保されるように努めることが，自治体，専門家，住民等の関係者全員に求められている．

---

*12　合併特例債の延期については，2011年8月に議員立法である「東日本大震災による被害を受けた合併市町村に係る地方債の特例に関する法律」により，復興に専念する東日本大震災の被災地について期限が5年追加され合併後15年に延長されている．また，2012年6月には「合併特例債延長法」により被災地についてはさらに5年追加され合併後20年とされている．

第5章
主要な施設種別の再編方法と留意点

5-1 教育施設の統廃合とその課題

　財政支出の増大や公共施設の老朽化に苦しむ多くの自治体にとって公共施設の再編は急務になってきているが，中でも小学校や中学校などの教育施設の占める割合が大きく，この老朽化対策や再編をどう進めていくかが大きな課題になっている．とくに，多くの学校は昭和30年代から50年代の高度成長期の児童・生徒数増加に合わせて建てられたものが多く，今後その維持・更新に多額の費用が必要になってくる．一方で教育施設は，ニーズやサービスによって見直される文化施設やコミュニティ施設と異なり，一定の地域・地区ごとに設置され，児童・生徒数に関わらず教育環境としての質の保証が求められる．また，地域の核になり地域コミュニティ形成のうえでも重要な役割を担っている．

　近年の少子化の影響による空き教室の用途変更や学校の統廃合ではその点の考慮が不十分なものがあり，また，近年ブームになっている小中一貫校の建設も自治体にとっては統廃合を効率的に行うために進めている傾向もあり，必ずしも最良の解決策とはいえず課題も多い．さらに，都心部でも私立学校との競合を背景とした学校選択制や県立高校に附属中学校を併設する動き，教育特区による新たな学校の設立もあり，学校の再編が進んでいる．このような動向は，従来の硬直的・画一的な教育や施設の改革という点では注目されるが，地域と学校との関係という点では課題もある．

　さらに近年，教育施設とほかの地域施設（デイケア施設・社会教育施設・社会体育施設など）の複合化・併設化も増えてきている．地域と学校の連携を進めるという点で望ましいことではあるが，単に敷地の有効活用のための複合化も多く，ソフト・ハード面ともに効果的な連携がなされているとはいえないケースもみられ，むしろ複合化されることによる学校のセキュリティの確保や施設管理の煩雑化といった問題も生じている．このような教育施設の複合化・併設化では，少子化による学校の余裕教室増加に伴い学校内の一部教室やフロア全体，もしくは校舎全体を用途変更するケースがみられる．学校として整備された施設や空間の用途変更では，スペースの形状や広さ，動線など施設計画的な課題が多いと考えられる．ここでは，小・中学校を中心に教育施設の統廃合の現状と課題について述べていきたい．

1 教育施設の再編方法
(1) 統廃合に至るプロセス

　少子高齢化を背景とした児童・生徒数の減少と学校における余裕教室の増加は，全国的な問題となっている．文部科学省の報告書「学校施設の老朽化対策について」(2013年3月) によると，児童・生徒数の推移は，小学校が1958 (昭和33) 年に約1,349万人，中学校が1962 (昭和37) 年に約733万人とピークを迎え，その後，第2次ベビーブーム世代が在籍した昭和50年代から60年代を境に減少に転じている．2012年では小学校の児童数が約676万人，中学校の生徒数は355万人とピーク時の半分になっており，今後も減少が見込まれる．学校数についてはこの20年間で約1割減少 (1992年36,030校→2012年32,159校) となり，廃校となる学校も増加している (図5-1)．施設面積は，多目的スペースの設置や学校の多機能化の影響で大きな減少はみられなかったが，近年は少しずつ減少傾向にあり，学校内の余裕教室の活用が課題となっている．余裕教室への対応としては，一般に以下のような段階が考えられる．

1) クラス数の減少により普通教室が空き教室となり，このスペースが多目的教室などの学年共有スペースとして利用される．
2) さらに児童・生徒数が減少すると，低層階を中心にまとまったフロアが空きスペースとなり，地域開放ゾーンとして地域住民が利用できるように整備 (集会室・ギャ

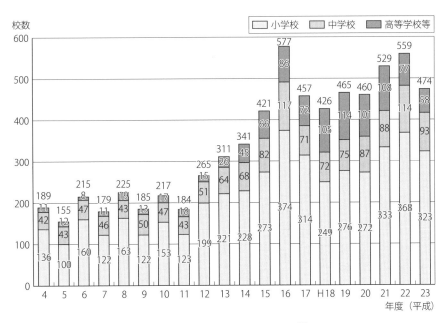

図5-1 公立学校の年度別廃校発生数[1]

ラリーなど）されたり，学童施設・子育て支援施設・高齢者デイサービスなどに用途変更されたりすることとなる．
3) さらに児童・生徒数が減少すると，敷地内に校舎が複数ある場合，もしくは校舎の異種用途区画が容易な場合には，一部校舎が高齢者施設・地域コミュニティ施設・社会教育施設などに用途変更されることとなる．ただし，用途変更のニーズが存在することが条件となり，近隣の既存施設との統合化や複合化もあり得る．
4) 単独での学校規模の維持が困難（単学級かそれ以下）になると，統廃合が検討され児童・生徒数の少ない学校が廃校となり，規模の大きな学校に統合されることになる．なお，過疎地域では複式学級の学校もあるが，文部科学省は標準クラス数を小・中学校で12学級から18学級としている．一方で，現状の1クラス40人学級をより少人数化しようとする傾向もあり，児童・生徒数の減少がそのままクラス数減少につながるとは限らない．

文部科学省が公表した2013（平成25）年5月における公立の小・中学校の余裕教室の活用状況（表5-1）をみると，小学校の余裕教室数は約40,000教室で，その大半（99％）が活用されている．約9割が学校施設としての活用で，それ以外の活用は約1割にとどまっている．小学校では，放課後児童クラブへの活用が多いが，社会教育施設や児童福祉施設への活用もみられる．中学校の余裕教室数は約20,000教室で，小学校と同様にその大半が活用されているが，学校施設以外への活用は小学校よりも

表5-1 余裕教室の活用状況[2]

（単位：室）

学校区分	余裕教室数①	活用教室数②	当該学校施設として活用	他の学校の施設として活用	特別支援学校	その他の学校	学校施設以外への転用	社会教育施設等	地域防災用備蓄倉庫	児童福祉施設 保育所	児童館等	放課後児童クラブ	放課後子ども教室	社会福祉施設	その他	未活用教室数①-②	活用計画あり	活用計画なし
小学校	100%	99.3%														0.7%		
		100%	91.5%	0.4%	0.1%	0.3%	8.1%									100%	62.5%	37.5%
			100%				100%	4.7%	8.7%	1.5%	5.3%	62.0%	6.6%	2.7%	8.5%			
	43,147	42,835	39,190	166	37	129	3,479	165	301	52	184	2,158	230	95	294	312	195	117
中学校	100%	99.4%														0.6%		
		100%	98.8%	0.3%	0.1%	0.2%	0.9%									100%	60.3%	39.7%
			100%				100%	15.8%	44.6%	6.0%	1.1%	4.3%	0.5%	2.7%	25.0%			
	21,408	21,272	21,023	65	27	38	184	29	82	11	2	8	1	5	46	136	82	54
合計	100%	99.3%														0.7%		
		100%	93.9%	0.4%	0.3%	5.7%										100%	61.8%	38.2%
			100%				100%	5.3%	10.5%	1.7%	5.1%	59.1%	6.3%	2.7%	9.3%			
	64,555	64,107	60,213	231	64	167	3,663	194	383	63	186	2,166	231	100	340	448	277	171

注）下段は教室数（室），上段は余裕教室数（活用教室数・学校施設以外への活用・未活用教室数）に占める割合（％）．

少ない．

　少子化の進む地域において，学校の統廃合がなされることは教育効果や学校運営の効率化のために致し方ない面もある．また，学校の統廃合は施設の老朽化対策や維持・更新費用の削減による財政負担の軽減を目的とする側面がある．しかしながら，学校は教育の場というだけでなく地域の核でもあり，これがなくなることはつまり地域コミュニティの崩壊にもつながりかねない．それゆえ，学校規模の維持の観点，ましてや財政負担の軽減のために安易に統廃合を進めることは避けるべきである．統廃合を回避するためには，学区再編や学校の複合化が考えられるが，前者は市区町村全体の人口減少が著しくなく，かつ当初に設定された学区ごとに人口偏在がある場合には有効である．また，後者は公民館や高齢者施設などの地域施設との複合化によって学校の地域拠点化を進めるものであるが，この場合は地域に複合の対象となる施設があること，またそうでなくてもそのニーズが高いことが条件となる．

（2）学区再編と学校の複合化

　学区再編によって，市区町村の学区ごとの児童・生徒数の適正化を図り，各学校規模を調整することが可能になる．学校規模を一定化することは，教育効果や学校運営の効率化にとっても重要であるが，児童・生徒数の増加による施設・校庭の狭隘化や増改築による財政悪化，逆に児童・生徒数の減少による空き教室化や非効率化を是正するという目的もある．一方で，通学圏の拡大に伴う一部の児童・生徒の負担の増大や，既存の地域コミュニティとのミスマッチといった問題も生じる．最近，東京都の臨海部，都心部，鉄道沿線などでまとまった住宅開発や大型マンション建設に伴う児童・生徒数急増への対応のために，公立小・中学校の新設や増改築が発生しているが，こうした人口急増による施設・教室不足は一時的なものであり，中長期的な視点からは自治体の財政悪化や公共施設の余剰化につながりかねない．ちなみに，過去二度の人口急増を経験した東京都江東区では，現在の児童数の減少に対して統廃合ではなく，小規模校に予算を上乗せし複合化などの取り組みを促進している．

　また，学区の再編ではなく学区自体を撤廃して，居住地域に関わらず自由に学校を選択できるようにする学校選択制を導入した市区町村もある．学校選択制の中には，市区町村内のすべての学校を自由に選択できる自由選択制，市区町村内をいくつかのブロックに分けてその中の複数の学校から選択できるブロック選択制，従来の通学区域は残したままで隣接する学区の学校への就学を認める隣接区域選択制などがある．充実した施設や進学実績，歴史のある学校に集中する一方で，小規模校や特色の弱い学校が敬遠されるといった学校間の格差拡大の問題も生じている．また，地域コミュニティの希薄化につながる傾向もあり，東京都江東区や前橋市は 2008（平成 20）年に学校選択制の縮小や撤廃をしている．欧米諸国でも学校選択制は一般的であるが，

日本では学校に人事権や予算権がなく，また校長などの管理職も長期に同じ学校に在職せずに異動するため，学校の特色づくりが十分にできないという問題もある．

廃校化や学区再編の導入を行わず，これまでの地域コミュニティの存続を図る方法として，学校施設の複合化がある．これは，対象となる学区に複合の対象となる施設があることが条件となる．学校の複合化には以下のようなケースが考えられる．

1) 社会教育施設や社会体育施設と複合するケース：体育館やプール，ホールや図書館などと複合化し，地域の共同利用化を進めるもので，施設の効率的な利用が可能になりコスト的にも効果が大きい．ただし，平日の日中は学校が優先利用し，平日の放課後や週末は地域住民が優先利用するといった使い分けが必要になる．中学校の部活動の利用が多い体育施設，高齢者や主婦の利用ニーズが高い施設など，利用上の制約が生じるために複合化および共有化が難しい用途もある．

2) 高齢者福祉施設や保育施設と複合するケース：高齢化や共働き家庭の増加に伴い，高齢者施設（デイケア施設など）や保育施設との複合化も需要が拡大している．学校敷地および施設の有効利用という観点からだけではなく，一部の施設・スペースの共有化，交流活動プログラムを通した相互交流の促進，教育効果の向上を図る試みがみられる．年齢や世代を超えた交流が，地域コミュニティの活性化や学校の安全確保につながる点も注目できる．

3) 民間施設と複合するケース：事例としては少数であるが，住宅，オフィス，商業施設と複合するケースもある．学校敷地を分割，もしくは施設を部分的に民間に貸し付ける方法もある．地域施設との複合化に比べると収益につながるので財政的な効果が大きく，また，店舗やレストランが学校教育（例：食育・流通など）に連携・協力するといった効果も期待できる．

このような複合化は，都市部では敷地の狭隘化による施設の有効利用の観点から行われ，逆に過疎化地域では学校を中心とする公共施設の集約化による地域拠点づくりという観点から行われる傾向がある．いずれにせよ，学校と地域の連携を進めることは，学校施設の効率的な利用促進だけでなく，地域の子どもから高齢者まで地域住民の交流・理解の促進，さらに学校や地域の安全確保にもつながる．また，前述したような都心部などの局所的な人口増に対応するためにも，統廃合ではなく，小規模校を基本にした複合化が有効になりやすい．

欧米先進諸国でも，複合化により学校と地域連携のさまざまな取り組みがなされている．たとえば，米国では学校が医療福祉施設や保育施設と複合化することで，学校が学内インターンシップとしてこれらの施設を利用するだけでなく，地域住民への医療・福祉・保育サービスに学校が教育活動の一環として協力・連携するなど，地域施

設・民間企業とともにさまざまな学校教育や生涯教育のプログラムを提供している．カリフォルニア州サンディエゴ市では「スクール・イン・ザ・パーク（School in the Park）」というプロジェクトが進行中であるが，これはバルボア・パーク（Balboa Park）内にある13の博物館・美術館・動植物園と地域の学校が連携した教育プログラムであり，博物館の専門教員が学校の児童・生徒にオンサイトで教育活動を提供するものである（図5-2）．日本では，学校施設と地域施設の複合化や単純な施設開放など物理的な連携にとどまる傾向にあるが，今後はより積極的な教育プログラムの連携や施設相互の交流プログラムを進めるべきであり，また，それを前提とした施設計画が検討されるべきである．

図5-2 学校と博物館が連携した教育プログラム「スクール・イン・ザ・パーク」（アメリカ・サンディエゴ市バルボア・パーク）

（3）PFIの導入

　前項で述べた学校の複合化を進めるに際しては，PFIの活用が効果的であり検討に値する．1999（平成11）年にPFI推進法が制定され，2000年以降PFIを導入した学校施設が増加してきたが，PFIによる学校施設数はほかの公共施設と比べても目立っている．とくに，PFI事業者が学校施設を管理運営するため，放課後や休日の学校施設開放時の管理に学校が関与する必要がなくなり，学校施設の地域開放がより促進されるというメリットがある．日本では，学校教育法の規定により民間事業者の学校運営が許されておらず，施設の維持管理業務だけで学校の運営面を含めたトータルな運用ができず，財政・施設面での工夫や効率化まで踏み込めない．一方，複合化施設の場合には，併設施設の整備および運営に関わる部分はPFI事業の対象となり，学校施設も含めた施設全体の効率的な維持管理とともに，複合施設の運営面での工夫や効率化に役立っているケースがみられる．たとえば，学校と図書館・スポーツ施設などの地域コミュニティ施設が複合化された事例では，複合施設全体の管理を一括して行うために，学校が利用されている平日の日中であっても学校と地域の相互利用が可能になり，より効率的で安全な管理運営が実現している．

　また，PFIは学校施設と社会教育・体育施設，図書館，福祉施設といった地域住民の日常的な利用施設との複合化のための整備で導入されるケースがみられ，学校施設と地域施設のより効果的な連携も期待できる．たとえば，学校統合によって2006（平成18）年に新たに建設された京都市立御池中学校（図5-3）では，保育所，デイサー

ビスセンター，レンタル施設（レストランなどが入居）と複合化されているが，それぞれの施設は学校施設も含めて PFI 事業者が一括して管理している．また，警備員が 24 時間常駐し，オートロックインターホンが設置されているなどセキュリティが充実している．さらに，エレベーターの停止階のコントロールにより，学校開放時の管理区画の設定を変更できるようにするなど，これまでの学校施設に比べ計画的にもフレキシビリティが高い．なお，PFI 事業の実態や課題については 8-1 節で詳しく解説している．

図 5-3 高齢者デイケア施設や保育所，地域レンタル用の商業施設とも複合した PFI による学校施設（京都市立御池中学校）

（4）小中一貫校化

近年，小中一貫教育を導入する地方自治体が増加し，小中一貫校が増加している．校舎の改築や改修は行わずに，隣接・近接している小学校と中学校に対して小中一貫教育を導入する場合もあるが，より一体的な教育を進めるために，校舎の新築や既存校舎の増築・改築によって施設一体型の小中一貫校を整備するケースが多くみられる．また，先述したような児童・生徒数の減少に伴う統廃合として小中一貫校が整備されることもある．たとえば，千葉県市原市，東京都檜原村，長野県信濃町，沖縄県うるま市など人口減少が進む過疎地域においては，学校規模の維持のために小規模な小・中学校の統合を図り，施設一体型の小中一貫校を整備している．これらは，単に小学校と中学校の統合という役割にとどまらず地域住民の利用も想定しており，学校統合により地域コミュニティの核をつくろうという試みとして注目できる．また，小中一貫教育の先駆け的存在でもある東京都品川区をはじめ，京都市や横浜市といった大都市部の自治体でも小中一貫校が導入されている．ここでも郊外へのスプロール化による人口減少に伴う統廃合という側面もあるが，むしろ私立学校との競合による公立学校の衰退への対策としての側面が大きいと考えられる（図 5-4）．小中一貫教育以外にも，学校選択制や県立高校に附属中学校を併設する動き，また，教育特区による新たな学校設立もあり，さまざまな形態の学校の

図 5-4 東京都心に立地している小中一貫教育校（東京都品川区立品川学園）

再編が進んでいる．このような動向は，従来の硬直的・画一的な教育や施設の改革という点では注目されるが，地域と学校との関係という点では多くの課題がある．ここで，小中一貫教育や小中一貫校について詳しく述べてみたい．

日本の教育制度は戦後より，小学校・中学校・高等学校の6・3・3制が定着してきた．文部科学省は2004（平成16）年に学校教育法を改正し，小中連携の研究開発校の指定，東京都品川区などの小中一貫教育特区の認可といった小中一貫教育を推進する方針を打ち出した．その目的として，「小学校から中学校への移行によって生じる心理的負担の軽減」，「9年間を通して子どもの多様な資質や能力を伸ばす系統的・継続的な学習展開」を挙げている[*1]．たとえば，2006年に最初の小中一貫校を整備して注目を集める東京都品川区の場合，9年間を4-3-2に分け，最初の4年間を学級担任制による基礎・基本の定着に重点を置いた指導，次の3年間を教科担任制による学力の定着に重点を置いた指導，そして，最後の2年間をさらに教科・内容の選択幅を増やし生徒の個性・能力の十分に伸ばす指導と位置づけている．また，広島県呉市ではすでに2000年より小中一貫教育の研究開発を進めており，4・3・2制による段階的な教科担任制への移行を実践している．とくに，中期の第5・6学年では担任どうしが得意な教科を交換して行う授業，小学校教員と中学校教員のティーム・ティーチングといった柔軟な学習集団編成を行っている．

小中一貫校は，初期の特定校のパイロット的な取り組みから，市区町村内のより全域的な展開が志向され，全国のさまざまな自治体に広がってきている．また，宮城県石巻市など東日本大震災における復興に際して，被災した小・中学校を統合して小中一貫校として再編していこうという動きもみられる．小中一貫校の施設形態には，1) 施設一体型，2) 施設隣接型，3) 施設分離型の3種類が考えられる．新設や改築のケースでは1) の施設一体型が多く，またそのほうが教育や運営に合わせた理想的な計画となるが，実際には隣り合っていた小学校と中学校の敷地を合わせるケースが多くみられる．この場合，既存校舎を壊して新たに小中一貫校の校舎を建設したり，小学校と中学校をつなぐ共用棟を増改築したりといった対応をする．また，小学校か中学校のどちらかの敷地に小・中学校を統合するケースもある．この場合，敷地に十分な広さがないとグラウンドの確保が難しい，校舎が狭いといった問題が生じやすい．とくに，グラウンドは小学校と中学校で共有するため十分な広さが必要であるが，体育の時間の使い分け，また休み時間などでの体格差のある小学生と中学生の利用を考慮する必要もある．広いグラウンドを1箇所だけに設けるのではなく，小学校低学年の児童が安心して遊べるような芝生広場やプレイコートといった専用の遊び場の設置が望まし

[*1] 文献[3] の「小中一貫校のめざす姿」より抜粋した．

い．

　施設一体型の小中一貫校では，小・中学校の施設・スペースの共有化が図られる．共有化の目的は，施設・スペースの効率的な利用，小中連携効果の向上が挙げられる．たとえば，特別教室は小学校用・中学校用という分け方ではなく，教科ごとにグルーピングし，図工であれば絵画作業と工作作業，家庭科であれば被服作業と調理作業といったような多様な活動を可能にする選択性をもたせることができる．また，体育館や図書・メディアセンターの共有化は，小・中学校の連携・交流を図るうえで大きな効果が期待できる．さらに，職員室や保健室などの管理諸室は，小学校用と中学校用の区別はなく一体化するケースが多いが，これは省スペース化だけではなく職員どうしの交流や連携を促すという効果がある．新たに小中一貫校を整備する場合には，こういったスペースの共有化を最初から計画できるが，既存の小・中学校の改修や増築によって施設再編する場合には，十分な検討が必要となる．

（5）廃校後の活用

　学校の統廃合に際しては，一方で廃校をどう活用していくかも考えなくてはならない．文部科学省の調査報告によると，公立小中高等学校の廃校数は年々増加しており，2011（平成23）年では小学校323校，中学校93校，高等学校58校となっている．都道府県別でみると，過疎化の影響からか北海道が最も多いが，都心部の空洞化の影響から東京都も目立っている（図5-5）．なお，文部科学省は2008年に学校統廃合や廃校施設の活用を促進する目的で，公共施設の用途変更などを条件に公立学校の財産処分の承認の簡略化や処分制限期間の短縮などを定めている．

　また，廃校後の活用は全体の約7割で行われているが，用途変更先の施設としては社会教育施設（公民館・生涯学習センターなど）と社会体育施設が多く，その他には医療福祉施設（老人デイサービスセンター・特別養護老人ホーム・保育所・児童福祉施設など），体験交流施設，研修・宿泊施設，庁舎，ベンチャー企業支援施設・オフィス，住宅が確認できる．先述したように学校が地域コミュニティの核であることを考慮すると，学校がなくなったとしても公民館や生涯学習センターなどできる限りさまざまな住民が利用できる地域コミュニティ施設に用途変更するのが理想であり，実際に事例も多い．また，少子高齢化を背景とした学校の利活用という意味では，高齢者福祉施設（老人デイサービスセンター，特別養護老人ホームなど）への用途変更もニーズが大きいといえる．一方，このような用途変更では，廊下幅員が狭い，エレベーターや浴室の新設が必要になる，各部屋の面積が十分に確保できない，各部屋やスペースの連携が悪い，管理上見通しが悪いなど，片廊下に均質な教室が一列に並ぶ典型的な学校施設において，用途変更後の機能上の課題も見受けられる．将来的な用途変更をあらかじめ見込んで，構造や壁・天井のフレキシビリティを高めておくことも考えら

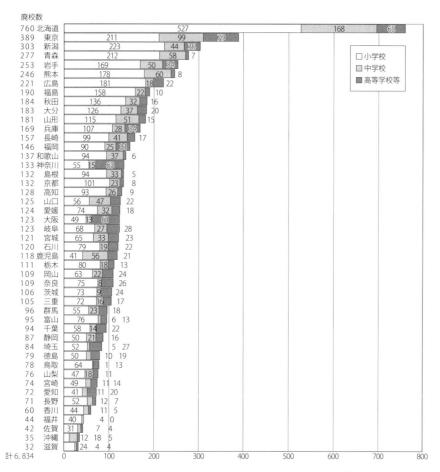

図 5-5 公立学校の都道府県別廃校発生数（平成 4 ～ 23 年度）[1]

れる．実際，最近の学校施設はそういった事例もみられる．

　地域のシンボルであった学校施設を残して新たな地域のニーズを掘り起こし，地域住民のみならず外部の人々との交流拠点として成功している用途変更事例もみられる．京都芸術センター（京都市）は，1993（平成 5）年に廃校となった小学校を改修して芸術振興の拠点施設として整備したものである（図 5-6）．地元のア―

図 5-6 廃校小学校を改修した芸術振興の拠点施設（京都芸術センター）

ティストが格安で利用できるアトリエのほか，会議室や発表・交流の場としてのホールを備え，さまざまな自主事業が展開されている．カフェ，ショップやギャラリー，地域住民や観光客が気軽に立ち寄れる場所もあり，アーティストどうし，また地域住民・観光客との交流の場として積極的に利用されている．また，世田谷ものづくり学校（東京都世田谷区）は，民間事業者が区から借り受けた中学校の廃校舎を活用して整備したもので，さまざまな分野のクリエーターに事業や創作の場を提供するとともに，各種イベントやワークショップが企画され地域住民との交流を生み出している．地域住民が気軽に利用できるカフェやギャラリーも併設されている．

　立地的に企業や市民のニーズが高く十分な利用者が見込める都市型の用途変更施設に比べ，過疎化により廃校となった学校施設の用途変更は事業採算性の点で難しい側面がある．このような用途変更による活動で典型的な例として挙げられるのは，都市部の子どもたちの自然体験の拠点としての整備である．野崎島自然学塾村（長崎県小値賀町）は，過疎化により 1985（昭和 60）年に廃校となった小学校と中学校を体験型宿泊施設として整備したもので，美しい自然環境を活かしたさまざまな体験活動を提供している．年間約 2,000 人の利用者があり，自然体験を中心とした地域振興につながっている．

② 教育施設の再編時における注意点
（1）耐震化・老朽化対策

　日本は地震大国であり，公共施設の耐震性の確保は必須である．とくに，学校施設は大地震の際の地域の防災・避難拠点としても機能するため，耐震化の推進がきわめて重要である．校舎の老朽化に伴う耐震性の低下，また新しい耐震基準への不適合に対して耐震改修などの対策が求められる．文部科学省によると，公立の小・中学校では 2015（平成 27）年度までにほぼすべての施設で耐震化を完了するという方針が示されている．また，半数の自治体で 100％ の耐震化率を達成している．一方で，天井材や照明器具などの非構造部材の耐震化や防災機能（屋外トイレ・防災備蓄倉庫・貯水槽・自家発電など）が不十分であるという実態も明らかになっている．

　以上のような学校の耐震化が進められる一方で，学校施設の老朽化対策は十分に進んではおらず，今後は建替え需要が高まってくると考えられる．文部科学省の報告書「学校施設の老朽化対策について」（2013 年 3 月）によると，築年数が 30 年以上の公立小・中学校の施設数は 2010 年度で全体の半数を超え，2015 年度には 66.5％ になることが予測されている（図 5-7）．都道府県別にみると，東京都や大阪府など大都市圏で築 30 年以上の施設保有割合が大きいが，一般市でも 57.2％，町村でも 51.0％ となっており，老朽化対策は全国的な課題であるといえる．老朽化施設の増加の一方で，自

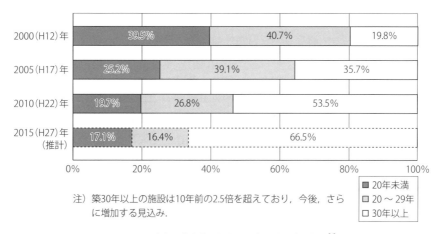

図 5-7 公立小・中学校の経年別保有面積割合の推移[4]

治体の維持管理・修繕費用は減少傾向にあるが，厳しい財政状況の中で今後の施設の維持管理や老朽化施設の更新をどのようにしていくかが大きな課題となっている．とくに，安全・機能面（建築材料・設備配管などの劣化，漏水，家具・備品の破損，教育やICT化に伴うスペース・設備など）の対策が必要である．なお，学校施設に多い鉄筋コンクリート造の法定耐用年数は47年（1998年度に改定）となっているが，鉄筋の腐食，コンクリートの中性化などに対して適切な維持管理や材料強度が確保される場合には，技術的対策によって長寿命化が可能である．機能的・計画的・環境的な対策をあわせた適切な改修・改築が求められている．加えて，多くの自治体では，これまで事後保全による対処が中心であったため，計画的に施設の点検・診断や修繕を行う予防保全体制の確立には至っていない．施設の状況を診断，データ化し，適切な改修・改築時期の整備計画を策定することが重要である．

（2）省エネルギー化・エコ改修

　耐震化・老朽化対策に加えて，学校施設の省エネ化と環境配慮を目的としたエコ改修およびエコスクール化も重要な課題である．これまでに，国（文部科学省・農林水産省・経済産業省・環境省）の補助を受けて，1997（平成9）年から2009（平成21）年までに実施されたパイロット事業は916校に上る（2009年4月時点）．これらの事業は，太陽光や風力の自然エネルギー導入，断熱化や日射遮蔽のエコ改修による省エネ化推進，内外装への木材利用，建物緑化や屋外緑化，雨水・中水利用やリサイクル建材活用によるリサイクル化などが対象となっている[5]．また，文部科学省は調査研究協力者会議での検討結果を，2009年に「環境を考慮した学校施設（エコスクール）の今後の推進方策について」として取りまとめているが，この中で施設水準の確保と環境負荷低減の両立,既存施設の耐震化とあわせたエコ改修の必要性を提言している．

学校は教育の場であるとともに子どもの生活の場でもあり，適切な日照・採光・通風(ライトシェルフ・庇・通気窓など）や断熱性能向上（外壁・屋上・窓など）による良好な温熱環境の確保，省エネルギー（効率的な冷暖房機器・節水・照明など）や自然エネルギー活用（太陽光・風力発電など）による環境負荷低減，木材や自然素材による健康的な室内環境の創出，屋上緑化や校庭芝生化による豊かな自然環境の創出といった環境面での十分な改善が求められる．

ここでは，東京都荒川区立第七峡田(はけた)小学校（図5-8）のエコ改修を取り上げる．1965（昭和40）年から1971（昭和46）年に建設された校舎（耐震改修済み）を2007年に改修したもので，具体的には屋根・壁の外断熱化，ペアガラス・二重サッシによる断熱性能の向上，屋上・壁面緑化，ライトシェルフ・ルーバー設置，照明の高効率化，太陽光発電や太陽熱床暖房・給湯，環境学習スペースや校庭緑化・ビオトープ設置といった手法が導入されている．

図5-8 校舎のエコ改修を実施した学校施設（東京都荒川区立第七峡田小学校）

(3) バリアフリー化

さらに，学校施設のバリアフリー化も大きな課題である．国により定められたハートビル法（2003年施行）やバリアフリー新法（2006年施行），また自治体が独自に定めているバリアフリー条例により，学校施設のバリアフリー化が進んでいる．新築や改築ではバリアフリー化の整備は容易であるが，改修の際は困難な対応となることがある．たとえば，特別支援学級を1階に設置して，2階以上はバリアフリー化を行わないといった不十分な対応がみられるが，本来は上階も含めたすべての教室やスペースへのアクセシビリティの確保が必要となる．また，学校施設の地域開放や災害時の避難拠点を考慮すると，児童・生徒のみならず，すべての人がすべての施設の利用を可能にするユニバーサルデザインの考えに基づいた施設整備が求められる．以下に計画の要点を挙げるが，これは新築・改築のみならず既存施設の改修にも最大限の適用が求められる[6]．

1) わかりやすく移動しやすい建物配置：出入口や駐車場から校舎へのわかりやすくアクセシブルなルート，動線が短く平面移動による建物間移動，敷地内通路・スロープの安全性（素材・手すり・認識性）の確保．
2) わかりやすく移動しやすい空間構成：建物内での平面移動が可能な計画，わかり

やすく簡明な動線計画，認知・把握が容易な空間構成，児童・生徒の日常動線を基本とした災害時の避難経路の設定，わかりやすく適切なサイン・案内の表示．
3) 安全で快適な諸室・スペース：凹凸のない安全なデザイン，安全性・快適性に配慮した建築素材，認知・把握が容易なデザイン・色・素材，利用しやすい余裕のあるスペース，昇降しやすい階段，すべての教室とスペースにアクセスできるエレベーター，障碍者用トイレの各階設置，車いす使用者や事故防止を考慮した出入口・ドア，操作容易な設備，適切な照明，使いやすい家具，明確な色彩計画．

(4) 地域開放と防犯・安全対策

地域に開かれた学校づくりは文部科学省により推奨され，これまで多くの自治体で積極的に取り組まれてきた．とくに，学校体育施設の開放は大半の学校で実施され，独立した使用のために専用の昇降口，便所・更衣室，夜間照明設備の設置，開放用の事務室やボランティア控室の整備などが行われている．また，地域住民の利用ニーズが高い音楽室や調理実習室などの特別教室，ランチルームや図書室を放課後や週末に地域開放する学校も，1980年代より増加している．

学校施設を地域へ積極的に開放していこうという流れの中で，学校の敷地境界に塀やフェンスを設けず，地域住民が自由に敷地内を通過したり，気軽に校舎にアクセスできるといった学校も登場してきた．しかし，2001（平成13）年の大阪教育大学附属池田小学校での児童殺傷事件をきっかけに，部外者の学校施設への立ち入りを厳しく規制したり，学校の警備・防犯体制を強化すべきという声が強まり，それまでの「地域に開かれた学校」から安全・防犯重視の「地域に閉ざされた学校」への揺り戻しが生じた．実際に，現在でも学校の地域開放をまったく実施していない自治体もみられる．計画面での対応としては，地域開放ゾーンと学校ゾーンに明確に分け，学校のセキュリティをしっかりと確保しながら，地域への開放もスムーズに行えるゾーニングが重要となる．具体的には，利用ニーズが高い学校体育施設や多目的ホールのゾーン，特別教室や図書館のゾーン，そして原則として開放しない普通教室のゾーンを明確に区画することが考えられる．また，設備的には不審者を監視するための監視カメラ設置や通報システムの整備があるが，学校ではつねに監視カメラのモニターを確認する教員やスタッフの配置は困難であり，むしろ校舎内や敷地内に死角をつくらず，お互いに見る・見られる関係を保てるような視認性の高い空間づくりが求められる．この意味では，地域住民の目がいつも学校に向いていることが学校の安全確保につながるといえる．地域とうまく連携しながら，子どもたちの安全が確保されるとともに交流が自然と生まれるような学校づくりを目指すことが望まれる．

学校開放をしながら学校の防犯・安全性を高めるには，管理運営のためのコスト，

とくに人的整備が不可欠であり，その不足のために学校開放に踏み込めない学校が多いことも事実である．実際に，学校開放時の施設の管理運営を学校の教職員が担っているケースが多く，教職員の負担増も問題となっている．学校の安全と地域開放を両立するためには，学校運営に対する地域の人的な協力も欠かせない．ところで，2004年に「コミュニティ・スクール（学校運営協議会制度）」が導入され，保護者・地域住民・学校・教育委員会が一体となって学校の管理運営に取り組む実践が始まった（図5-9）．全国的にはまだ少数であるが，コミュニティ・スクールでは地域の声を学校に十分に反映させる仕組みが成立し，とくに学校施設開放の管理運営に地域が積極的に関わり，地域と学校の効果的な連携が期待できる．また，地域との連携や効果的な施設開放のためには，校舎の計画段階でのワークショップの開催といった地域住民も巻き込んだ計画の検討や意見交換が重要である．

図5-9 学校ゾーンと地域開放ゾーンを明確に分けたコミュニティ・スクール（群馬県伊勢崎市立伊勢崎北小学校）

5-2 社会教育施設のまちづくり拠点化

近年，社会教育施設，つまり公民館を教育委員会から首長部局に移管し，まちづくり拠点機能を付加して再編する動きが顕在化しつつある．これを含めて公民館全般にどのような再編の動きがみられるのだろうか．とくに，近年よくみられるまちづくり拠点化とはどのような動きであろうか．ここでは，中国地方における公民館系施設の主に機能・役割面に着目し，市町村合併前後の再編の実態を把握し，まちづくり拠点化の方向性と課題について考察する．公民館の再編方針は，まちづくり拠点化だけに限られたものではないが，仮に社会教育施設として継続するにしても，近年の状況を勘案すれば，少なくともまちづくり機能に対する社会教育事業の位置づけを明確にすることが求められる．

なお，本節では社会教育法と各市町村の公民館条例等を根拠とし，生涯学習活動等を行う施設を公民館とする．また，まちづくり拠点とは積極的にまちづくり活動の拠点機能をもつことを条例等で定められた施設とする．そして，両者や公民館から派生した施設（たとえば，元々公民館であったが，根拠法，所管，事業内容等に変化のあった施設）を総称して，公民館系施設とする．

1 中国地方における公民館系施設の再編の全体状況

まず，中国地方の公民館系施設の再編状況をみていただきたい（図5-10）[8]．2011（平成23）年には53.6％の自治体において公民館系施設が再編済みとなる．その内訳をみると，自治体レベルのみの再編（公民館系施設の役割や配置の再編）の自治体が23.7％，自治体レベルと施設レベルの再編（各館のみの単体の変化）を同時に行う自治体が44.1％，施設レベルでの再編のみを行う自治体が23.7％であった．つまり，再編する自治体中67.8％は自治体レベルでの再編で，そのうち37.5％で公民館系施設の役割に変化がある．

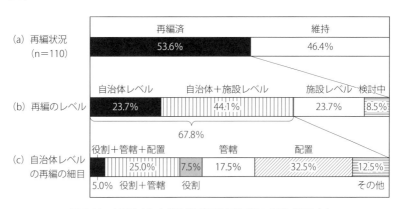

図5-10 中国地方における公民館系施設再編の状況（2011年）

次に，自治体レベルでの公民館系施設の役割（機能）を五つの型に分類したうえで（表5-2），それらの構成比の変化を図5-11に示す．2002年と2011年を比較すると，1）純社会教育機能型が54.4％から33.6％，2）文化機能複合型が6.0％から10.0％，4）まちづくり拠点機能複合型が0.3％から11.8％，5）混在型が21.1％から42.7％に変化することがわかる．つまり，純社会教育機能型が減少し，混在型とまちづくり拠点機能複合型が増加する．なお，混在型には平成の市町村合併により合併した新市において，合併前の旧市町村の公民館体系が併存しているものが多く，上記の傾向が今後も続くかどうかについては，しばらく静観する必要がある．

表5-2 市町村レベルにおける公民館系施設の機能的分類（役割）

1）純社会教育機能型	講座開催等の生涯学習事業や貸館業務のみを行う
2）文化機能複合型	社会教育事業に加えて，劇場，図書館，教育関連団体の事務局等の文化機能も担う
3）行政機能複合型	社会教育事業に加えて，行政窓口機能ももつまたは支所との複合・隣接設置
4）まちづくり拠点機能複合型	社会教育事業に加えて，まちづくり活動の拠点機能をもつ
5）混在型	合併後の市で公民館の役割が未統一で，結果的に地域によって公民館がさまざまな役割を担っている

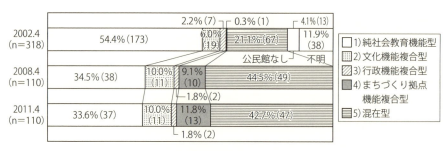

図5-11　公民館系施設の役割の構成とその変化（カッコ内は実数）

② 公民館の再編事例

次に，公民館を再編済みまたは再編予定の市町村のうち，3) 行政機能複合型，4) まちづくり拠点機能複合型，5) 混在型の事例を取り上げ，公民館系施設のシステム，役割，所管，配置の変化とその背景を整理する．

（1）行政機能複合型：広島県呉市（首長部局所管，混在配置）

旧呉市では，合併前からすでに公民館と支所等の合築が行われていた．合併後，類似施設のみの旧町においては類似施設を公民館に名称変更し，公民館が設置されていなかった旧町においては小学校や連絡所等を公民館へ用途変更することによって，新呉市全地域に公民館を設置した（図5-12）．元々，公民館では生涯学習活動と地域活動支援（体育協会等の教育団体）が，支所では行政窓口業務と地域活動支援（コミュニティ団体）が行われていた（図5-13）．しかし，各種支援団体の境がなくなりつつあることや各種団体の市民と協働して新市のまちづくりを進めるべきであることから，2005（平成17）年に公民館と支所を複合して市民センター（首長部局）とした．その効果として，地区の拠点としての組織をアピールすること，地区内の地域自治組織や各種団体の対応を一元的に行うことにより地区内の意見集約や市民協働によるまちづくりの推進の円滑化を図ること，支所および公民館の連携を強化し市民サービスの向上を図ること，災害発生時の避難所対応等の円滑化を図ることなどが見込まれている．しかし，市民センターをまちづくり拠点とする考えは現在のところない．

現在の市民センターの配置は，旧呉市でおおよそ中学校区に1館，合併町では旧町で1館となっている．

1993年以降，呉市では公民館建替え時に公民館と支所の合築を検討しており，現在23館中8館が公民館と支所の複合施設である．

（2）まちづくり拠点機能複合型：広島県三次市（首長部局所管，旧小学校区配置）

合併前，三次市には地区館12館と分館4館の計16館あった．甲奴町には地区館4館，三良坂町には地区館3館，うち1館が中央公民館的役割を担っていた．君田村は

5-2 社会教育施設のまちづくり拠点化　79

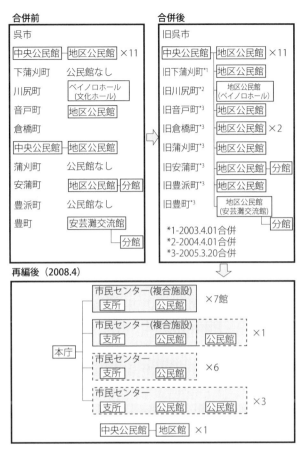

図 5-12　呉市の公民館系施設システムの変遷（呉市の資料を基に筆者作成）

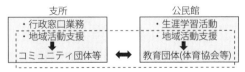

図 5-13　呉市の公民館再編前の役割（呉市の資料を基に筆者作成）

地区館 1 館と集会所として機能する分館 8 館の計 9 館，布野村は中央館 1 館と集会所として機能する分館 4 館の計 5 館，吉舎町は中央館 1 館と地区館 5 館の計 6 館があった．三和町は地区館 4 館，作木村には公民館が設置されていなかった．

合併前の公民館の役割は，作木村を除く1市4町2村では貸館業務，講座開催等の生涯学習活動中心であった．また，三次市には生涯学習センター，君田村には勤労者福祉施設と文化センター，作木村，三和町には文化センターが設置されていた．合併後，旧三次市の公民館分館は集会所となり，旧君田村，旧布野村の分館（集会所）とともに条例から外された．また旧君田村の勤労者福祉施設と旧吉舎町，旧布野村の中央館は生涯学習センターに名称変更された．2005（平成17）年に公民館は首長部局化し，コミュニティセンターと名称変更され，市内19の住民自治組織（旧三次市では12地域，合併町村は旧町村単位）の活動拠点となった（図5-14）．具体的には，旧三次市では12コミュニティセンター，旧君田村，旧布野村，旧吉舎町では生涯学習センター，旧三和町，旧作木村では文化センター，旧甲奴町，旧三良坂町ではコミュニティセンターの合計19施設である．さらに，2006年には指定管理者制度が導入され，住民自治組織等が管理運営を行っている．また，支所にまちづくりサポートセンターを設置して住民自治組織活動の支援を行っている．一方，三次市では以前から公民館活動とは別に住民自治組織活動が行われていた．具体的には，公民館は貸館業務や運動会など生涯学習拠点であり，住民自治組織は生活環境整備，レクリエーション，福利厚生活動を行い，会議の場として公民館を利用していた．そして，住民自治組織の活動振興を図るため，公民館等の社会教育施設を地域活動（まちづくり）と生涯学習（人づくり）が一体的に展開される場として位置づけた．この再編の外的要因として，地方分権型社会へ向けた地域自治力再生の必要性と市町村合併による新たな地域社会づくりへの転換，三次市の内的要因として地域コミュニティ機能の低下が挙げられる．これに対応して，三次市では地方分権社会の下での個性豊かで活力に満ちたまちづくりの展開と地域の自治力再生を目標としている[9]．

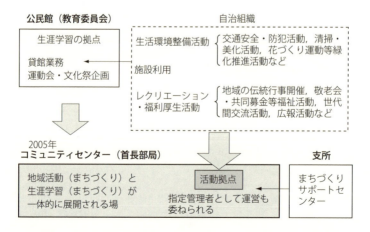

図5-14 三次市の公民館系施設の役割の変遷（三次市の資料を基に筆者作成）

(3) 混在型：広島県尾道市（教育委員会所管，混在配置）

　合併前，尾道市には中央館1館と地区館11館，および中央館下分館4館と地区館下分館2館の計18館があり，向島町には中央館1館と分館1館，瀬戸田町には中央館1館のみで，それぞれ貸館業務を中心とした生涯学習の役割を担っていた．御調町では，地区館7館が生涯学習に加えて支所業務も行っていた．因島市では，地区館7館が生涯学習と支所業務，地域行事企画の中心となっていた．合併後，合併町の中央館が地区館に移行したほかには所管，役割ともに変化はなく，貸館業務を中心とした生涯学習活動を行う公民館（都市部）と地域の中心施設として機能している公民館（山間部，島嶼部）が混在している．そのため，教育委員会は今後の公民館再編の方向性を検討中である．今後の整備方針をまとめるにあたり，各地域の実態を調査したところ，旧2市3町の公民館のシステム，役割，運営方法などの違いが明らかになった．とくにその役割の違いとして，貸館業務中心の生涯学習活動を主とする公民館（都市部）と，地域の中心施設として機能している公民館（山間部，島嶼部）に大きな差異がみられた．そこで尾道市では，むしろ旧市町における公民館業務の違いを地域性に根ざしたものとして維持し，新市の公民館群全体で住民ニーズに応えられる仕組みづくりを目指す予定である．今後，新尾道市における公民館の基本的な方向性として，1)「生涯学習の拠点施設」，2)これまで各地域の公民館が果たしてきた役割の独自性を配慮しつつ「まちづくりの拠点施設」を目指す，という2点を掲げた[10]．

　現在の配置は，旧尾道市で小・中学校区に1館，旧御調町で小学校区より狭い範囲に1館，旧因島市で小学校区に1館，旧向島町で旧町域に2館，旧瀬戸田町で旧町域に1館となっている．

③ 公民館のまちづくり拠点化の方向性と課題

　2011（平成23）年の調査における公民館系施設の再編計画で示された役割として，混在型，純社会教育機能型がそれぞれ4割，3割を占めていた．混在型は，今後各市町村において新たに施設体系の再編計画が策定されれば減少する可能性が予測できる．もしくは，あえて地域性を活かして混在型を継続するという選択も考えられる．

　一方で，新たな動きとしてまちづくり拠点機能複合型が微増傾向にあった．また，混在型においても公民館活動の中にまちづくり活動を内包する形で取り込んでいく動きがみられた．これらは現時点では量的には少ないものの，その背景には地方分権を視野に入れた官民協働のまちづくり政策などが共通項としてみられた．この政策は全国的な流れであることから，今後，まちづくり拠点機能複合型への移行，もしくは公民館をまちづくり活動の受け皿とする動きが広がる可能性が推測される．そこでまちづくり拠点化の方向性と課題について考察する．

まず，各市町村によって「まちづくり」の意味するところが異なるので，前項の事例対象市町村の「まちづくり」の捉え方を，中林による6分類で整理した[11]（表5-3）．たとえば，呉市の合併町では産業振興を指すので生業づくり，島根県大田市ではひとづくりと地域をよくする実践活動，広島県廿日市市では地域の課題発見・解決を指すので，ひとづくりとともに環境づくり，ルールづくりを意味する．一方，三次市は暮らしづくり全般，呉市都市部はコミュニティづくり，尾道市は地域コミュニティづくりを，それぞれまちづくりと捉える．暮らしづくりやコミュニティづくりは曖昧な概念であり，ときにまちづくりそのものを換言したものでさえあることから，これらの市ではまちづくりを包括的に捉えていると考えられる．以上より，まちづくり活動の基本形を仮説的にまとめると，主に地域をよりよくする実践活動（環境づくり，ルールづくりなど）とそのための人材や集団の育成活動（ひとづくり）に集約されると判断できる．なお，ルールづくりとは，「当該集団にとっても共通の価値や目標に沿って，個人の権利や自由に課すべき『制限』について合意をしていく政治的意味」（竹井，2007)[12]をもつ活動に近い．この点から地域自治活動ともいえよう．

次に，まちづくり活動と生涯学習活動の関係について言及する．まちづくり拠点機能複合型の例では，従来の公民館における生涯学習活動支援も継続している．たとえば，廿日市市では「生涯学習活動を地域課題解決へ向けた地域活動へと展開を図る」[13]として両者に積極的関係を期待していること，また大田市の「まちづくり活動は講座・講演等によるひとづくりと地域をよりよくする実践活動である」[14], [15]という見解の

表5-3 中林による「まちづくり」概念の分類[11]

空間づくり	都市空間の安全・快適・健康・利便性の向上を求めて施設建設・市街地開発・街路整備・街並み景観・規制や誘導による土地利用の最適化など具体的な都市計画事業などを通じて地域空間の整備を目指す取り組み．
環境づくり	地域緑化や防災施設の装備等ハード面での環境づくりとともに，街の清掃活動・花一杯活動・ゴミ問題への取り組み・防犯パトロール・防災訓練など地域活動としてのソフト面からの環境づくり．
ルールづくり	建物の高さや景観（色彩），建物周りの植栽や生け垣など協調して整備していくためのルール化やゴミ出しルールや生活騒音問題など，生活上の近隣マナーのルール化など，地域での個々の行為（建築開発や生活・経営行為など）をルール化して協調・協働して地域の生活環境の質を向上させるためのルールづくり．
イベントづくり	地域社会の活性化や地域経済の振興を目指して長期間の準備活動を通して人間関係や地域意識づくりを進める「お祭り」やスポーツ大会など，地域住民が運営参加するさまざまなイベントの開催によるソフトな「マチおこし・むらおこし」の取り組み．
生業づくり	職住分離で大都市近郊の多くは専用住宅市街地となったが，これらの地域でも最寄りの駅前や地域の商店街の活性化問題が解決を迫られている．一方，大都市の内部市街地では観光まちづくりや地場産業の活性化など，さまざまな地域経済の活性化をめざす，主にソフト面からの地域おこしの取り組みがある．
ひとづくり	地域社会の活性化を目標に，文化的社会的なさまざまな生涯学習，サークル活動やボランティア活動などによる市民力の活性化・育成をめざすソフトな取り組み．

前半部分は生涯学習活動とみなしてもよいと考えられること，さらに三次市でも「地域活動（まちづくり）と生涯学習（人づくり）」という関係が提示されていることから，両者は緊密な関係をもつものと捉えられていることがわかる．つまり，まちづくり拠点における生涯学習活動とは地域課題を解決するひとづくりも含むものと位置づけられており，これはまさに公民館における社会教育の一つである．

さらに，まちづくり活動拠点施設の空間的機能についてやや試論的ではあるが考察を進める．図5-15は，尾道市島嶼部の中庄公民館の業務と連携システムを示す．公民館が各種団体と住民との取次業務を担うことにより，各組織と連携をとって地域生活の情報拠点となっていることがわかる．この事例は，まちづくり拠点がもつべき重要な特性を示唆している．つまり，地域をよりよくする実践活動を協働するためには，まちづくり拠点が地域の諸団体・住民の情報ネットワーク拠点となることが重要と考えられる．そして，その情報集約および整理を通して地域の課題が析出され，課題解決のための実践活動につながると推察される．

以上より，まちづくり活動における公民館施設の基本的役割は，地域の情報拠点と地域自治の場，そのための社会教育の場となり得ることである（図5-16）．そして，これらの活動を通して地域でのまちづくり活動が実践されるものと考えることができる．

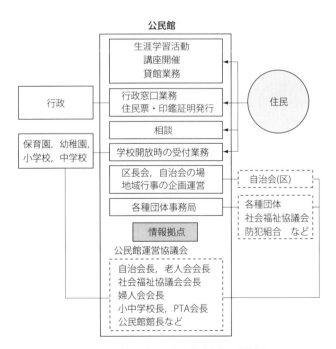

図5-15　尾道市中庄公民館の業務内容と連携状況

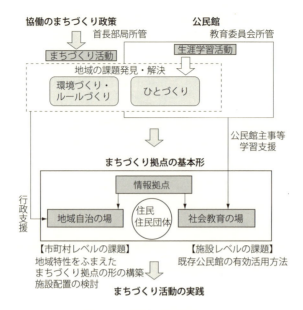

図 5-16 まちづくり拠点のまとめ

　最後に，まちづくり拠点化の建築計画的な課題について述べる．まず，市町村レベルにおける地域性への配慮が挙げられる．具体的には，2011 年時点における施設の役割分類において混在型が約 4 割存在することが示すように，これまで各地域において公民館系施設の担ってきた役割が異なるため，そして，地域によって課題の種類や対処体制が異なるため，まちづくり活動も地域特有の形となることが予測される．したがって，上記の基本形をふまえつつ地域性を取り入れたまちづくり拠点の形をつくることが課題となる．たとえば，尾道市のように旧市町における公民館業務の違いを地域性に根ざしたものとして維持し，新市の公民館群全体で住民ニーズに応えられるネットワークを構築して対処するという方法もある．また，施設配置についても同様に地域性に配慮することが課題として考えられる．

　2011（平成 23）年には中国地方の 53.6％の自治体が公民館系施設を再編し，うち 67.8％が機能の再編であった．その役割として純社会教育機能型，まちづくり拠点機能複合型，混在型などに分類できた．2011 年時点の計画では，混在型とまちづくり拠点機能複合型が増加傾向にある．まちづくり拠点化の背景として官民協働のまちづくり政策があるが，これは全国的な流れのため，今後も公民館がまちづくり活動の受け皿となる可能性は高いと考えられる．まちづくり拠点施設の基本形は，生涯学習活動と地域生活の情報拠点の場に具体化できると考えられ，その課題は，地域特性を取

り入れたまちづくり拠点の形の構築と配置の検討，既存建物の有効活用方法であると指摘できる．

5-3　公営住宅における機能変更による再編

　多くの公共施設の再編が自治体の施策として動いているのに対し，公営住宅は国の「公営住宅ストック総合活用計画」（2000年）や「公営住宅等長寿命化計画」（2009年）の制度下で動いており，自治体が独自の施策で公営住宅を再編することは困難である．また，今後のセーフティネット構築の中での公営住宅ストックの位置づけについて多くの自治体で模索が続いているが，さまざまな分野との連携が必要になることは間違いない．そのため，自治体が保有，維持管理する建物として自治体の施設白書などにおいてリストアップされる例はあるが，ほかの公共施設と同じレベルで再編の検討対象になることは多くない．しかし，全国の公共施設の床面積に占める公営住宅の割合は26％と学校施設に次いで高く[16]，自治体における公共施設のマネジメントを推進するためには聖域化することはできない．そこで本節では，再編の対象施設として公営住宅を取り上げ，その対処方法を整理する．

① 公営住宅の維持管理からマネジメントへ
（1）公営住宅に関する議論

　今後の高齢化，単身世帯の増加などの社会的状況から考えれば，住宅供給に関する施策は重要である．とりわけ公営住宅は，住宅セーフティネット構築のうえで重要な役割を担っている．しかし，公営住宅のハード面からいえば，老朽化が進む公営住宅の大量更新の時期を迎え，従来のような公営住宅の供給だけでは対応できない状況である．このような状況下において，たとえば大阪府では，「大阪府住宅まちづくりマスタープラン」[17]において，今後の住宅セーフティネット施策は，民間賃貸住宅市場を含めた住宅市場全体で展開し，公営住宅については量的な縮小を図るとしており，公営住宅の供給だけではない施策展開を進めるとしている．また，住宅セーフティネットの一つとして，福祉部門と住宅部門が連携し，住宅確保要配慮者に対して家賃の一部を支給する家賃補助（住宅バウチャー）制度を検討し，2012（平成24）年3月に厚生労働省と国土交通省に対して制度提案を行っているが，家賃補助制度には多くの課題があり，実現には至っていない[18]．

　このように，自治体では，公営住宅の供給という単一の手法ではなく，民間賃貸住宅の活用，家賃補助制度の検討など，さまざまな手法が検討され始めている．

（2）公営住宅の再編手法

現在の公営住宅は，ストックとしていかに適切な維持管理や活用をするかという課題と，それを取り巻く課題すなわち管理主体である自治体の財政難や住宅セーフティネットの役割への対応などの課題という，いわゆるハードとソフト両面からの課題解決が求められている．ソフト面では，生活保護世帯の住宅扶助や住宅セーフティネットなどの議論が必要となるため，本節では，前者のストックとしての公営住宅のマネジメントや再編手法について解説する．公営住宅に公共施設再編の考え方を当てはめると，以下の3パターンが考えられる．ここではとくに，1)用途維持と2)機能変更を取り上げる．

1) 用途維持：公営住宅の規模縮小，維持，規模拡大
2) 機能変更：既存部分の機能変更，低未利用空間の活用
3) 用途変更：公営住宅団地全体の用途変更

（3）公営住宅の用途維持

公営住宅は，サービスを提供する公共施設とは異なり，住宅確保要配慮者のための住宅であるため，財政難を理由に安易に公営住宅を削減することはできない．自治体が公営住宅の再編を検討する前提として，住宅確保要配慮者数の推計，すなわち公営住宅の規模算定が必要となる．いくつかの自治体では，住生活基本計画の中で，「住宅セーフティネットの構築に向けた施策計画立案マニュアル」（国土交通省住宅局）に基づいて住宅確保要配慮者数を推計し，将来的な公営住宅の適正管理戸数を設定している．さらに，この適正管理戸数と現在の戸数との関係や既存ストックの老朽度などから，維持保全，建替え，用途廃止などの方針が示されている．また，これら維持保全，建替え，用途廃止という方針は公営住宅の枠内だけで検討されていることが多いが，たとえば，空き住戸や低未利用空間を戸数削減の対象とするだけでなく，以下で解説する機能変更を行うことで，公営住宅住民の生活サポートあるいはコミュニティ形成などに活用できる可能性がある．

（4）公営住宅の機能変更

公営住宅の一部の機能（住宅や共用部分）を変更した事例の傾向を把握する．朝日新聞，日本経済新聞の2000年から2010年までの記事や文献から収集した，公営住宅の機能を部分的に変更した41団地44事例の用途を表5-4に示す．

表5-4によると，住宅などの屋内空間をほかの屋内空間の用途へ変更する事例が25事例，屋外の低未利用空間を広場や農園などの屋外空間として活用する事例が10事例あるほか，屋外に店舗などの建物を建設する事例が9事例みられる．住宅部分を

表5-4　低未利用空間の活用場所と活用後の用途（文献[19]を基に筆者編集）

活用場所		用途 屋内空間										屋外空間				合計
		住宅			施設											
		住宅	高齢者用住宅	障碍者用住宅	コミュニティ施設	高齢者支援施設	子育て支援施設	店舗	市場	教室	事務所	広場	農園	駐車場	花壇	
屋内空間	住宅	5	5	1	3											14
	店舗				2		1									3
	集会所						1									1
	その他	1			4	1				1						7
屋外空間	屋外空間	3	1			1		2	1	1		5	2		1	17
	駐車場													2		2
合計		9	6	1	9	1	1	3	2	1	1	5	2	2	1	44

他用途に変更することは制度的にも困難と考えられがちであるが，次の②項で事例解説する，大阪市営住宅における空き住戸へのコミュニティビジネスの導入，兵庫県営明石舞子団地（以下，明舞団地）における空き住戸の地域団体への貸与の事例など，住宅をコミュニティ施設へ変更する事例が3事例みられる．変更後の用途をみると，住宅以外の用途ではコミュニティ施設への変更が9事例と多く，従来の団地内集会所では対応できない住民ニーズが発生している可能性がある．公営住宅の再編といえば公営住宅の縮小や集約を想像しがちであるが，公営住宅内の低未利用空間を有効活用することで，公営住宅住民や周辺住民の生活の安定や社会福祉の増進に寄与する施策も重要であろう．

② 公営住宅の活用事例

　公営住宅の低未利用空間を有効活用，機能複合した事例として2事例を紹介する．大阪市営住宅の空き住戸や空き店舗にコミュニティビジネスを導入する事業，兵庫県営住宅の空き住戸に高齢者もしくは子育て支援サービス拠点を導入する事業である．

（1）機能変更に向けた検討プロセス

▶コミュニティビジネス活動拠点の導入（大阪市営住宅）

　大阪市では，市営住宅ストックの有効活用を図るため，2005（平成17）年に「大阪市営住宅研究会」を組織し，検討を進めてきた．その中で，現在の市営住宅について，ストックの効率的な活用，コミュニティの再生，公平・公正な管理の推進，地域のまちづくりへの貢献，以上の基本的な考え方の下，市民の幅広い居住ニーズに対応し，より多くの市民に支持される「市民住宅」へと再編する方向を示した．この市民

住宅構想の下，事業を進めている．たとえば，公営住宅の低利用地を事業用借地権設定契約により民間事業者へ貸付け，生活利便施設を導入する事業がある．具体的には，日用品の物販および生活支援サービスの提供（コンビニエンスストア等），文化・コミュニティ育成等地域の活性化につながるサービスの提供（文化教室等），健康福祉関連のサービスの提供（医療・介護施設や保育施設等）のいずれかの機能を有する施設を募集し，2011年，対象となった東淡路第2住宅の敷地内においてコンビニエンスストアが開店した．この市民住宅構想を具体化した一例である．

市民住宅構想に向けたもう一つの事業が，市営住宅の空き住戸を活用したコミュニティビジネス活動拠点の導入である．事業の目的，内容，募集条件は表5-5上段のとおりである．大阪市は，団地住民の高齢化が進んでいる実情をふまえ，高齢者支援サービスを導入したいと考えていたが，特定分野の事業者を募集することは公平性から難しく，結果的に高齢者や子育て支援など生活支援サービス全般で募集することとなった．対象とする団地は，1）1階に空き住戸がある，2）高齢化が進んでいる，3）NPO等のニーズが高い，4）建替え対象団地ではない，5）応募倍率が高倍率ではない，6）駅・バス停から近い，7）対象住戸の近くに広場等のスペースがあること，などを条件として選定される．

▶高齢者生活支援機能等の誘致（兵庫県営住宅）

兵庫県では，2003（平成15）年度から明石舞子団地再生事業に取り組んできた．UR都市再生機構等とともに明舞団地の団地建替え事業や既存ストック活用をベースに，さまざまなコミュニティの活性化やコミュニティ再生に取り組んできた．たとえ

表5-5 公営住宅の機能変更の事業概要（文献[19]を基に筆者編集）

	事業名	目的・内容	経緯	募集条件
大阪市	市営住宅の空き住戸を活用したコミュニティビジネス活動拠点の導入	市営住宅の問題として高齢化の進行，コミュニティの崩壊，地域社会との分断が挙げられ，社会状況の変化として，NPOなどの市民活動の活発化や市民協働の機運が高まる中，地域コミュニティの活性化に向け，コミュニティビジネスの活動拠点として市営住宅の1階空き住戸をNPO等へ提供する．	・2008年度から開始． ・2008～2010年度で10団体入居． ・2011年度に3団体入居決定．	・活動実績1年以上 ・使用料：非営利団体は1/2に減額． ・改装：改装の場合は市の承認の下で団体負担． ・期間：最長で4年．再応募可． ・その他：自治活動に参加すること．住居利用不可．
兵庫県	県営住宅の空き住戸を活用した高齢者生活支援機能等の誘致	高齢化や住宅・施設の老朽化に伴う地域活力の低下，コミュニティ機能の衰退等が課題となっている中，地域活性化の一翼を担うことを目的として，地域再生計画の認定を受け，生活サービス等を行う団体の活動拠点として県営住宅の空き住戸を提供する．	・2006年2月～5月に団体公募． ・3団体入居． ・1団体退去し，2010年時点で，2団体入居．	・住民団体が，高齢者の生活支援もしくは子育てサービスを目的とすること． ・使用料：約10万円/年（住民団体の場合は無料） ・改装：原則として現状で使用．改装の場合は団体負担． ・原状回復義務あり．

ば，明舞センターやサブセンターの空き店舗に，まちづくり活動や生活サービスを提供する NPO 団体等を誘致している．もう一つの事業が，2006 年に行った県営住宅の空き住戸を活用した，高齢者生活支援や子育てサービス提供等の充実を図る NPO や住民団体の活動拠点の誘致である．事業の目的，内容，募集条件は表 5-5 下段のとおりである．

(2) 事業実績

▶コミュニティビジネス活動拠点の導入（大阪市営住宅）

2008（平成 20）年度から毎年，対象団地を選定のうえ募集しており，これまで 13 団地で 13 団体が採用された．2012 年度は，新規募集として 4 団地，住戸使用許可期限の 4 年を迎える住戸の再公募として 4 団地，以上の計 8 団地を対象に活動団体を募集し，応募のあった 5 団体が採用された．当初，大阪市では高齢者支援サービスを導入したいという考えもあったが，制度が始まった当初は応募がなく，2011 年度になって高齢者支援団体からの応募があり，入居している．

▶高齢者生活支援機能等の誘致（兵庫県営住宅）

2006（平成 18）年度に 3 団体を公募により募集した結果，3 団体が入居した．2014 年現在，2 団体が継続して入居している．

(3) NPO 等による運営の実態

2010（平成 22）年に，大阪市営住宅に入居していた 7 団体中 5 団体と兵庫県営住宅に入居していた 2 団体を対象に，団体による運営や効果について聞き取り調査を行った．その内容から，公営住宅に NPO などが活動拠点を設けることによる効果や課題を解説する．各活動団体の活動内容を表 5-6 に示す．

▶入居のきっかけ

団地内施設を利用するに至った経緯として大きく二つの傾向がみられた．拠点をもつことができなかった団体が拠点を必要として応募に至った例が 2 団体，すでに拠点をもつ団体が活動範囲を広げるために応募した例が 3 団体である．

(2) 活動内容と活動場所

各活動団体の活動場所を表 5-7 に示す．子育て支援施設は主に空き住戸の拠点を子どもが遊ぶ場所（子ども広場）として利用するなど，拠点内での活動を主とし，大きなイベントの際には団地および周辺地域の施設を利用している．また，子どもあるいは子育て世代への支援だけでなく，高齢者支援などの高齢者向けの活動スタッフとして高齢者を雇い，多世代が交流できる活動を行っている団体もみられた．まちづくり支援の団体は，主に空き住戸の拠点を事務所や会議室として使用し（図 5-17），活動は住戸外の団地内施設や周辺地域の施設を利用している．住戸内は限られた床面積であるため活動の幅は必然的に制約を受けるが，公営住宅の集会所や広場など，周辺に

表 5-6　各活動団体の活動内容（2010 年）（文献[19]を基に筆者編集）

	団体名/所在地	入居のきっかけ	入居場所	改修有無		活動内容
大阪市営住宅	NPO 法人 A-1 / 大阪市西淀川区	・地元の自治会長が公募を薦めてくれた. ・拠点がなく拠点が欲しかった.	住宅	無	子ども支援	CAP 活動（子どもへの暴力防止プログラム）/ 子ども相談室（電話相談・寺子屋プロジェクト・子ども広場・文庫活動など）/ 地域セミナー / リサイクルバザー / 講演や研修
	NPO 法人 A-2 / 大阪市東淀川区	・拠点が欲しかった. ・ボランティアには限界があるのでコミュニティビジネスを本格的にやっていくことで, 活動の範囲を広げていきたかった.	住宅	有	まちづくり支援	自転車によるまちづくり（ツーリング, メンテナンス講座など）/ 高齢者のための惣菜ケータリング（予定）
	NPO 法人 A-3 / 大阪市東淀川区	・この地域に新しい拠点が欲しいと感じていた.	住宅	無	子育て支援	母親が集まり交流を深めたり, 相談ができる場所 / 保育活動
	NPO 法人 A-4 / 大阪市西淀川区	・拠点が欲しかった. ・安い賃金の場所を探していた. ・周辺に子育て施設がなかったため.	店舗付住宅	有	子育て支援	子育てサークル / サークルサポート / つどいの広場事業 / 広場事業 / 子育て支援マップなど冊子の作成 / 学習交流 / 保育者養成講座 / にしよど冒険遊び場
	社会福祉法人 A-5 / 大阪市西成区	・ほかに運営している施設の OB の交流場所をつくりたかった.	店舗	無	作業所兼交流施設	新今宮文庫運営 / 談話室運営 / あいりん相談室 / 三徳寮周辺道路のボランティア / 三徳寮まつり / 花いっぱいプロジェクト
兵庫県営住宅	任意団体 B-1 / 明石市	・地域に集会所がないので, 拠点が欲しかった.	住宅	無	まちづくり支援	さんさんハウスの開催 / 見守り活動 / 高齢者のための給食サービス / クリスマス会・花見などのイベント開催
	任意団体 B-2 / 神戸市垂水区	・拠点が欲しかった.	住宅	無	まちづくり支援	おもちゃライブラリー / パソコン教室 / クリスマス会などのイベント開催 /EE バザー / 地域づくり講演会 / 男性料理教室 / 健康体操

利用可能な空間があるとも考えられる．しかし，バザーやイベントなど不特定多数の人との交流を行う際に，団地内の集会所や広場などを利用している団体は一部に限られており，団地内での活動は限定的である．これは，入居後 2 年目の調査結果であり，その後，変化している可能性はある．

また，すべての団体が周辺地域の施設などを利用していること，利用者は小学校区内から訪れている場合が多いが一部の利用者はそれ以遠からも訪れており，活動内容などによって広範囲の人に利用されている（表5-8）．つまり，公営住宅団地内の空間は公営住宅住民の生活に供することが第一であるが，団地内の低未利用空間を機能

表 5-7 各活動団体の活動場所（文献[19]を基に筆者編集）

団体名	団地内			団地周辺
	入居場所	集会所	屋外空間	
A-1	・子供相談所 ・子供寺子屋	・講演・講習会	・バザー（写真1） ・かくれんぼなどの遊び	・CAP活動でさまざまな学校の講演活動
A-2	・事務所	産地直送販売の拠点		・小学生への自転車メンテナンス講座 ・日之出北住宅1号館の集会所を借りて交流会
A-3	・子供広場（写真2）			・近所の幼稚園の広場を借りて遊び場を提供
A-4				・民生委員への講演 ・情報誌の作成 ・サークル活動，広場活動
A-5	・作業所 ・交流施設	―		・地域施設を借りて調理実習
B-1	・集会所として利用	―		・配食サービス
B-2	・パソコン教室 ・おもちゃライブラリー ・クリスマス会などの催しごと		・餅つき大会 ・バザー	・近隣の小学校でパソコン教室 ・男性料理教室

写真1　広場でのバザー

写真2　住戸での活動

(a)　入居前のプラン

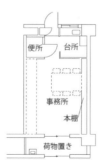

(b)　改装後のプラン

(c)　事務所の様子

図 5-17　住戸内の改装例[25]

92　第5章　主要な施設種別の再編方法と留意点

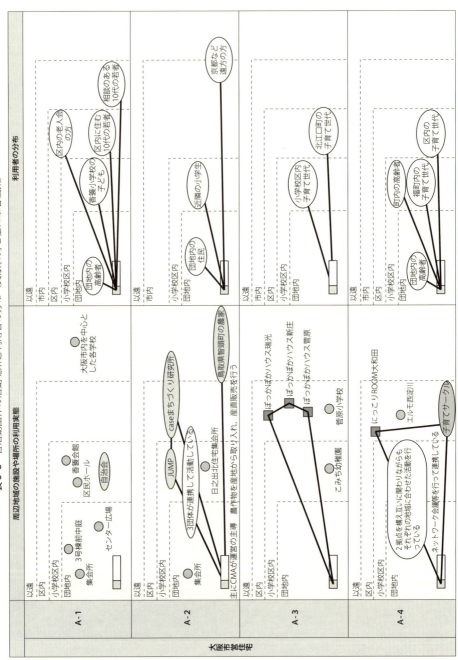

表5-8　各活動団体の活動場所と利用者の分布（文献[19]を基に筆者編集）

5-3 公営住宅における機能変更による再編 93

表 5-8 各活動団体の活動場所と利用者の分布（文献[19]を基に筆者編集）（つづき）

		周辺地域の施設や場所の利用実態	利用者の分布
大阪市営住宅	A-5	ウエル大阪、三徳寮 利用者は主に三徳寮のOBで管理等は、三徳寮のスタッフが行っている 以遠／区内／小学校区内／団地内	三徳寮のOBの方（西成区内、大阪市内、高井市）／近隣の住民／団地内の住民 以遠／市内／区内／小学校区内／団地内
兵庫県営住宅	B-1	コミュニティセンター、ちびっこ公園、角川ヴィラ（滋賀県高島市今津町） 以遠／区内／小学校区内／団地内	私が丘3丁目の住民／松が丘3丁目の住民 以遠／市内／区内／小学校区内／団地内
	B-2	自治会、神陵台緑地、生協前駐車場、長坂小学校、神陵台小学校、西脇小学校、寛鳳池 毎回自治会議に参加している パソコン教室等小学生に対して講義等を行ったり、三つの小学校をつなげる働きをしている 以遠／区内／小学校区内／団地内	明舞団地に暮らす小学生／明舞団地の近隣住民 以遠／市内／区内／明舞団地内／小学校区内／団地内

変更することで，公営住宅団地の住民だけでなく周辺地域に対して公共サービスを提供する施設となり，公営住宅の一部の空間が公共施設の役割を果たしているといえる．

（4）NPO 等による機能変更の効果と課題

▶コミュニティビジネス活動拠点の導入（大阪市営住宅）

大阪市営住宅の事業において，団地内施設を利用することのメリットとしては，「賃金が安い」や「拠点ができたこと」のほかに，「団地内にあるための防犯面や安心感」，「団地内施設を利用することで公的な意味合いが増す」などが挙げられている．入居のきっかけとして団地住民を強く意識した例はなかったが，入居後に，団地内にあることをメリットとして実感している団体が多いといえる．

逆にデメリットとしては，「電気容量など設備面での不具合」や「立地条件の悪さ」などを挙げる団体がみられた．

大阪市営住宅の事業における効果として，マスコミなどに取り上げられるようになり，コミュニティビジネスの団体の信用度が上がったことや，団体が自治会の担い手になっている例もあることが挙げられる．また，団地住民が本の差し入れをしてくれたり，作業を手伝ってくれることがあり，交流が始まっている．また，子ども保育施設の団体が，子どもがいない朝に高齢者を対象にネイルサロンを開くことで，人のつながりが増えている．一方で，実施団地の分布に偏りがあるほか，高齢者支援サービスの施設は入居しにくいという課題がある．

▶高齢者生活支援機能等の誘致（兵庫県営住宅）

兵庫県営住宅の事業における効果として，地域団体が，県営住宅の一室を拠点としつつ，小学校で積極的に活動していることから，地域団体が活動の拠点をもちえたことが挙げられる．一方で，利用者が固定化し，活動に広がり不足があるようにみえるほか，任意団体ということもあり，採算が取れていないという課題がある．

住宅に困窮する低額所得者に対して低廉な家賃で賃貸するというセーフティネットの役割を果たしている公営住宅を，公共施設と同じ考え方で再編の議論をすることはふさわしくないという考え方もある．しかし，公共施設の再編は，決して総量減だけを目的としているわけではなく，既存ストックを積極的に有効活用するという視点もある．本節で紹介した事例は，公営住宅の既存部分の機能変更あるいは低未利用空間の活用を図ることで，住民の福祉の向上やコミュニティの活性化を目指す事例といえる．また，単にハード面の再編というだけでなく，団地以外の周辺住民が団地に訪れるきっかけになっており，公営住宅と周辺地域の間の壁を低くすることに貢献している可能性があるほか，地域住民やNPOの活動を支援することにもなり，公営住宅の有効活用が市民活動支援の施策とも連携した事例といえる．

第6章
過疎地域における公共施設の再編

6-1　北海道上士幌町「5,000人のまちづくり」のビジョンと方法
　　　　―バックキャスティングとしての再編計画と空間デザイン

　北海道河東郡の上士幌町は，札幌から車で約3時間30分，北の大地の真ん中，十勝地方北部の小さな自治体である．面積的には決して小さくはなく，国立公園として日本一の規模をもつ大雪山国立公園の東山麓に位置し，日本一広い公共育成牧場のナイタイ高原牧場を有する．町内の約76%が森林地帯という自然に恵まれたまちであり，地目別土地面積でいえば，宅地は0.6%と1%にも満たない．産業としては畑作・酪農などの農業や林業などの第一次産業が盛んで，源泉かけ流し温泉であるぬかびら源泉郷や幌加温泉，北海道遺産旧国鉄士幌線コンクリートアーチ橋梁群などの観光業にも力を入れている．

　上士幌町も，ほかの北海道の自治体と同じく急速な人口減少に直面している．1965（昭和40）年には10,309人であったのが，2010（平成22）年にはその半分の5,080人までに減った．加えて，世帯数では1965年に2,317，2010年で2,225となっており，ほとんど変化がない．約50年の間に，上士幌町の人口構成は大きく変容した．さらに，25年後の2040年には，人口は3,222人へと減少すると推計されている．財政規模は，2012年度一般会計当初予算でみると約56億円である．同じ人口規模の町村の中では決して深刻な財政状況ではないが，将来これが大きくなることを見込むのは難しい．そのような中，上士幌町は2012年度に，「5,000人のまちづくり」を目指す「第5期上士幌町総合計画の具体化に向けた10のテーマ」を定めた．その1番目として掲げられたのが「公共施設の配置等グランドデザイン作成」である．

　公共施設の再編については，都市部の自治体では一般に，施設数のコントロールによって財政的な圧迫を改善することが主な狙いであるが，上士幌町の課題と目的はそれが第一義ではない．もちろん，施設管理の財政的負担と人口減少のバランスをとることは求められているが，それ以上に，人口が1万人を割るような小さなまちでどのような豊かな暮らしが実現できるのか，そのために公共施設が果たす役割は何か，から始まる再編の意義を探求している．

1 まちの整体

筆者は「まちの整体」という視点を提唱している．地方で未利用・低利用なまま抱えられている公共建築群の再編を軸にしながら，人口3割減時代を見据え，地方都市の広義の適正規模化を図るものである．いわゆるコンパクトシティ論のように聞こえるかもしれないが，都市構造に対する捉え方と目標の描き方がそれとは本質的に異なる．

地方の小都市は，国レベルの高度成長・人口増加における生産と消費に追従すべく，これまで必死になって筋肉をつけてきた．筋力を上げるためなら，中央からのドーピングも積極的に受け入れた．しかし当然，そのような不自然な筋肉増強は本来の骨格には見合わない．筋肉とのバランスを欠いた骨格は，生産と消費に酷使されることでさまざまな歪みを生じることとなった．そして，低成長・人口減少への変化の中で次第に痩せ細り，ごまかし続けてきた歪みも，生活に支障をきたす痛みや病となって現れ始めた．「まちの整体」は，地方都市の歪みを本来もっている骨格へ整え，老いが進みながらも適切な代謝を維持し，大手術や投薬に頼ることなく最期まで自力で食べて歩ける身体へと改善しようという戦略である．適正な身体を自己管理しながらも遂には自力で食べて歩けなくなったとき，そのまちは人生を全うしたといえよう．

縮退という言葉が普及して久しい．北海道では，近い将来消滅すると予想される集落は百数十に上るといわれる．しかし，このような消滅という衝撃的な予測でさえも，国全体が人口減少しているのだから仕方がないと，妙に世間は納得しているところがある．はたしてそうだろうか．かなり不合理な消滅もその中には多いのではないか．先の比喩に絡めると，ドーピングが切れたあとの急激な衰弱と，治療と称した大手術や投薬による寝たきり状態，その行く末としての消滅なのではないか．

これからの急速な人口減少を見据えると，大都市や中核都市へ人口が移動し，弱小都市は消滅していくと想定するのが一般的なリアリティであると思うが，あえてそれとは異なる将来の可能性を描いてみたい．それは，日本各地で小規模のまちが自立的に持続していくような時代，大都市・中核都市は大幅に人口が減少するが，地方の小都市は「まちの整体」に取り組み，小規模人口を維持していくというあり方である．

2 再編の計画要点

筆者は，上士幌町の公共施設再編へ関わるグランドデザインのアドバイザーを務めている．「公共施設整備基本構想アドバイザー」は，将来の公共施設のグランドデザインに関して，全体の再編計画および個々の施設計画の具体的なディレクションを提言する役目にある．2012（平成24）年11月には，「上士幌町の公共施設再編へ向けての計画要点・計画指針」をまとめた．以下，上士幌町での公共施設再編へ向けての基本的な視座として示した計画要点を紹介する．

▶まちの骨格の分析

- **立地特性の把握**：地域の中のそれぞれの場所には，歴史を通して築かれてきた意味がある．その意味には，社会的・文化的・風土的・経済的などのさまざまな側面がある．建物を更新するにせよ更地に建てるにせよ，施設は何もない白紙の上に建つのではない．まず，まち全体の構造の中での立地の特徴を理解しなければならない．

- **未利用地の再評価**：まちの構造は，良くも悪くも場所の特徴を規定し文脈づけるものである．幸せな将来へ向けて，守るべき構造・活かすべき構造・変えるべき構造といった目標を定めることが不可欠である．とくに，未利用地の評価は財政負担の議論へ傾倒しがちであるが，広く住民生活の質の向上という視野から可能性や潜在力を洞察することが重要である．

▶共同・共有の方法

- **公共サービスの相乗効果**：公共施設の再編において合理化と効率化は必須だが，単純な場所の集約化には注意が必要である．たとえば，近年ワンストップ化という手法が注目されているが，既存サービスが集約されただけでは意味がない．ワンストップ化も一つの手法として，公共サービス自体の高度化や最適化を目指さなければならない．

- **組織と建物の切り離し**：ある組織の部署（ソフト）がある建物（ハード）を所有する，それが従来の施設管理の通念（＝所管）である．このソフトとハードの一対一関係の見直し，たとえば一つの建物を各課がテナント利用するなど将来的にも柔軟に調整できる仕組みや，公共施設群を一括してマネジメントする部署の設置が有効である．

▶町民交流の仕掛け

- **世代間のコミュニケーション**：施設は特定のサービスを利用する場であるが，その意味において逆に排他的でもある．公共サービスは，そもそも住民をカテゴライズすることがその本質にある．地方小都市での公共施設は，単にサービスの需給の場だけではない．だからこそ，利用者以外も，とくに世代の異なる住民が気軽に立ち寄れる場所の雰囲気や余白が求められる．

- **無目的リピーターの歓迎**：施設がサービスの需給の場であれば，用がなければ行く必要はない．そして，率直にサービスだけの施設はすぐに飽きるものである．目的もなくふらっと立ち寄れる気軽さが大切である．そこで住民間のコミュニケーションが生まれ，その憩いの場がコミュニティの涵養へつながる．

▶つながりのデザイン

- **生活と連続する利用**：生活とはさまざまな活動の連続とつながりであることはいうまでもない．家の玄関を出ていきなり公共サービスの窓口であるということはない．買物へ出かけるついでであるとか学校からの帰宅の途であるとか，施設の外での生活とのつながりがイメージできて初めて，利用の動機やきっかけとなる．施設計画は生活のシークエンスを想定することが重要である．
- **楽しめる施設間の移動**：とくにお年寄りにとって冬期の移動は大きな負担であるが，施設に一日中閉じこもるのは退屈で，そもそも不健康である．また，施設へのアクセシビリティが低いと，一日に一つの場所しか行けなくなり外出がおっくうになる．公共施設が有効に利用されるためには，施設単体の計画以上に，はしごできる・したくなる移動環境の整備が要となる．

　上士幌町の歴史的な市街地の形成過程および高度成長期の市街地拡大の状況について分析すると，「まちの整体」の視点からみて，今後の人口減少時代を見据えたまちづくりに際して重要な構造がある（図6-1）．まず大きくは，北は道道806・316号線，東は国道241号線，西は旧国鉄士幌線，南は道道418号線南端の範囲が，まちの中心として捉えられる．その中でとくに，(a) 旧上士幌駅を起点とする商店街界隈，(b) 生涯学習センター・町立図書館界隈，(c) 国道273号線沿道界隈，(d) 役場・保育所・旧高校跡地界隈，(e) 高齢者生きがいセンター界隈，のそれぞれが市街地の主要な骨格として位置づけられる．

　おのおのの界隈は，公共施設の再編にあたり積極的な利活用が期待できるまちの資産であるが，既存施設単位での整備だけでは不十分である．町民の日常生活を支えるソフト・ハード両面での公共施設群のネットワーク構築が重要である．上述のまちの中心と呼ぶ範囲は，生涯学習センターを中心に半径400ｍの円の中にほぼ収まる．学校区を検討する際の徒歩通学の望ましい距離は800ｍであり，高齢者や積雪寒冷地を考慮しても，400ｍは歩くことのできる，むしろ歩くべき距離である．まちの中心部の目標像としてまず，町民が歩ける・歩きたくなる環境整備を目指すべきであろう．そのためには，町民が外出の際に複数のサービスをはしご利用できるような施設間の連携整備，一年を通して安心安全に移動できる歩道や公園といった豊かなオープンスペースのデザインが要点となる．

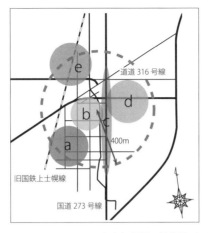

(a) 旧上士幌駅・商店街界隈
旧・国鉄駅を起点とする商店街は，まちの原点ともいえる場所であり，今も当時のヒューマンスケールを残す．商業的な活性化を強引に目指すのではなく，まずは居住環境としての再構築が望ましい．

(b) 生涯学習センター・図書館界隈
老朽化施設の単純な建て替えや改修ではなく，より柔軟な施設利用が可能となる複合化が望ましい．商店街界隈の一部でもあることから，「町民交流の仕掛け」を担う重要なロケーションである．

(c) 国道 273 号線界隈
幹線道路沿いの街並みは，訪れた人を迎えるまちの顔でもある．分断された印象を与えている東西の関係を，「つながりのデザイン」により，町民の姿と笑顔が見える場所となることが期待される．

(d) 役場・保育所・旧高校跡地界隈
さまざまな公共的なサービスを合理的に提供できるエリアである．保育所の改築に際しては，地域コミュニティの基盤（子縁）を育てる場として，積極的な世代間交流の仕掛けが試みられることが望ましい．

(e) 高齢者生きがいセンター界隈
高齢者福祉に関した整備が充実したエリアではあるが，高齢者だけが集まるのではなく，子どもたちがお年寄りのもとを訪れたくなるような異世代間の接点の創出を目指すべきである．

図 6-1 上士幌のまちの中心と重点エリア

③ 再編の空間デザイン

　上士幌町は，筆者の提唱する「まちの整体」を計画理論として，「上士幌町の公共施設再編へ向けての計画要点・計画指針」の基本方針の下，具体的に事業計画を組み立てた．上士幌町の取り組みは，小さな地方公共団体だからこその可能性を示しつつある．それは，まち全体の空間計画を描いたうえでの公共施設の再編というアプローチである．

　人口の多い大都市や中核都市での再編は，施設数のコントロールや統廃合による再配置が基本的な手法となる．都市全体を地図的に捉え，そのマップ上の点の位置を決める計画といえよう．どの点にどのような機能をもたせるのか，その点をどのように配置するのかが検討の中心となる．もちろん，点と点のつながりのあり方も議論されるが，それはおのおのの点の圏域とネットワークの検討が主である．点としての施設

とその周辺環境について，3次元的な空間のイメージを伴って検討されることはまずない．むしろ，点以上の検討を進めることは逆に難しい．大きな都市には，自治体が扱い得る施設や用地以外のさまざまなファクターが集積しており，それらが圧倒的な割合でまち全体を覆っているからである．

一方，上士幌町のような小さなまちは，住宅以外の建物はほとんどが公共施設であり，民間の大規模な商業施設や業務施設はあったとしても一つか二つである．このことは，大都市や中核都市に比べ，公共施設の再編が及ぼすまち全体の空間構造への影響が大きいことを意味する．公共施設が少しでも変われば，まちの構造が大きく変わるのである．

上士幌町での公共施設の再編も，将来予測される人口減少を背景とした規模適正化に端を発しているが，「まちの整体」の視座に立ち，町民が数十年後どのような暮らしを営むのか，どのような暮らしを営みたいのかを，初期の段階から具体的かつ空間的にイメージすることに取り組んできた．

2012年夏に開催した住民ワークショップでは，グループディスカッション形式で，まず「普段はどこで・何を・どのように生活しているか」を紹介し合い，それらの場所にはどのような特徴があるのかの分析を行った（図6-2，6-3）．ここで重視したことは，これからの公共施設の用途や機能を既存の施設ありきで考えないよう，町民そして関係者自身の頭を切り替えることであった．今後の公共施設のあり方を議論すると，どうしても既存施設とその利用経験を基にニーズを出す思考になるが，それをベースにすると既存施設の改善計画以上のものにはなりがたい．施設ありきではなく，どのような場所でどのような活動をしたいのか，どこにどのような空間とサービスがあればよいのか．ワークショップを通じて，そもそもの公共施設の根拠を改めて考え直

図 6-2 ワークショップ「みんなで考えよう公共施設」（2012.6.27）

図 6-3 ジュニアリーダー養成講座「北大大学院生と一緒にまちの未来像を考えよう」（2012.7.17）

そうと試みた．そして，30年後に目標とするまちの状態について語り合い，その理想へ向けて，まちの特徴的な場所をどのように活かしていくのかについてのアイデアを出し合った．これは，既存施設の更新ありきではない再編の根拠を確認する議論であった．

いうまでもなく，ワークショップはただ実施すればよいというわけではなく，それを通じて成果が得られなければ意味はない．では，ワークショップの成果とは何か．近年，まちづくりにおける合意形成や意思決定へつながる手法の一つとしてワークショップは浸透しつつあるが，とくにそれを企画する行政やコンサルタントの関係者に認識してもらいたいポイントがある．

まちづくりにおける「合意形成」とは，地域住民が互いに説得し合ったり，特定の主導者が他者を説き伏せたりするものではない．また，民主主義的な方法をとって物事を決める手段を示すものでもなく，マジョリティの意見が必ずしも優先されるものでもない．地域住民による合意の形成とは，直面している課題あるいは将来の計画に対して，地域で共有され得る価値基準を構築することである．そして，地域の「意志決定」とは，立ち現れる種々の課題について，地域の共有価値に基づき，その是非を客観的に判断することである．それは，地域という主体が地域という一つの人格として自律的に行動することに等しく，合意形成による共有された価値基準が不可欠である．そして決定的に重要なのは，意志決定とは，ある限られた空間・時間内で妥当な結果を導き出すことである．このような姿勢で援用されるべき手法こそが，ワークショップなのである．

上士幌町は，ワークショップを通じて，公共施設の空間的な影響力を積極的に活かし，まち全体の空間構造を再構築するグランドデザインを描くことの意義を共有した．その共有価値の下，将来の生活環境の広がりとつながりの具体的なイメージをもったうえで，その核となる公共施設の計画・設計を目指している．「まちの整体」はグランドデザインである．グランドデザインは，空間的なディレクションが含まれなければそれとは呼べない．人口1万人を割るまちには，具体的な場所をイメージしながらまち全体を検討できるスケール感がある．大きな都市だと，ヒューマンスケールを感覚的に保持しながら全体を捉えることはとても難しく，地図上の点で扱うくらいが限界である．この再編の空間デザインが，「5,000人のまちづくり」だからこその可能性である．

図6-4は，上士幌セントラルベルト構想である．図6-1に示した(a)旧上士幌駅・商店街界隈，国道を挟んでの(b)生涯学習センター・図書館界隈と(d)役場・保育所・旧高校跡地界隈を東西軸として捉えた空間デザインである．この一帯のベルト空間の南側は歩行者を最大限に優先し，北側に車動線を集める歩車分離の構造としている．

102 第6章 過疎地域における公共施設の再編

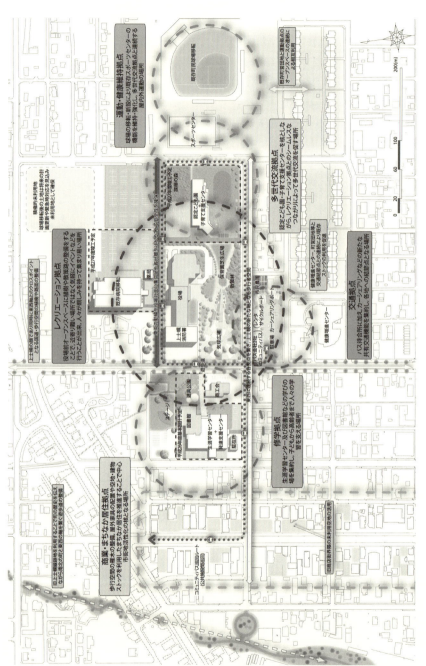

図6-4 上士幌セントラルベルト構想（2014.2.26 更新版）

駐車場を施設ごとに設けるのではなく北東側へ集約し，各施設への設置台数は最小限にとどめる．セントラルベルト内ではできる限り徒歩で移動する，歩いて移動したくなる空間の連続性を実現する．

では，グランドデザインの有無が公共施設の再編へもたらす影響とは何か．それは端的に，個別の公共施設の建築設計に現れる．グランドデザインはいうまでもなく，各施設の具体的な計画・設計に指針を与えるものであり，計画・設計の与条件となるものである．点としての公共施設の再編計画では総量と配置が主題であり，それ自体は個別の公共施設の建築設計へほとんど影響を及ぼさない．個別の公共施設は，立地と用途が定められた施設として当該敷地内での計画・設計として検討される．与えられるのは用途に応じた機能と敷地条件であり，まち全体の生活空間像や他施設・隣地・オープンスペースとの空間的つながりが直接の与条件となることはない．

上士幌町では，まちの整体へ向けての公共施設再編の第1弾として，認定こども園の実施設計を終えた．「認定こども園上士幌町子どもセンター（仮称）建設基本設計」のプロポーザルを実施し，2013（平成25）年6月に設計者を選定し，2014年度から着工した．最優秀者に選ばれた設計者の技術提案は，認定こども園の特徴および課題への熟知度と，上士幌町の公共施設整備についての理解度が高く評価された（図6-5）．

この認定こども園の建築計画を，独立した敷地として要求機能と敷地条件を基にセオリーどおりに解くと，南側全面に運動場を確保し，園舎の長手を東西にとって北側に駐車場を配置，そこからのエントランスを設けるプランとなるだろう（図6-6）．しかも，敷地北側の町道はグランドデザインに基づき新たに整備されるものであるため，もしグランドデザインのない従来の敷地条件であれば，施設および駐車場へのアプローチは東面道路（スポーツセンター側）からとなる．だが，プロポーザルの審査では，保育室の南面採光や運動場の南側配置は評価における絶対条件ではなかった．むしろ，グランドデザインとの整合，国道から役場周辺へ抜けるオープンスペースの

図6-5 認定こども園の配置計画（2013.12の基本計画を基に作成）

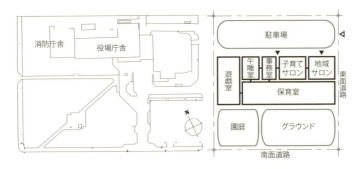

図 6-6 グランドデザインがない場合に想定される計画例

アイストップとしての役割，周辺からの歩行者空間の連続性とスケールのあり方が重視された．とくに，敷地の南西スペースをどのように扱うのかが評価のポイントとなった．グランドデザインへの空間的なつながりを最優先の条件としながら，そのうえで最大限に基本的な施設環境を向上させる工夫（技術提案）を求め，その理解と設計への消化度を見抜く審査を行った．つまり，上士幌町のグランドデザインは，個別の施設計画における最上位のプライオリティをもつ空間的な与条件なのである．

④ 再編の公共性

人口減少時代・少子高齢社会を迎えた今日，公共施設はそのあり方を根本から問い直す必要がある．社会が求めている公共性とは何か，その公共性に立ったときのサービスや建築は何か，そこから改めて構築しなければ，公共施設と自称するものは，社会とは，まったくかけ離れた無意味な箱になる．今日のサービスが社会ニーズに対して十分に対応できていないことは，すでに露呈している．それを単純に束ねただけでは，根本的な問題は解決されない．

筆者は，最近の再編検討の流れに危惧していることがある．どのような公共施設が求められているのかが十分に議論されないまま，主として経済的な判断によるモッタイナイを理由に，再編の「方法」が検討されてはいないだろうか．公共施設が束ねられたあとにどのような価値を生み出すのかが意識されない中での，束ねること自体に意義があるかのような状況がある．再編という「方法」自体が自己目的化してしまってはいないだろうか．

認定こども園を含め，上士幌町の公共施設の建築計画において力を入れて議論していることは，積極的に施設に余白やゆとりを生み出すことである．もちろん，施設に関わるコストは小さいに越したことはない．建物が合理的でコンパクトになり床面積が減れば，当然イニシャルコスト，ランニングコストともに圧縮できる．しかし実は，大きな都市に比べ，上士幌町のような小さなまちにこそ，公共施設が生活の場の一部

として期待される役割が大きいことを指摘したい.

　たとえば，都会の子どもたちは，学校の放課後に買物に行ったり友達とつるんだりする場所の選択肢は街中に沢山ある．しかし，田舎の子どもたちは家か学校かのほとんど二択でしかない．街中にショッピングモールはないし，塾や予備校もない．そのような状況は，昔から同じだというかもしれない．しかし，昔の子どもと今の子どもでは情報環境がまったく異なる．今の田舎の子どもは，テレビやインターネットを通して現代的な刺激をすでに受けているにも関わらず，実際の自分のまちにはそれを楽しむところはまったくない．都会と田舎のギャップは昔以上に大きく，現代の田舎の子どもたちこそ，まちに居場所がないといえよう．そしてそれは，大人やお年寄りも同じである．田舎には，街中の居場所の選択肢がほとんどない．

　このような生活の場となる公共施設を実現するうえで，設計者の選び方と設計協議のあり方は重要なポイントとなる．設計者の多くは，近年の公共施設再編の社会背景についてはすでに十分理解している．よって，意識的にせよ無意識的にせよ，財政的な緊縮に貢献すべく合理的な設計を心がける．大事なのは，余白やゆとりといった価値観を正確に設計者へ伝えることである．設計者は空間提案のプロである．革新的な意図やビジョンが適切に伝わりさえすれば，発注者側では到底考案できないさまざまな空間アイデアを提示してくれるはずである．そのような意味で，事業者選定の手法は，設計案を選ぶコンペ方式よりも，契約後も柔軟な設計提案が期待できるプロポーザル方式が有効であろう．ただし，いうまでもなく発注者はその革新的な価値観を明示できなければならないし，だからこそグランドデザインが必要なのである．

　2014年現在，認定こども園に続き，生涯学習センターを中心とした複合施設の基本設計が始まっている．たとえば，図書館だけれども図書サービスとは関係のない場所をどのようにすれば生み出すことができるのか，その知恵を絞っている．小さなまちでの日常生活の充実へ向けて，公共施設のゆとりや余白は居場所の選択肢を増やすために重要な空間デザインである．

5 バックキャスティングとしての再編計画

　地域の賦活へ向けての「まちの整体」は，まず，それぞれのまちの「生まれの違い」「成長過程の違い」「健康状態の違い」を認識することから始まる．それぞれのまちは，それぞれに歴史をもち，それぞれの人生を歩んできた．まちは個別多様である．まちを整体するためには，これまでと現在の生活と習慣を振り返り分析しなければならない．いうなれば健康診断である．己の健康状態を理解し反省して初めて，その先の生き方を考えることができる．健康状態が明らかになり，自身の置かれた現実に直面し，その先の人生をどう歩むかを考えることになる．

筆者は，過疎地域において公共施設の再編に関わるときにはまず，まちとして「いかに美しく死ぬか」という厳しい表現でもって「まちの整体」を語っている．己の行く末のあり方は，決して現実から目をそらして判断してはならない．この先のまちの人生として，できる限りの延命を行うのか，どこかに身を寄せ介助を受けるのか，あるいは，余命を全うするのか．

このような人生設計の考え方は，目標（行く末）へ向けての計画手法としてはバックキャスティング（backcasting）と呼ばれるものである．将来について目標となる状態を想定し，その姿から遡るように振り返り，現在なすべきことを検討する手法である．一方，過去のデータや実績に基づいて，その先の展開を段階的に予測する手法が，フォアキャスティング（forecasting）である．

これまでの成長時代では拡大・発展こそが進歩であり，それが社会として望ましい姿の前提であった．右肩上がりの時代では，フォアキャスティングこそが将来への計画手法として有効であり，フォアキャスティングの予測を超えることが成長の証であった．しかし，今は真逆の時代である．人口減少だけでなく，社会・経済などのさまざまな側面において縮小する時代に突入した．縮退時代において，フォアキャスティングはほとんど役に立たない．求められるのは，バックキャスティングによる目標と計画である．

バックキャスティングの到達点である計画目標の妥当性を誰がどのように判断できるのか，目標と現状を結ぶプロセスの妥当性を誰がどのように決めることができるのか．バックキャスティングでいう目標は，新たな価値観を構築しなければ歩めない世界である．これまでの予測追従型の取り組みとは大きく質が異なる．過疎地域にこそ，バックキャスティングとしての価値明示的な挑戦が求められている．そしてまた，その大きな実現可能性を秘めているのも過疎地域であろうと期待している．

6-2　過疎地域における医療サービスの現状と維持の方策

2025（平成37）年を目指した，高齢者が地域で安心して生活できる「地域包括ケアシステム」を構築するため，地域の課題およびニーズ，社会資源の把握と発掘を行う必要がある．本節では，あと回しになりがちな過疎地域に住む高齢者への医療・福祉・住まいの総体的なサービス体系を検討する場面において参考になるさまざまな試みを整理して，その地域が保有する社会資源をどのように活用できるのか，その可能性について解説する[*1]．

[*1] 本節は，（一社）日本建築学会の常置研究委員会，建築計画委員会の下に設置された医療施設小委員会において，2008〜2011年度期（主査：山下哲郎・工学院大学）に検討を続けてきた，「人口過疎地域の保健・医療・福祉を担う医療施設計画」に関する総括を基に，筆者の個人的考えを整理してまとめたものである．

なお，自治体においては，福祉関係部局，医療関係部局（一般的には上位の自治体の管轄になる），住宅関係部局が，組織の内部にあったとしても，それぞれ独自の情報を保有していて，これらの情報を共有し協力し合って計画立案に取り組むことが難しいといわれている．本節で紹介する事例も，関連部局の連携が必ずしもうまくいっているというわけではない．

1 調査地域の概要

本節で紹介するのは，以下の地域である．

1) 北海道夕張市（夕張医療センター）
2) 北海道勇払郡むかわ町穂別地域（むかわ町国民健康保険穂別診療所）
3) 宮城県石巻市牡鹿町網地島・田代島（網小医院）
4) 岐阜県郡上市和良町（郡上市地域医療センター国民健康保険和良診療所）
5) 岡山県新見市哲西町（きらめき広場・哲西）

ここでいう「過疎地域」とは，過疎地域自立促進特別措置法（2010年3月17日一部改正）に規定されるもののほか，表6-1に示すような山村地域・離島地域・辺地地域がある．さらに，へき地保健医療計画に定められる「へき地」とは，離島地域（離島振興法）および辺地地域（辺地法），山村地域（山村振興法），過疎地域（過疎地域自立促進特別措置法）に基づき都道府県知事が地域医療対策協議会で検討して認めた

表6-1 過疎地に関する地域指定と主な基準

過疎地域（過疎地域自立促進特別措置法）	総務省
・[財政収入/財政需要額]平均 ≦ 0.42	
・[財政力指数]平均 ≦ 0.56	
・いずれも人口指標を併用	
山村地域（山村振興法）	**農林水産省**
・林野率 ≧ 0.75	
・人口密度 1.16 ＞ 人口/ha	
・産業開発の程度	
離島地域（離島振興法）	**国土交通省**
・外海か内海か	
・本土との最短航路距離	
・定期航路の寄港回数	
辺地地域（辺地法）	**総務省**
・公共施設までの距離	
・公共交通機関の運行回数	
・自然条件による交通困難度	

地域，またそのほかに地域医療対策協議会の意見を聴き，都道府県知事がへき地として認めた地域を含むものである．いずれの地域も，指定を行うことでそれぞれの省庁が地域振興策等の対策を検討することになる．

加えて，「無医地区」とは，5年ごとに行われる無医地区等調査（2009年）にその定義が示されていて，医療機関のない当該地域の中心を基点として半径4kmの区域内に50人以上が居住し，容易に医療機関を利用できない地域とされ，これらの地域の保健医療対策が検討されている．

五つの地域の概要を表6-2に示す．人口密度は，北海道の2地域（夕張市，穂別地域）が小さく，島嶼地である網地島・田代島は大きい．ほかの中山間地域は20〜40人/km^{2}程度である．また，高齢化率（65歳以上の人口割合）は，島嶼地の網地島・田代島（70%前後）を除くと，おおよそ40%弱の値である．

穂別町を除くと高齢者世帯の割合は約7割を超え，夕張市では100%に近い値である．一方，単独世帯の割合は，和良村，哲西町では2割弱なので，これらは3世代居住など多世代居住が多い地域と推測される．実際，これらの地域では「屋敷住まい」が多くなっている．

表6-2 調査地域の概要

地域	市町村名	地域面積 (km²)	総人口	人口密度 (人/km²)	内65歳以上 (%)	内75歳以上 (%)	世帯数	単独世帯数 (%)	高齢者世帯数 (%)	該当区分 過疎地域	山村地域	離島地域	辺地地域	調査年月日※
1	夕張市	763.2	13,001	17.0	39.7	18.3	6,242	36.4	96.8	○	×	×	×	国
2	旧穂別町	546.5	3,837	7.0	28.5	14.5	1,490	32.5	44.8	○	○	×	△	国
3	（網地島）	6.4	487	75.7	68.8	44.6	278	—	—	○	×	○	○	住
3	（網地島）	6.4	493	76.7	66.7	36.9	274	37.6	80.7	○	×	○	○	国
3	（田代島）	3.1	95	30.3	77.9	53.7	60	—	—	○	×	○	○	住
3	（田代島）	3.1	112	35.7	75.0	29.5	74	56.8	74.3	○	×	○	○	国
4	和良町	100.2	2,296	22.9	34.9	19.6	203	—	—	○	○	×	△	住
4	旧和良村	100.2	2,151	21.5	36.5	20.4	708	17.2	71.0	○	○	×	△	国
5	旧哲西町	76.3	2,925	38.3	38.1	—	1,114	—	69.6	○	○	×	×	住
5	旧哲西町	76.3	3,056	40.1	37.5	21.2	1,028	22.1	61.7	○	○	×	×	国

※ △：地域の一部が該当，国調：H17国勢調査，住民票：H22.10.31時点，—：集計なし

② 地域の保健・医療・福祉施設資源

高齢者を対象とする施設系サービスと住宅系サービスの全体像は，表6-3のとおりである．また，訪問した地域の中心となる診療所に併設あるいは近接する施設の，床

表 6-3 高齢者施設サービスの全体像と調査地域の状況（表(a)は文献[5]より一部抜粋）

(a) 高齢者サービス

		内包するサービス				利用者の状態像	
		医療	看護	介護	見守り	食事	重度 ←――――――――――→ 自立
内付け ↕ 外付け	看護師配置施設 医師配置施設	○ ○ ○ △	○ ○ ○ ○	○ ○ ○ ○ ○	○	○ ○ ○ ○ ○ ○	医療療養病床（医療保険適用） 介護療養病床 介護療養型老人保健施設 従来の老人保健施設 特別養護老人ホーム 特定施設（有料老人ホーム，高専賃，ケアハウス） 認知症高齢者グループホーム	施設系サービス
				○ ○ ○ ○	○ ○ ○ ○	○ ○ ○ ○	外部サービス利用型特定施設（有料老人ホーム，高専賃） 健康型有料老人ホーム 住宅型有料老人ホーム 住宅扱いの高専賃	住宅系サービス
							住宅（戸建て，集合住宅）	自宅

(b) 調査地域

	夕張	穂別地島	網良	和西	哲
	19	19（診療所病床）	17	8	
	40			40	50
		100			50
		20	8		15

※数値は床/室数

数もしくは室数（許容人数）を併記している．

　ここでは，過疎地域での医療や福祉を支える施設計画について，どのような姿があり得るのか，対象地で行ったヒアリングの内容を紹介する．さらに次項では，これらの現状を整理して今後のサービス体系のあり方について検討する．

1) 夕張市

　有床診療所（19床）と老人保健施設（40床）がこれに併設する．ヒアリングを行った医師は，「老健は主としてリハビリテーションを行う場であり，これに対して特養は終の棲家である」とし，「診療所＋住宅がよく，小規模多機能を加えたい」という．曰く，「なんちゃってケア付き（在宅療養支援診療所付き）住宅」である．

2) 穂別地域

　有床診療所（19床．以降，有床診）に隣接して，特別養護老人ホーム（100床）と，ケアハウス（20室）が設けられている．有床診の外来患者数は，2006（平成18）年で60～70人/日だったものが，現在は50人程度に減少している．入院患者についても，17.5人から7.0人に減少している．その主な理由は，患者が他地域の施設を利用している，また，長期投与の患者が増加していることが考えられている．なお，有床診については，在宅療養支援診療所として訪問診療・訪問看護に加え，特掲診療料運動器リハビリテーション料（I）を実施している．自治体からの繰り入れは，1億6千万円となっている．こうした患者の減少から判断すると，診療所病床は5床程度でよいという評価であり，がん末期の患者への対応やリハビリテーションを中心とした機能を考えたいという．

　ヒアリングでは，老健では治療が必要な場合でも，その診療報酬が得られない（定額）という不自由さから，特養を設置することにしたと聞く．また，こうした過疎地

の医療を支えるスタッフの確保については，広域で診療所群を運営する指定管理者は医師を確保することが可能だが，看護師については近隣在住者に限らざるを得ないだろうとのことである．

3) 網地島・田代島

無床診療所とともに老人保健施設（17床）と生活支援ハウス（高齢者生活センター，4室-8名）が，廃校になった網長小学校の建物を利用して設けられている．栃木市の「とちの木病院」の支援で，常勤医師1名，看護師5名，介護士7名，栄養士3名，事務2名，非常勤の検査技師が勤務している．設立当時は19床の有床診と20床の老健の併設を想定していたが，実際には11床の有床診と8床の療養病床としてスタートした．しかし，それでも運営がままならず現在の姿となり，年間2,000万円の補助金を受けている．また，外来患者は1日30～40名で，定員20名のデイサービスには15名程度が訪れている．内訳は，通所介護5名，予防通所介護10名で，石巻市からの補助で運営されている．

一方，指定管理者として年間250万円の補助を受け，高齢者生活センターも運営している．その家賃は，所得に応じた設定となっているが，平均で約6万円（管理費9,000円，食事1,750円/日，暖房費300円/月を含む）であり，年収が120万円未満の利用者には家賃が免除される．治療が必要な患者は，高齢者生活センターを利用し，訪問診療の形で医療が提供されている．なお，利用の条件として介護認定は設定されていない．

そのほかに離島医療の問題として，1) 検査ができないので外来単価が安いこと，2) 急患に対しては，島にタクシーがないことや高齢者の単独世帯が多いため車が使えず，病院から迎えに行かざるを得ないこと，3) 救急ヘリを利用する場合，付き添いのスタッフを同行させなければならないが，その帰りが保証されていないので使わないこと，また，他院への紹介も行わないこと，4) 酸素ボンベの搬送には指定された船のみしか使用できないこと，また，検査のための血液の搬送には，やむを得ずクール宅急便を利用せざるを得ないこと，が指摘されている．

4) 和良町

郡上市地域医療センター構想の下に，無床の国保診療所群を連携し広域で運営を行っている．センターの中で，医師の相互支援やバックアップ，コメディカル（医師以外の医療従事者）の支援が行われている．市立の老人保健施設（40床）が隣接しているこの地域の場合，老健の退所率80％で，かつ待機患者はないという．老健を福祉施設に転換することも視野に入れてはいるが，胃瘻（いろう）が行えないなどの踏み込めない事情もある．また，診療所は無床で外来と在宅医療を担当しているが，有床診とする場合にはモニターが必要になる．センターの診療所群は，それぞれが救急車を保有

している.

一方,地域住民の顔が見えることや保健・医療・福祉の各分野のスタッフが間近にいること,禁煙の取り組みでは医師が学校に出向くことができること,といった地域医療での各分野の連携可能性のメリットも大きいとのことである.

5) 哲西町

国土審議会・集落課題検討委員会の提案する「小さな拠点」として,きらめき広場・哲西を建設し,その中に無床診療所を設けている.また,そこから距離はあるが,老人保健施設(50床)と特別養護老人ホーム(50床),ケアハウス(15室)が設置されている.きらめき広場は,補助金を使わず,16.5億円の過疎債6割と6億円の自己財源で建設されている.図書館,役場,診療所との複合施設であるが,診療所については町が社会医療法人を設立し,その法人を指定管理者として運営されている.診療所の維持管理費には,町から約300万円が補助されている.平均外来患者数は約30人/日であり,週4日の稼働である.休日夜間については,市を通して電話で対応する体制が整えられている.また,地域ケア会議を行い,保健・医療・福祉の連携を図っている.具体的には,往診した医師や看護師から問題のありそうな住民について保健師に情報が届けられ,社会福祉協議会がこれに対応する,あるいは逆に,保健師から診療所の医師や看護師に問題となる情報が届けられる,という仕組みが機能している.

③ 過疎地域の医療・福祉・住まいの総体的サービスの枠組み

前項でまとめたヒアリングを基に,過疎地域で医療・福祉・住まいの総体的サービスを構築する際に考え得る枠組みを整理する.

(1) 総体的サービスの受け皿について

診療所などの医療,老健・特養などの福祉,ケアハウスや生活支援ハウスなどの住まいは,いずれもそれぞれが単独でサービスを提供できるわけではない.したがって,既存施設の存在などのそれぞれの地域の状況に応じて対応することになる.網地島のように廃校の校舎が残っていれば,そうした施設の利活用も検討できるし,すでに老健施設などが建設されていれば,その利活用を前提に考えることもできる.しかし,財政的には,そうしたいわゆる特定施設の維持管理費の負担は重荷となるため,先進的自治体では在宅サービスを中心に介護計画を検討している.その際,居住施設については,その居住費負担が課題となり,サービス付き高齢者住宅がいわゆる厚生年金受給者程度の収入のある高齢者を対象にしていることを考えると,基礎年金だけに頼るさらに低所得の高齢者に対応できる公営住宅などの公的住宅や空き家屋の利用も視野に入れて検討すべきである.第6期の介護保険事業計画には,住宅関係部局が保有する空き家情報や周辺道路事情なども検討材料として俎上に乗せるべきとする意見も

ある．実際には，保健師などのほうがこれらの情報に詳しいともいえる．

またもちろん，それぞれのよってたつ制度により，施設の特殊性が存在する．老健の場合，治療が必要な場合でも定額制のために診療報酬が得られないのに対し，特養では介護保険の範囲内での医療行為となるといった問題が存在する．しかも，そもそも特別養護老人ホームは「終の棲家」としての位置づけであるから（実際には居住の権利は存在しないが），短期（医療分野からみれば長期）の利用には適さない．また，生活支援ハウスの場合には在宅としての扱いになるので，往診による在宅医療は可能で，小規模多機能の場合は利用者が登録者に限られることのほか，介護保険内での医療行為となる．しかし，いずれも比較的長期の利用は可能だが，室数に限りがあるために長期の利用には問題を含んでいる．

こうした多様な特殊性を抱えていても，過疎地域外での急性期医療を終えた後に滞在する施設として，自宅以外の何らかの施設に頼らざるを得ないというのが実情である．地域が保有している人的・建築的環境を総動員して，計画立案に臨むことが必要である．

（2）総体的サービスの担い手について

夕張，穂別，哲西においては，指定管理者によって管理運営が行われており，和良ではいくつかの診療所をセンター化して運営が行われているが，いずれにしても，広域連合で管理運営を行わざるを得ない状況にある．この広域連合によって，医師やコメディカルの継続的確保をはじめ，ローテーションによるしわ寄せが解消できる可能性がある．また，その広域連合は，都市部の中核的病院が中心になって担ってゆくことで継続的なサービスが可能になる．

こうした医療サービスの運営組織とともに，福祉サービスについても，住まいを含めた総合的運営体を考えなければならない．都心部であれば，地域包括ケアをさまざまな運営母体が支えることも考えられるが，過疎地域にあってはさまざまなサービスを総合的に提供する運営母体が必要になる．米国ではIHN（Integrated Health Care Network）という，いわばホールディングカンパニー的な形で総合的な運営母体が形成されている．また，英国でもトラストの形成によって地域の医療サービスが運営されている．こうした地域全体の医療・福祉・居住サービスを総合的に運営することが，過疎地域では必要であるといえる．

そのような先例として，東京都小平市の「ケアタウン小平」とその上階につくられた「いっぷく荘」が挙げられる．この施設は，1階に診療所とデイサービス・訪問介護サービス・食事サービスが設置され，2階，3階に公営ではないが賃貸住宅が設置された複合施設である．医療と介護等の福祉サービスは訪問で行われ，療養空間は住宅として提供される．そして，これらの整備は，既存建物の改修で対応できると予測

される．居住施設に対する訪問診療などの扱いが課題となるが，検討の余地があると考えることができる．

本節では，「地域（生活圏域）」という概念には触れずに論を進めてきた．総体的サービスを提供しようとする場合，建築的環境は生活圏域で整えるのが望ましいが，やはり運営は広域で担うべきであると考える．「包括的」であれ「総体的」であれ，どこか一つの部局が単独でできるものではなく，さまざまな単位とレベルでの協働的検討が必要とされる．

6-3　過疎地域における高齢者福祉サービスの現状と維持の方策

　ここでは，愛知県東部の山間エリアを事例として挙げながら，過疎化の進行する地域における，福祉サービスや福祉施設のマネジメントについて考えていく．それにあたり，地理情報システム（GIS）を用いた俯瞰的な分析とともに，山間エリアに生活する高齢者の生活実態も考慮しつつ，論を進めていく．

　なお，高齢者福祉分野ではいわゆる介護保険三施設を「施設」と呼んでおり[*2]，この中にはグループホームや訪問介護事業所は含まれない．混同を避けるため，本書全体で取り扱っている「公共施設」を，本節では「拠点」と呼ぶこととし，訪問介護・訪問看護・デイサービス・グループホーム・小規模多機能型居宅介護などの在宅サービスに分類されるオフィス・建物を「福祉拠点」と表現する．

　福祉拠点・施設は，介護保険という公的保険を背景とするものの，設置は事業者任せで市場原理に基づく．公共的に担保されるべき拠点のため，広義の公共施設といえようが，通常の公共施設のように公が一貫して場所を決め建設するものと違い，その配置・建物などは市場原理で決まっているのである．そのため，トップダウンの再編手法は不可能であり，何らかのインセンティブを働かせるような遠まわしな方法でしかコントロールできない宿命にある．それゆえ，現状は地域に存在する福祉拠点数の格差が非常に大きい．都市では介護保険のすべての福祉拠点・施設種が地域の中にそろうのが当たり前だが，過疎地ではさまざまな種類の福祉拠点が抜け落ちている地域が山ほどある．各福祉拠点はおのおの事業維持に必要な利用者数があり，その地域の人口密度や微妙な福祉環境バランスの中で，十分な利用者が獲得できない場合は欠落してしまう．

　高齢の方々がまだまだ多く住み，住み続けたいと願う過疎地に福祉環境を残すには，

---

*2　介護老人福祉施設(特別養護老人ホーム)，介護老人保健施設(老人保健施設)，介護療養型医療施設のこと．

一つひとつの建物に閉じた既存の施設体系（サービスと建物の結びつき）にとらわれずに，地域全体でバランスをとることが重要である．すなわち，5項で述べる「建物－サービス」分離横断モデルにより，俯瞰的に地域の福祉環境をマネジメントしていくことが重要であろう．

　なお，都市部のように市場原理任せでうまくいく地域に比べ，過疎地では自治体によるマネジメントの必要性が高い．より公的な視点からバランスを睨まないと，容易に福祉拠点を失ってしまう．市町村単位の自治体が「地域包括ケア」を意識し，地域内での福祉環境バランスをうまくコントロールしていくことが重要である．

1 いかに地域格差が大きいか

　人口の多い都市部と少ない山間地域を比べると福祉拠点の数に差があることは，経験上知られている．しかし，それがどれほどの差なのかはあまり認識されていない．視覚的に地図上で理解するために，GISを用いて分析した．図6-7は，愛知県における訪問介護拠点をプロットしたものである．東部の山間地域と西部の名古屋市など都市部の間で，いかに訪問介護拠点の数に違いがあるかが一目でわかる．図6-8は，高齢者宅から半径5km以内に訪問介護拠点がいくつあるかを数えて，メッシュの色で示したものである．愛知県の東部では，高齢者にとって自分の家から半径5km以内に訪問介護拠点が0（＝まったくない）のところがある．一方で，西部の名古屋市付近には，自分の家から半径5km以内に拠点が101以上ある地域がみられる．同じ圏域面積でも，都市部と山間地域の拠点数は0と101以上という大きな格差が存在している．

　そして，実際に愛知県東部に存在する訪問介護拠点を調査すると，図6-9のような

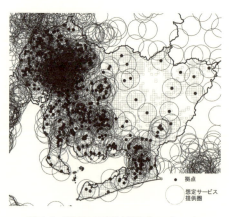

図6-7　愛知県の訪問介護拠点のプロット

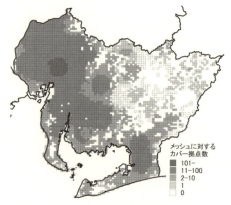

図6-8　メッシュに対する訪問介護拠点のカバー拠点数（想定提供圏半径5km）

図 6-9　山間部における訪問介護のための移動．山道を降りて家へ到着ということもままある．

　山あいの拠点を，社会福祉協議会が赤字覚悟で運営している．山間部で赤字になるのは次のような事情による．大きなエリアを担当しなければ，経営が成り立つだけの利用者数を獲得できない．しかし，山間部での大きなエリアのため高齢者宅までの道のりが遠く，山道であるため移動経費がかさむのである．たとえば，1時間のサービスを行うのに片道40分の移動時間を要する．都市部では，1時間のサービスを行うのに5分で訪問できるのと比べると，採算性が極端に悪くなっている．

　都市居住者にとっては，訪問介護・訪問看護・デイサービス・グループホーム・小規模多機能といった，介護保険のすべての種類の福祉拠点が地域の中にそろうことが当たり前だと思うかもしれない．しかし，現実的にはさまざまな福祉拠点が抜け落ちている地域が，全国に無数に存在している．

　図 6-10 は，愛知県の小規模多機能型拠点の分布図だが，東の山間部には小規模多

図 6-10　愛知県の小規模多機能拠点の分布

機能拠点がまったくないことがわかる．このような場所では，その地域の人口や微妙な福祉環境バランスの中で，また事業が成立せずに欠落する福祉拠点がある中で，地域福祉を成り立たせていかなければならない．日本の多くの過疎地で，福祉拠点を維持することは，もはやすべての福祉拠点をそろえるのではなく，限られた福祉拠点でいかに高齢者を支えるかという議論に近い．

そして御存知であろうか．深刻な過疎地において，高齢化率は急速に上昇し50％に近づこうとしているが，実は高齢者数は減っているのである．高齢化率が上がり，高齢者数が増えているのは郊外エリアのことである．高齢者数が減るということは，福祉拠点の利用者が減ることであり，ますます福祉拠点の維持が難しくなる．

② 山間部での生活像

過疎化が進行する地域の高齢者の生活はどのようなものか，また，どのような問題を抱えているのだろうか．何気ない生活の中で叶えられることの前提条件が大きく違えば，求められる福祉環境も異なる．すなわち，コンビニエンスストアから歩いて100 mの都市部に住んでいる人と，町の商店まで月2回のバスでしか結ばれていない山間部に住んでいる人とでは，求められる福祉環境は異なるのである．愛知県東部において福祉事業者と利用者にヒアリングを行い，以下の状況が明らかになった．

当該地域の多くは過疎化の進行に伴い，商店などの生活施設が徒歩圏内から急速に失われ，一般の人の生活が車に依存して成立するような地域構造となっていた（図6-11）．そこでは，高齢者は体力の低下に伴い車が運転できなくなるため，身体的には自立している時期であっても買物や整髪など日常生活上の用が足せなくなり，生活困難に陥いる状況があった．これに対し，高齢者自身は自作農の畑から食物を確保するなど（図6-12），従前の生活の連続上で工夫を行い，また，職を通して育まれてきた「地域の人々の助け合い」の関係などにも支えられていた．ただし，過疎化に加えて地理的な条件の厳しさがあるゆえ，高齢者がさまざまな形で集落の中に1人孤立して生活をすることを余儀なくされる状況もみられた（図6-13，6-14）．集落に自分1人しか住んでいない状況もあり，場所によっては，山道，坂道，凍結する道にはばまれて，通所介護へ外出することもままならず，訪問介護を受けることさえ困難な立地も見受けられた．

図6-11 高齢化率44.2％の町の目抜き通りと，買物に来る高齢者．午後6時30分には店がすべて閉まる．

図 6-12　自給自足の畑

図 6-13　集落で最後の 1 人になった

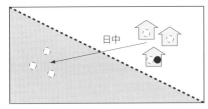

(a) 日中は若者は仕事などででかけて，集落に一人になる

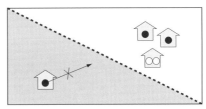

(b) ほかの集落から離れていて，歩いていけなくなる

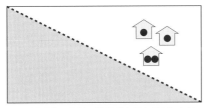

(c) 過疎化で集落の住民が全員高齢者になる

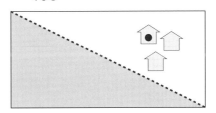

(d) 過疎化で集落の最後の住民となる

● 高齢者　○ 一般世代　・・・・・ 地理的な分節（山，坂，森など）

図 6-14　集落で孤立する高齢者

高齢者は土地への深い愛着の下に，自己努力や助け合い関係によって在宅生活を継続しようとするものの，それはぎりぎりの均衡の上に成り立っているものといえる．

③ 地域の福祉環境と施設マジック

次に，地域の福祉環境をみていく．愛知県内の自治体の中で，2020（平成 32）年の高齢化率が 50％となり，高齢者数が減少し現状の 9 割になると予測されている設楽町・東栄町・豊根村の三つの自治体を対象に，現有の介護保険関連の福祉拠点を確認する（図 6-15）．三つの自治体ともに訪問介護拠点は 1 箇所ずつしかない．グルー

図 6-15 設楽町, 東栄町, 豊根村の介護保険施設と, 訪問看護・介護拠点, グループホームの分布

プホームは設楽・東栄に1箇所ずつ, デイサービスは数箇所がみられる. 三つの自治体へヒアリングを行ったところ, 町村内に複数の訪問介護拠点を設けても事業的に成立せず, 唯一の拠点でさえも赤字との回答であった. 訪問介護拠点とグループホームの維持さえも瀬戸際の状況にある. ところが, このような場所に, 特養＋老健といった施設が各町村それぞれに定員100人規模で存在している. なぜ, これらの介護保険施設が成立するのか. これらの介護保険施設が成立する理由は, 大都市圏の特養待機者が遠方から利用しているからである. 町村内からの利用者は約2割にとどまり, 約8割は名古屋などの特養待機者が定員を埋めているとのことである. 名古屋出身の高齢者が, 車で1時間以上の山間部の特養に転居する実態を評価することは難しい. しかし, これらの町村が「とにかく最後の安心のために介護保険施設が町村内に欲しい. 入居者は大都市圏から来てもかまわない」と望んでいることがうかがえる.

「施設マジック」, 過疎化する地域でも介護保険施設の経営が成り立つ現象のことをこう呼ぶこととする. 介護保険施設が成立するなら別にそれでよいではないかと思われるだろう. 一義はある. しかし, よいというわけではないと筆者は考える. なぜなら, 介護保険施設が地域の高齢者数以上の定員をもつと, 実は地域の在宅サービスを担う福祉拠点は縮退するのである. ある在宅サービス事業者は「地域のお年寄りが施設に吸引されていく」と評していた. たとえば, 高齢者が要介護1になったとする. 在宅サービスを駆使すれば, まだ十分に在宅生活で支えられる身体能力である. しかし, 目の前の介護保険施設が空いていると, いずれは入るのだからとの思いで早め早めに施設に入所することとなる. 結果として地域の在宅サービスの利用者数が減少する. そうなると, 在宅サービスを担う福祉拠点は赤字が大きくなる. 結果として, 在宅サービスの利用者数が少ないということは, 維持できるさまざまな福祉拠点の種類も減るこ

とにつながる．

　在宅サービス拠点は，訪問でも通所でも利用距離に限界があるため，その利用距離の限界内に利用者が存在しないとおのずと赤字になる．介護保険施設の場合はどんなに遠くからでも利用者を充足できる．この施設マジックと，在宅サービス拠点の最低限までの縮小によって，過疎化する地域の福祉環境は限界状態での均衡を保っている状況なのである．

　なお，当該地域では，とくに看護系サービス拠点の欠落と高齢者住宅（サービス付き高齢者向け住宅，有料老人ホーム，ケアハウスなど）の欠落が目立っている点に言及しておく．

④ 早期転居ニーズへの対応

　本人のADL（Activities of Daily Living，日常生活動作）が十分に残存しているにも関わらず生活環境の困難さから転居を余儀なくされる高齢者，たとえば冬期にヘルパーが入れない地域の人，集落で最後の1人となった人，山間部ゆえに日常生活などで支障があって在宅継続ができない人，このような人々の転居ニーズに対して，山間部のほとんどの地域では大規模施設への転居ルートしか用意されていない．しかし，生活施設や安心感・見守りがあれば，まだまだ自身で生活を継続できる高齢者は存在している．かつて買物などに出てきていた見知った町村の中心部に，在宅サービス拠点が近接する「建物－サービス」分離横断モデルの高齢者住宅を設けることは，訪問および生活の限界がある地域への一つの解決手段であると考えられる．ある地域では生活支援ハウスが町中にあり，良好に機能していた．生活利便施設が近くにある，同じ町の友人が訪問する，訪問介護拠点が近接しヘルパーが朝夕に声かけを行うため，山間部にいるよりも安心である，在宅サービスで残存能力を大いに活用しつつ住み続けられる，というような要素を備えた住居（高齢者住宅など）が求められる．

⑤「建物－サービス」一体モデルの解体とネットワーク化 ― 福祉拠点を維持していく手法として

　福祉拠点を残す手法として，従来からの「建物－サービス」の対応関係を，解体して考えるとよいのではないか（図6-16）．従来の「建物－サービス」が閉じた介護保険施設は，一つの施設で一つのサービス提供が完結することを前提としている．しかし，一つひとつの施設や福祉拠点だけで成立を図ろうとすると，次々と福祉拠点が失われていく．1箇所だけでは困難な運営も，広域的な視野から複数サービスを総合的に運営することで成立可能となる．

　高齢者福祉分野では，「建物－サービス」分離横断の概念はある程度進んでいる．「A

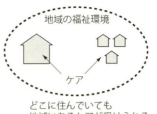

(a) 「建物-サービス」一体モデル　　(b) 「建物-サービス」分離横断モデル

図6-16 「建物-サービス」の対応関係

施設にいようが，B住宅にいようが，AとBのサービスが地域から受けられる」ようになると，転居をせずに住み慣れた地域や住宅に住み続けられるためである．それゆえ，サービスが地域の福祉環境の中にあり，建物（住居形態）に関わらず自由に横断的な利用を可能とするモデルが求められてきた．国の施策も「施設から在宅へ」を標榜し，現在ではサービス付き高齢者向け住宅に力点が置かれるなど，介護保険施設によらない施策に移行しつつある．

6 地域福祉のパワーバランスと高齢者住宅

過疎地の福祉環境を俯瞰する中でみえてきたことは，地域内のニーズを逸脱した大規模な介護保険施設が，地域の在宅サービス利用者を施設に吸引するように移動させ，結果として地域の在宅サービス拠点は利用者減によって弱体化するといった状況である．当該地域の多くは高齢者人口と拠点数が少ないため，直接的な影響を受ける．「建物-サービス」一体モデルの介護保険施設が在宅サービス拠点と利用者を取り合うのに比べ，「建物-サービス」分離横断モデルの住形態，たとえば高齢者住宅などであれば，地域に要介護度の高く利用頻度の高い高齢者が残るため，利用者数が減らずに福祉拠点は相乗的に強化される．この意味から今後，過疎地域においても高齢者住宅をうまく取り入れられることが，一つの方策になると予測できる．これは，全国的な施策の流れにも見合う視点である．

それでは，高齢者住宅がどのように整備されるとよいであろうか．以下のような条件を満たしつつ整備されるのがよいと考える．

1) 過疎地にむやみに定員数の大きい介護保険施設を新設するのは望ましくない．
2) 在宅サービス拠点を併設した高齢者住宅という手段を検討する．
3) 立地は，町の中心，できるだけ公共施設に近いエリア，高齢者が日頃買物などの用事で出てきていたエリアとする．

4) 必要戸数は決して多くないため，最低限の戸数とする．
5) ハードを整備するにあたり，使われなくなったストック（廃校・空き家・公営住宅）の活用が建物投資を抑える面から有効である．
6) 併設する在宅サービス拠点は，訪問看護・介護拠点，小規模多機能拠点などが考えられる（図6-17）．訪問介護との組み合わせが基本となるが，通所介護，小規模多機能拠点を併設するパターンも，ある程度の距離以内に訪問介護拠点がある場合は検討に値する．

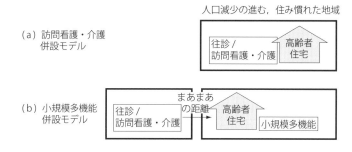

図6-17 高齢者住宅の併設サービス

以上，過疎地においてさまざまな福祉拠点を残していくには，それぞれの利用者数と適切な拠点規模を設定し，より横断的にサービスを届けることが重要であることを論じた．その中で，過疎地においても高齢者住宅の効果的な設置が鍵になるであろう．

第Ⅲ部
公共施設の再編実施
（単体施設レベル）

　第Ⅲ部では再編計画を実施するための単体施設レベルの個別手法を解説する．最初に，第7章で再編計画を単体施設レベルで実施するための手順を示し，実施計画の構成および各項目の基礎データとその内容について整理する．そのうえで，第8章から第10章で解説する八つの再編実施手法の概要を解説するとともに，既存公共施設の利活用手法における法令適合について言及する．続いて，第8章から第10章では個別手法の効果と課題について詳述する．第8章では施設改善の基礎手法として運営等の効率化（FM，PFI）と長寿命化の二つの手法，第9章では既存施設の利活用手法として用途変更，跡地活用，民間活用（貸付け，譲渡）の三つの手法と用途変更の実践事例としてリファイニング建築，第10章では従来型施設の再編手法として複合化，集約化，分散化の三つの手法について，具体的に解説している．なお，第8章から第10章については，各手法の該当する節だけを読んでも理解できる構成としている．

第7章
公共施設の再編実施の流れと要点

7-1 公共施設の再編フローにおける単体施設の実施計画

　第Ⅱ部で整理された公共施設の再編計画が策定されると，計画の実施段階へ移行する．施設再編は施設単体別に実施されるため，施設体系の再編計画に従って各単体施設の実施計画を作成する必要がある．そのうえで，StepⅡで示された既存施設の再編方針に従って単体施設の利活用もしくは処分の手法が選択される．すなわち，第Ⅱ部の再編計画段階は施設再編の基本計画，第Ⅲ部の最初の段階は施設再編のための単体施設の実施計画と位置づけられる．

　この実施計画は，StepⅠの既存施設評価の結果とStepⅡの再編計画を施設単位で統合し，再編の実施手法を示すものである（図7-1）．本章では，実施計画の構成および各項目の基礎データとその内容について整理する．

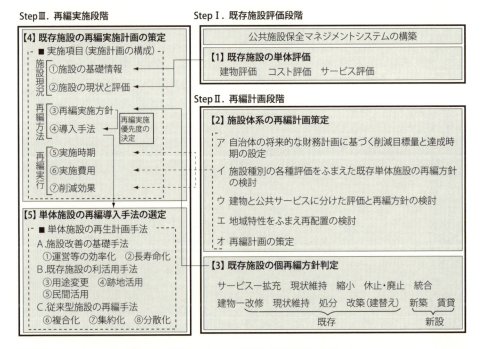

図7-1　再編フローにおける再編実施計画の基礎データ

実施計画は，①施設の基礎情報，②施設の現状と評価，③再編実施方針，④導入手法，⑤実施時期，⑥実施費用，⑦削減効果で構成される．これらの七つの項目は，施設現況に関する項目（①，②），再編方法に関する項目（③，④），再編実行に関する項目（⑤～⑦），の三つに区分できる．

▶施設現況項目

再編プロセスのStep Iにおける既存施設の単体評価が基礎データとなり，以下の項目で構成される．

①施設の基礎情報—敷地面積，建築面積，延床面積，構造，階数，建設年，改修年
②施設の現状と評価—耐震性能，老朽化度，バリアフリー，面積あたり利用者数，
　　　　　余剰スペースの有無，管理運営方式，管理運営費，修繕内容，修繕費

▶再編方法項目

③再編実施方針は，既存施設を利活用するか処分するかの判断であり，Step IIの既存施設の再編方針判定に基づき設定される．そして，再編実施方針に対して，④導入手法が選択される．導入手法の選択にあたっては，施設全体の中で実施の優先度を判断しなければならない．これは，施設評価のデータおよびStep IIの再編方針が判断材料となり，このあとの再編実行における実施時期の決定，実施費用とその効果の算定の根拠を示すものとなる．

▶再編実行項目

⑤実施時期，⑥実施費用，⑦削減効果は，Step IIの施設体系の再編計画を単体施設レベルで振り分けて落とし込む作業である．再編方法の検討で示された優先度と中長期的な実施費用の平準化に応じて決定される．それぞれの項目で，サービスに関連する管理運営要素と，建物の改修，処分による建物の物的要素の二つが設定される．

⑤実施時期—利活用施設：改修期間，運用開始時期
　　　　　　処分施設：処分時期，譲渡・貸付け開始時期
⑥実施費用—利活用施設：改修費，建設費，管理運営費
　　　　　　処分施設：改修費，改修・運営助成費
⑦削減効果—保有施設削減面積，建設削減費，管理運営削減費

7-2　施設体系の再編計画に基づく再編実施優先度の設定

再編計画で設定された再編方針は，利用圏域，機能性，耐久性，立地性，管理運営といった複数の視点で検討されている（図7-2）．この方針を具体化し実行するため

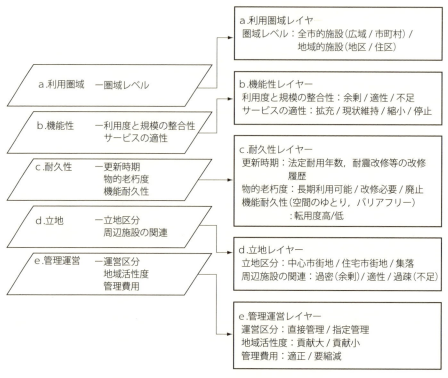

図 7-2 再編方針に基づく再編実施優先度の評価項目

には，再編実施の優先度を施設別に設定する必要がある．そのためにはまず，実施優先度の判断材料をまとめなければならない．この判断材料は，②施設の現状と評価の結果を，利用圏域，機能性，耐久性，立地，管理運営の各要素を施設比較ができるように再構成して作成する．

Step II の再編方針に基づく既存施設の再編実施方針は，基本的に利活用か，処分かの二つの中からの判定となる．この段階の評価は，再編計画における個別再編方針判定に対する妥当性を検証する作業といえる．そして，利活用を行う施設については，サービスと建物を分離して検討していた再編計画を単体施設レベルで統合し，個別の実施方法の決定と導入手法の選定が行われる．

7-3　単体施設の利活用における再生手法

既存施設を処分するのではなくストックとして利活用する場合，これらの利活用施設に対して，Step II のサービスと建物の再編方針判定に基づき最適な再生手法が選択

される（図7-3）．第Ⅲ部では八つの再生手法を提示しているが，これらの再生手法は大きく三つのカテゴリーに分類できる．

A 施設改善の基礎手法－①運営等の効率化，②長寿命化（第8章）

すべての利活用施設に適応される共通の基礎手法として位置づけられる．とくに，サービスの現状維持については運営等の効率化と長寿命化技術の導入による耐久性能の向上が不可欠である．また，複合化や用途変更によって既存施設を利活用する場合も，すでにある空間に対して機能を適合させるため，運営等の効率化と長寿命化の検討は重要な要素となる．

B 既存施設の利活用手法－③用途変更，④跡地活用，⑤民間活用（第9章）

この三つの手法は，既存施設もしくは土地を資産として保有し，ほかの用途への変更や民間への貸付けなどによって活用する手法である．既存施設の場合は改修することが前提となる．また，施設整備の当初目的とは異なる活用であるため，変更に伴う

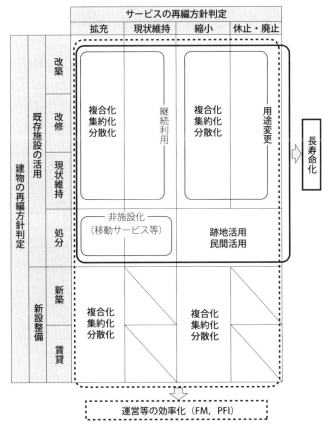

図7-3 再編方針判定と再生手法の関係

法令適合の課題を解決しなければならない．

C　従来型施設の再編手法－⑥複合化，⑦集約化，⑧分散化（第10章）

この三つの手法は，従来の施設種別に基づく特定目的の施設の整備ではなく，機能を再編することでより充実したサービスの提供が可能となる．そのため，この手法はサービスの再編に対する施設整備の手法と位置づけられる．

7-4　再生手法と施設用途および空間改変度の関係

八つの再生手法がどのような施設に適用されるのかについて整理する（図7-4）．最初に施設用途との関係をみると，A 施設改善の基礎手法である①運営等の効率化，②長寿命化は，すべての施設用途に適用される手法である．B 既存施設の利活用手法の③用途変更，④跡地活用，⑤民間活用も特定の施設用途に適した限定的な手法ではなく，すべての施設用途で適用可能な手法である．しかし，③用途変更および④跡地活用は，機能寿命によって利用が停止する施設用途や，施設利用者数の変動が大きい施設用途で適用されることが多くなる．また，施設数が多く，保有面積の大きい施設用途が対象となる．以上より，小学校等の教育施設や保育園等の福祉施設で適用される事例が多くなる．加えて，市町村合併に伴い庁舎施設の再編が行われる場合，これらの利活用手法が適用される．

次に，C 従来型施設の再編手法では物的な建物とサービスの関係そのものが再編されるため，特定の施設用途との関係が強くなる．⑥複合化および⑦集約化では二つの特徴がある．一つは，規模の大きい全市的施設であり，複合化によるスケールメリッ

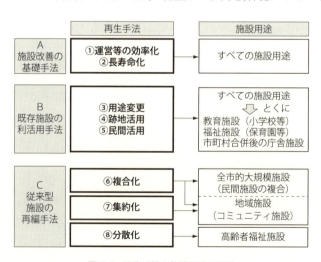

図7-4　再生手法と施設用途の関係

トを活かして利便性を向上させ施設の利用価値を高めるものである．ここでは，民間の商業施設や業務施設，住宅との複合化もみられる．もう一つはコミュニティ施設に代表される地域施設であり，利用者の要求に応じて用途を再編し地域活動の拠点施設とするものである．⑥複合化は両方の施設で適用される再生手法であり，⑦集約化は後者の地域施設で主に適用される再生手法と位置づけることができる．最後の⑧分散化は，施設規模を小さくしサービスを分散するものであり，⑥，⑦の統合型の再編とはまったく逆の手法である．適用用途は福祉施設に限定され，とくに高齢者福祉施設が対象となる．

続いて，再生手法と空間改変度の関係を整理する．既存施設を利活用する場合，従前の空間をどの程度改変するのかという問題を決定しなければならない．B 既存施設の利活用手法における③用途変更では，新たな用途で利用するために空間改変が不可欠となり，躯体や外壁，内壁の変更まで行うのか，平面構成は変更せずに内装や設備更新のみを行うのか，また，面積が適合せず増築を行うのかといった空間改変の度合いを判断する必要がある．空間改変度が大きいと新たな用途との機能充足度は高まるが，その代わり費用が大きくなる．空間改変とその費用はトレードオフの関係にあり，両者のバランスを考慮した最適解が求められる．

7-5　既存施設の利活用手法における法令適合

　既存施設の利活用手法である③用途変更，④跡地活用，⑤民間活用については，用途や管理主体の変更に伴い法令適合の課題が生じる．とくに，国庫補助金等によって整備された施設においては，目的外の用途変更や財産処分を行ったために生じる補助金の返還が主な課題となる．また，増改築等の空間改変が行われると，現在の法令に適合することが求められる．ここでは，大規模な空間改変に伴う法令適合について整理する．

（1）既存不適格建築物とその法令不適合部分

　建築基準法またはこれに基づく命令や条例の規定などに適合した建築物において，法律などが改正されると，その建築物の全体または一部が適合しなくなる場合がある．このような場合でも，建築時のままで継続して使用しても，現行の法令規定に不適合のままで存在することが許容されている（遡及不適用の原則）．このような状態の建築物を既存不適格建築物という（建築基準法第3条第2項）．

　一方，その後に増築，改築，大規模の修繕などを行う場合は，その規模に関わらず，原則として既存建築物の部分を含めて建築物全体を適法な状態にする必要がある．しかし，すべての部分を法令改正ごとに，適法な状態にさせることは，つねに改正に合

わせての工事が必要になることもあり，社会的な安定性を著しく損なうことになる．そのため，一定の条件の下で，防火，用途地域，容積率，構造，避難などの関係規程について適用しない制限の緩和がある．

現行法令では，既存建築物の劣化が進み，そのまま放置すると危険と認められるときは，特定行政庁は建築物の所有者などに対して是正するための必要な措置をとることを勧告・命令することができる．また，既存建築物の報告，検査が強化されている．

ただし，既存不適格建築物のままで凍結してしまうことを解消するための緩和策として，部分適用や全体計画認定制度に基づき段階的な改修を行うことができる．一時的に，費用負担の集中が緩和されるだけでなく，段階的な改修とともに，必要もしくは早急な部分の改修が進むことになる仕組みである．

既存不適格建築物の主な法令不適合部分としては，容積率・建ぺい率・高さ制限・高度斜線・日影制限・用途地域・防火区画などに加えて，耐火被覆に多く使われているアスベストなどが挙げられる．それ以外にも，条例での制限として，附置義務駐車場や近年多くなっている高度地区の絶対高さ制限などがある．

（2）法令適合と改修技術

現行の建築基準法の法制度は，新築を中心とした制度である．用途変更などで既存施設を活用する場合は，建築物の長寿命化が前提であり，それに加えて，階高の確保，空間の広がり，荷重対応，建築設備なども含んだ維持管理の容易性，材料の耐久性，大地震にも耐え得る耐震性の確保などが必要である．

法令改正に伴って，既存建築物を解体して新築や改築工事を行うよりは，既存不適格建築物を活用するほうが有効であるという認識が生まれている．CO_2発生量の抑制といった環境面に加え，既存建築物の単体部分については法的な整合性をとることで，現行法規では満足されない与条件が活かされることがある．そのための改修技術の進歩と同時に，ストックの活用を中心とした法制度の改正が重要となっている．東京23区や多摩地域では，街並みの確保に加えて，消火，救助活動での制約などから，絶対高さ制限を取り入れ始めている．そのため，改築時には容積率を充足することが不可能になってきている．

既存建築物の活用としては，すべての内容を現行法規に適合させる手法がある．具体的には，青木茂氏が実践しているリファイニング建築手法である（第9章コラム）．その考え方は，確認申請の再取得という原点に戻った方法である．そのことにより，現行法規制での制限下ではとても無理な容積率の確保，斜線制限，最高高さ制限への緩和による建築物からの景色などがあり，さらに構造躯体への補強，設備改修を加えることで，ほとんど新築同様の機能を確保できる．改築費用に比べて60〜70%程度の費用で収まり，確認申請を再取得することで，資産としての評価を受けることができる．

7-6 再生手法の効果と課題

　既存建築物の再生手法の効果は，量的効果と質的効果に区分できる．八つの再生手法と効果の関係を整理する（表7-1）．

　量的効果は，公共施設の目標である保有面積の縮減と行政のコスト削減の二つである．保有面積の縮減は，基礎手法である運営等の効率化と長寿命化に加えて，既存の公共施設を処分する手法が当てはまる．具体的には，民間への貸付け・譲渡とサービスの再編に関わる複合化，集約化が当てはまる．既存施設の合理化によって生じる余剰施設を有効活用もしくは処分することによって保有面積を縮減できる．次に，行政のコスト削減では，新設の整備コストと管理コストの二つに分けられる．新設の整備コストの削減は，新築よりも安価な費用で整備できる用途変更と跡地利用の利活用手法が当てはまる．一方，管理コストの削減は，保有面積の縮減と同様に民間への貸付け・譲渡，複合化，集約化が該当する．また，行政コストの削減だけでなく，運営等の効率化によってサービスの対価である利用料の引き下げも期待できる．

　次に，質的効果をみると，サービスの向上に関わる効果が中心となる．具体的には，従来のサービス自体が充実し高質となるもので，民間への貸付け・譲渡ではサービス主体の変更によるサービスの充実が，福祉施設における分散化では施設の小規模化によって利用者の特性に応じた処遇やサービスの提供が可能となる．さらに，従来の施設の機能に新たなサービスが加わり，利用プログラムが充実するという効果も挙げられる．これに該当する手法は，前述したサービスの高質化の手法に加えて，複合化や集約化によるサービス再編，また，用途変更による複合化であり，異なる用途の相互利用や交流が期待できる．また，施設再編とは逆行する効果と位置づけられるが，施設を長期利用することは，利用者にとって同じ施設で利用を継続できるという利点があり，効果の一つといえる．

　続いて，再生手法と課題の関係性を整理する．手法導入の大きな課題は，再編実施後の施設の運用に関わるものであり，運用段階のモニタリングと運用体制の合理化の二つが挙げられる．運用段階のモニタリングは，改修等で整備された建築性能が運用段階も保持されているかを監視するハード面の課題がある．また，運営体制の合理化によって運営コストが抑制された施設では，適切な運営が継続的に行われているかをチェックする必要があり，ソフト面での課題である．関係する再編手法は，前者が既存施設の利活用手法，後者がサービス再編を伴う手法となる．

　また，再編手法の導入段階では，再編実施の合意形成が課題となる．これは，民間活用や跡地利用といった運営主体と土地利用の大きな転換を要する手法が当てはまる．利用者や地域住民の理解を得るための情報開示が求められる．同様に，小規模な

表 7-1 再生手法別の効果および課題

カテゴリー	再生手法	概要	効果 量的効果			効果 質的効果							課題				
			保有面積の縮減	整備(建設)コスト削減	管理コスト低減	利用者のコスト低減	サービスの高質化	利用の持続性	利用プログラムの充実	周辺地域の活性化	民間の利益拡大	運用段階のモニタリング	運営体制の合理化	手法実施の合意形成・情報開示	地域性、立地性への配慮	ノウハウの蓄積	利用の限定化(暫定利用等)
施設改善の基礎手法	①運営等の効率化(FM, PFI)	・FMは、公共施設とその利用環境を経営戦略的視点から総合的かつ総括的に企画、管理、活用する経営活動と定義できる。 ・PFIは、効率的なFMを進めるために民間の資金やノウハウを公共事業に活用する手法であり、コスト(Money)に対して最も価値の高いサービス(Value)を供給することが目標となる。	●	●		●		●	●	●	●		●			●	
施設改善の基礎手法	②長寿命化	・老朽化した公共施設の構造・設備・機能の耐久性を高め、法定耐用年数よりも長く利用するために改修する手法である。 ・長寿命化改修のためには、目標耐用年数の設定、劣化診断が必要となる。また、改修後の予防保全の体制が重要となる。	●	●				●				●					
既存施設の利活用手法	③用途変更	・既存施設の全体あるいは一部をほかの用途へ変更する手法である。 ・単一用途の公共施設や合築された複合公共施設の一部の諸室を用途変更して複合化する手法を含む。				●			●	●			●	●			
既存施設の利活用手法	④跡地利用	・施設の統廃合等による用途廃止後に、既存施設を用途変更して新たな施設として活用したり、既存施設を除却した更地に新たな機能を導入して活用する手法である。								●	●						●
既存施設の利活用手法	⑤民間活用(貸付け・譲渡)	・機能寿命等によって未利用となった公共施設を民間の個人や組織に貸付けもしくは譲渡し、既存公共施設を利活用する手法である。	●	●				●			●						
従来型施設の再編手法	⑥複合化	・複数の施設種別を単一建物に併置して整備する手法である。 ・複数の施設で共用部分をもつ場合と、エントランス等が個別に設けられ施設として独立した状態で単一建物として整備する場合がある。	●		●	●			●	●	●		●				
従来型施設の再編手法	⑦集約化	・複数の施設種別の単一建物への複合化とは異なり、複数の施設種別にまたがる複数の機能群を、いったん個々の機能に細分化して検討し、再構成したうえで、単一の建築物にまとめる手法である。	●		●	●							●				
従来型施設の再編手法	⑧分散化	・建物を一定のエリアに対して分散して配置する手法である。 ・建物を小規模化して圏域を意識したうえで分散配置することにより合理的な施設配置となる場合がある。					●	●	●				●		●		

施設の再編に関する手法では，地域や利用者が特定されるため，地域性や立地性への配慮が必要となる．その他の課題として，PFI などの自治体での取り組みの実績が十分ではない手法では，ノウハウの蓄積が課題になること，また，跡地利用では恒久的な利用が難しく暫定的な利用となる傾向があり，限定的な効果しか得られないといった課題がある．

第8章
単体公共施設の再生手法 — 施設改善の基礎手法

8-1 運営等の効率化 (FM, PFI)

■再生手法の要点
▶手法の定義

ファシリティマネジメント (FM) の定義は,「企業・団体等が保有又は使用する全施設資産及びそれらの利用環境を経営戦略的視点から総合的かつ総括的に企画, 管理, 活用する経営活動」((公社)日本ファシリティマネジメント協会 (JFMA) による) とされている.

一方, PFI (Private Finance Initiative) は, 公共施設等の建設, 維持管理, 運営等を民間資金, 経営能力および技術的能力を活用し, 国や自治体の事業コストを削減し, 同時に質の高い公共サービスを提供しようというものである. PFI 以外にもさまざまな形での官民連携 (PPP) があるが, 民間による公共施設の維持管理・運営は効果的な FM 手法として注目できる.

▶再生手法の必要性

さまざまな自治体で FM を積極的に導入しようという動きが始まっているが, 民間企業などに比べるとまだまだ動きが遅い. 公共施設は, 施設の老朽化, 職員・組織の変化, 利用者数やニーズの変化などさまざまな課題に直面しており, 公共施設の経営効率や施設・スペースの有効活用のための FM のシステム・組織作りが急務である.

▶方法

公共施設の FM を進めていくには, 的確な PDCA サイクル (Plan (計画)・Do (実行)・Check (評価)・Act (改善)) を回すことが重要である. まずは将来も含めたニーズと需要を把握し, それを基に必要となる施設・機能, 利活用方法, 予算などの方針を定め, 的確な「FM 戦略」を立案する. また, この戦略実施を具体化するための実行予算やスケジュールを確定するが, これには総合的計画, 長期・中期計画, また年次計画など段階的に計画していく必要がある.

財政難から単純にコストや量を削減するというのではなく, 質と量・コストのバランス, 最適な投資効果を考えなくてはならない. そのためには, VFM (Value for Money) が重要である. これは, PFI においても事業実施の判断基準となる指標となるものであるが, コスト (Money) に対して最も価値の高いサービス (Value) を供

給するという考え方である．

▶効果

公共施設の FM により，自治体の公共施設全体を「経営的」な面から最適化できるという効果がある．また，そのためには，所管部門の縦割りではない横断的・業務集約的な組織編成が必要である．つまり，経営資源（人・財政・施設）の全体最適化を進めるということである．

一方で，PFI や PPP は公共施設の FM を民間に委ねるということであるが，自治体すべての公共施設の PFI を一民間事業者に任せるわけではなく，むしろ内部にPFI・PPP を含めた所管の公共施設全体の横断的・統括的な FM を推進する組織とシステム，人材が求められる．いずれにせよ，経営資源の全体最適化の効果を高めるための組織およびシステムの改革が求められる．

▶課題

公共施設の FM は近年，徐々に広がりを見せているが，日本では先進的な自治体ですら，本格的な FM 導入が始まったばかりか試験的な段階であることが多く，まだ十分な成果を上げているとは言いがたい．また，PFI に関しては，発注する自治体の経験不足や支援体制の不備，また十分なガイドラインがないなどの課題が多く，PFI 以外の PPP も含めて公共施設のソフト・ハード面の十分な質の確保とそのためのシステム（ガイドライン，発注手法，評価など）が求められる．

▶解説の対象と条件

本節での解説では，公共施設のファシリティマネジメントの手法と課題について整理し，また公共施設の FM の事例を紹介する．そして，公共施設の PFI 事業の現状と課題についてまとめ，ヨーロッパの事例についても紹介し，日本のこれからのあるべき姿について考えたい．

1 公共施設のファシリティマネジメント手法と課題

日本では，1970 年代まで 70％ を維持していた国や自治体の平均経常収支がバブル経済崩壊後の 1990 年代から急速に悪化し，2000 年代後半には 90％ を超え，財政的な余裕がない状態となっている．また，民間施設と比べた公共施設特有の問題として，1) バブル期に急増した公共施設では多額の維持・更新費用を要しながら十分に活用されていないものが多く，また，一般の関心が低く対策が遅れていること，2) 公共施設は施設依存の経営が中心であるにも関わらず，不合理，不経済，不適切な施設が多く，経営効率を低下させていること，3) 大半の公共施設は，省資源，省エネルギーなどの観点からも改善を要するものであることなどが挙げられる．とくに，少子化による学校の余剰教室の増加や再編・再配置，市町村合併による公共施設の余剰化，税収の落

ち込みによる施設改修・建替えの財源不足といった深刻な問題が各地で起きている．

施設の保有形態は，従来では自治体による直接的な保有，管理運営が主流だったが，近年，民間施設の借用や PFI，PPP にみられる民間サービスの活用，民間事業者による施設の維持管理が増加している．とくに PFI は，1992（平成 4）年にイギリスで始まり，日本では 1999 年に PFI 推進法（民間資金等の活用による公共施設等の整備等の促進に関する法律）が制定され，実施ガイドラインが設定されることによって，2000 年以降導入する自治体が増加している．

また従来，自治体は公共施設・サービスを「経営活動」と捉え創意工夫をしようという意識が，民間企業に比べて低かったといえる．限られた財源の中で効率的，効果的で質の高い市民サービスを提供するという経営感覚がこれまで以上に求められる．そのためには，公共施設のファシリティマネジメント（以下，FM）によって施設およびサービスの効率化と最適化を図り，所管部門を超えて総合的かつ総括的に企画，管理，活用することが重要である．また，公共サービスを受ける側の住民の満足度のみならず，サービスを提供する側の自治体職員の満足度も高める必要がある．さらには，地域社会への貢献や環境保全，地球環境を意識した省資源・省エネルギーなどへの配慮も，FM の重要な役割となる．なお，公共施設の FM の対象となる施設は，庁舎，学校，病院，コミュニティセンター，社会福祉施設，警察署・消防署など多様であり，利用者や利用方法，執務・生活環境のあり方，また，情報の活用など，それぞれの利用環境も大きく異なっている．

公共施設の FM を進めていくに際して重要なのは，的確な PDCA サイクルを構築し実行することである．これは，新たなニーズを掘り起こして新たな施設をつくりだすというよりは，現状のストックをいかに効果的に活用していくかという視点が重要となる．また，PDCA サイクルを実行するためには，「FM 戦略・計画」をはじめ，不動産，賃借，建設，環境改善，改修などの「プロジェクト管理」，維持保全・運用管理，サービスなどの「運営・維持管理」，さらに，「施設・資産評価」や「統括マネジメント」が FM 業務として必要になる．また，日本では自治体の財政赤字を背景に，FM によって維持管理コストの削減や施設およびサービスの効率化を実現することに重きが置かれる傾向がみられるが，あくまでも時代のニーズに即した施設およびサービスの質的改善を前提にした手法の立案が求められる．

効果的な FM を実施するためには，施設の整備，運営および維持管理システムの構築だけではなく，それを実行する組織や人材も重要である．従来の縦割り型の所管部門が公共施設の管理運営を行う方法は，教育，福祉，住宅などそれぞれの事業特性に合わせた業務遂行には効率的で効果的な面もある．しかしながら，さらに効果的な FM を推進するためには，従来の施設の所管部門による縦割り型ではない横断的で業

務集約的な組織編成が求められ，また，ファシリティマネージャーなど外部組織・専門家の活用も考えられる．公共施設の PDCA サイクルは，民間企業に比べて長期的で継続的な取り組みが求められるが，単年度業務が主体となる行政システムや頻繁な人事異動などその障害となる課題も多く，その改善が望まれる．また，縦割り行政の弊害で部署間の協力や横断的な組織設置が困難な自治体も多い．首長の強力なリーダーシップによる組織改革や，逆に職員全員の意識共有による部局間の効果的な連携といった，自治体の規模やタイプに合わせたトップダウン型もしくはボトムアップ型の組織改革が求められる．

公共施設 FM に関して具体的な例を挙げると，2000（平成 12）年に三重県で導入が図られ，2001 年に青森県で県庁内ベンチャーとして県有不動産を対象に本格的な FM が導入されている．東京都でも，武蔵野市や三鷹市では市の保有する公共施設の長寿命化とライフサイクルマネジメントなどに FM が活用されている．以下に，FM を推進している四つの自治体の事例を紹介する．

▶事例 1：東京都武蔵野市

1998（平成 10）年から FM の活用の検討が始まり，施設整備担当者の配置，関係各部門の課長と係長からなる「公共施設整備計画検討委員会」の設置，公共施設の有効活用を含めた基本方針の策定および公表を経て，2008 年に行財政改革推進本部を設置しており，本格的に FM 事業に取り組むようになった．市民施設ネットワーク計画等に基づき公共施設の整備を進めているのが特徴で，方針として，1) 全市・三駅圏・コミュニティという三層構造に公共施設を分類し計画的に配置・再配置，2) 公共施設の活用，転用，複合化による総量（総床面積）抑制，3) 維持・修繕の計画的実施による施設の延命化，4) 老朽化による公共施設の建替えにおける未利用地の活用などの効率的で効果的な更新と用地の有効利用，5) 公共施設の老朽度，コスト，利用状況などを整理，分析，公開し，議論の前提となる市民と市による情報共有，の五つがある．

▶事例 2：千葉県佐倉市

2007（平成 19）年より FM 担当者や検討委員会設置などの準備を進め，2010 年に市長直轄の FM 専門部署である資産管理経営室を設置している．ここでは，FM 推進班，FM 管理班，FM 保全班の三つのグループに分かれて，全庁的に市有財産の計画，管理，保全といった FM 業務を推進している．なお，市有施設の中でも施設数の多い教育施設の FM 業務を行うために，スタッフの一部は教育委員会にも所属している．具体的な FM 手法としては，施設白書（施設データ），施設基礎データ管理ソフト（BIMMS），施設管理者点検マニュアルがある．

▶事例3：千葉県習志野市

　2008（平成20）年に現状把握を目的に「公共施設マネジメント白書」を作成し，2010年に有識者による「公共施設再生計画検討専門協議会」を設置して提言書をまとめている．さらに，2012年にFM事業に取り組むための専門部署である資産管理室を，財政部の中に設置している．資産管理室には資産管理課と施設再生課を設置し，全市的な視点で市有資産管理および公共施設の建設・保全の総合調整を図っている．ここでも，施設白書，施設基礎データ管理ソフトが活用されている．

▶事例4：千葉県流山市

　2008（平成20）年から2009年にかけて「公共施設保全計画検討委員会」設置などの準備を進め，2010年にFM専門部署である財産活用課を設置し，さらに，2014年には財産活用課内にファシリティマネジメント推進室を設置するなど，より戦略的なFM推進体制を構築している（図8-1）．流山市の推進体制の特徴としては，FM戦略会議という市長および副市長，総務や財務などの部長からなる組織をつくることで，必要に応じてトップダウンでFM事業の実施ができる点である．市が独自に開発したクライアントサーバー方式のシステムを採用し，施設の情報管理を行っている．

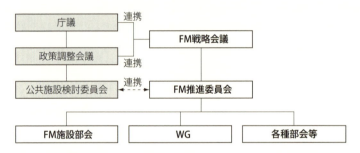

図 8-1　流山市 FM 体制（流山市財産活用課ファシリティマネジメント推進室の資料を基に筆者編集）

② 公共施設の PFI 事業の現状と課題

　法整備以降10年以上が経過し，全国の自治体によってさまざまな公共施設のPFI事業が実施されている．そして，その中で多くの課題が明らかになっている．その一つにVFM（Value for Money）の捉え方がある．これは，PFIにおいて事業実施の判断基準となる指標であり，コスト（Money）に対して最も価値の高いサービス（Value）を供給するという考え方である．PFIにおけるVFMを生み出すための手法として，以下のものが挙げられる．

1)　公共と民間の事業契約内容に柔軟性をもたせ，民間能力を最大限に引き出し

VFMを生み出す．
2) 市場原理導入による民間の創意工夫を活かしたコスト削減によってVFMを生み出す．
3) 民間の事業提案の特殊性によって定性的かつ定量的なVFMを生み出す．
4) 優先交渉権者との交渉で，よりニーズに合致した契約として定性的なVFMを生み出す．

　また，その他の官民連携（PPP）や自治体による直営施設の維持管理と運営においても，VFMの最適化が必須であり，そのためには施設の計画・発注段階から十分な検討が必要である．なお，日本ではVFMを従来型に比べてどれだけコスト削減ができるかという視点で考えがちであるが，あくまでも施設やサービスの質を上げるためにどれだけコストをかけるべきかという本来の視点が重要である．
　施設整備とサービス提供の両面におけるコスト削減という点では一定の成果を上げている日本のPFIであるが，定量的なVFMだけではなく，定性的なVFM，とくに公共施設の質の向上という目標には課題が多い．具体的な課題をみると，建設段階においてPFI事業だからといって施工技術を変えるわけではなく，建設コスト削減が難しい場合もあり，また物価変動に対応できていない場合もある．また，VFMにおいては，コスト面のみならず質を適切に評価する基準を整える必要がある．すなわち，VFMを定量的なコストだけでみるべきではなく，定性的な質の評価をきちんと組み込むべきであり，そのためのしっかりとしたVFM評価のガイドラインの整備が求められる．また，審査ウェイトの設定では，価格ウェイトを高くせずにデザインや質を重視すべきで，そのための方策を考えることが重要である．
　また，日本では技術や人的資源を十分に確保できていない自治体が発注者となって行うPFI事業が多いが，十分なバックアップ体制が求められているにも関わらず，内閣府や関係省庁といった国レベルではガイドラインを示す程度で，自治体や民間事業者への実務的な事業支援に追いついていないのが現状である．加えて，自治体の体制の課題も存在する．たとえば，事業企画は施設の担当部局が行うが定期的に部署移動が行われたり，部局横断的なPFI推進室などが設置されたとしても期間限定で終了すれば解散したりすることが多く，知識やノウハウが蓄積されない．また，PFI事業を実施する自治体間の連携や情報共有も積極的に行われていないため，PFI事業の改善や発展につながっていない．一方で，PFI発祥の地であるイギリスでは，中央政府関連の複雑で大規模なPFI事業を対象に政策・計画・事業レベルで支援を行うPUK（Partnership UK，2000～2011年），自治体のPFI事業の支援組織（4Psなど）など，国と地方のトップダウン型とボトムアップ型の支援組織によりPFI事業を発

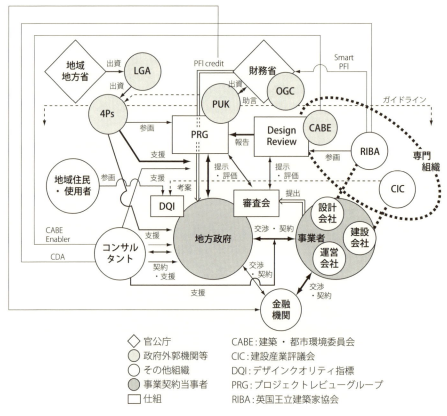

図 8-2　イギリスの PFI 体制[1]

展させてきている（図 8-2）.

　さらに，PFI 事業においては，十分に検討され構造化された要求水準書の作成が必須となる．この要求水準書は自治体が外部アドバイザーに委託したり，より専門的な事業企画や施設計画の立案のために委員会を組織したりすることが多い．この委員会は，財務や施設の部局責任者，施設関連分野（教育・医療・福祉など）の専門家や学識経験者，さらに，地域や施設の関係者で構成される．しかし，短期間の間に施設・設備・家具備品などの詳細な項目と内容を決めなければならない．従来は設計段階で詳細に検討していたことを，設計図面の作成前に行うこととなる．

　また，日本では要求水準書作成や事業者選定の段階までに発注者と事業者が対話する機会がきわめて少なく，価格・リスク・事業期間・参加基準などの点で事業参入メリットが小さい場合，事業者参入の減少につながることに留意したい．さらに，事業者側からは，発注者要求（コスト面，機能面，デザイン面など）が読み取りにくく提

案の方向性が定めにくい，提案書作成コストが多額になり事業参入のリスクが高いという意見が多く聞かれる．ヨーロッパのPFI事業では近年，Competitive Dialogue（競争的対話：複数の事業者と入札前に対話することで，仕様書および提案内容が官民双方にとってベストなものになるように設定する方法）を取り入れているが，今後，事業者にとっての参入リスクの低減を考えなければならない（図8-3）．

PFI事業は契約後の硬直性が強いにも関わらず，運用開始後に利用主体や運用システム，提供サービスが変更されることが多い．たとえば，人口変化による施設定員の増減や制度・サービスの変更といった，要求水準書で想定されていなかった社会的変化に対応しなければならないことがある．このような契約後の変更点が多いにも関わらず，変更のたびに，議会承認などが必要となり煩雑な手続きを要する．また，運用段階で施設の改修や更新が必要となるが，その場合の対応が要求水準書に盛り込まれ

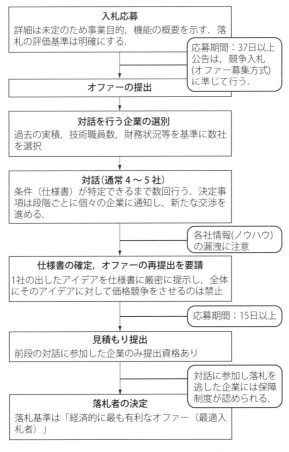

図8-3　フランスの競争的対話方式[2]

ていないという課題もみられる．長期の事業期間に対して要求水準書にフレキシビリティをもたせることが重要であり，PFI事業の継続による事業者や関係者の経験・知識の蓄積を反映させながら，要求水準書の作成技術やガイドラインの改善，事業企画の能力向上が求められる．イギリスのように，国と自治体のパートナーシップによる事業実施やそのための支援組織の存在，自治体でのPFI事業での問題点を中央政府が収集しフィードバックする体制も検討すべき課題である．

さらに，十分なVFMを生み出すには民間への適切なリスク移転が不可欠である．PFIは本来，公共施設の所有・管理・運営主体である自治体が抱えていた事業関連リスク（施設の不具合リスク，大規模投資変動リスク，資産残存価値変動リスク，サービス品質低下リスクなど）を民間事業者に移転し，公共のリスクを削減することにつながるものである．しかし，日本のPFI事業は民間事業者に建設および維持管理の報酬を支払う「サービス購入型」が大半で，公共施設利用者が事業者に利用料を支払う「独立採算型」はきわめて少なく（サービス購入型79.4%，混合型3.5%，独立採算型8.1%），民間の創意工夫やサービス向上に必ずしもつながっていない状況にある[3]．なお，2011（平成23）年6月に改正PFI法が公布され，「公共施設等運営権」が新たに追加されたことで，この運営権が設定されたうえで実施されるコンセッション方式が可能になった．運営権の設定を受けたPFI事業者は，施設の維持管理と運営を行い，利用料金を自らの収入として収受することができるようになるが，現時点での活用は皆無である．また，PFI事業方式として，民間事業者が施設を建設し，施設完成後に公共に所有権を移転し，民間事業者が維持管理と運営を行うBTO（Build Transfer and Operate）方式，民間事業者が施設を建設し維持管理と運営を行い，事業終了後に公共に所有権を移転するBOT（Build Operate and Transfer）方式，民間事業者が施設を建設し維持管理と運営を行うが，公共への所有権移転は行わないBOO（Build Operate and Own）方式がある（表8-1）．2011年度の調査によると，日本ではBTO方式が多く（61.0%），民間の創意工夫やインセンティブが働きやすいBOT方式（13.7%）やBOO方式（4.9%）は少ない[3]．これは，現行の法制度や補助金制度などにも関連しているが，PFI事業のメリットを活かすためのより一層の制度改革が求められる．PFI事業で数の多い学校施設を例に挙げると，学校運営を行うの

表8-1　PFI事業方式

方式	建設	維持管理・運営	所有	特徴	日本での割合[3]（2011年6月時点）
BTO	民	民	公	創意工夫につながりやすい	61.0%
BOT	民	民	民→公		13.7%
BOO	民	民	民		4.9%

は自治体の教育委員会であり，「学校教育法」の規定により PFI 事業者は学校運営に参画できず，BTO での事業方式とならざるを得ない．このため，民間事業者による運営面や財政・施設面での工夫と効率化へのインセンティブが働きにくく，また，施設の維持管理業務だけでは学校の運営面を含めたトータルな管理を行うことができない．ただし，日本でも学校の複合施設の場合には，併設施設の整備・運営に関わる部分は PFI 事業の対象となり，複合施設の維持管理を一括して PFI 事業者である民間事業者に任せることができる．これによって各施設の一体的で効率的な維持管理がなされるというメリットがある．

そのほか，PFI 事業の課題として，複合施設の整備に伴う財政負担の増加，自治体の部局間の連携や調整，事業内容の複雑化に伴うリスク配分の明確化が挙げられる．また，単独施設や複数でも小規模施設の場合，事業者にとって参入コストの割にメリットが少ない．発注規模が小さいと調達コストの低減効果が小さいのに対し，発注規模が大きいとコストダウンの効果が大きく民間事業者の創意工夫へのインセンティブにつながりやすい．より大規模な改修を対象としたり，事業対象の範囲を広げたり，事業者の裁量で改修や改築の程度を変えられるようにするなど，民間事業者にとってメリットを大きくする必要がある．また，PFI の事業の企画・計画段階はあくまでも自治体が実施するのに対し，官民がパートナーシップをつくって事業の企画・計画段階から民間企業が参加し成果を上げている PPP のケースもある．

③ 公共施設の発注手法の現状と課題

厳しい財政状況の中でも公共施設とサービスの質をどう担保していくかが重要であるが，日本では公共施設の整備と更新のためのコスト削減が重視される傾向にある．1990 年代以降，公共施設の発注方法は多様化し，先に紹介した PFI や PPP をはじめ，指定管理者制度，市場化テスト，包括的委託など，さまざまなシステムが制度化されてきた．ただし，公共と民間が対等な関係となっていないこと，十分なリスク管理手法やマネジメント手法ができていないこと，発注側と事業者側の十分な対話や情報共有ができていないこと，また，市場を活性化させる良好な競争的環境の形成が難しいことなど課題が多い．とくに，社会の変化に対応したさまざまな発注ニーズに対して，制度が硬直化したままで十分な改革が進んでおらず，両者のギャップが大きいことが重要な問題である．これに対し，欧州各国では概して日本よりも少ない公共投資額で，質の高い公共施設の整備とそのための発注システムを構築している．ここでは，欧州の主要国（イギリス，ドイツ，フランス）の発注手法と比較しながら，日本の公共施設発注の現状と課題，対策について考えてみたい．

公共施設の発注手法には，随意契約や競争入札があるが，公平性・透明性の観点か

ら小規模な施設や特殊な案件を除いて競争入札が多い．その場合，価格のみの競争入札による発注と価格外要素を考慮し対話と交渉を組み合わせる発注があるが，まだ多くの公共施設の発注では，前者の一般的な競争入札が多くなっている．明確に仕様を決められる単純な公共工事は従来方式で十分であるといえるが，十分な質やサービスが求められる公共施設の発注は価格のみで評価されるべきではなく，優れた民間事業者の技術力や知識，創意工夫を最大限活かす柔軟なシステムが求められる．また，現行制度では事前に予定価格を設定する必要があるが，これが硬直性を生み出し健全な競争環境を阻害する要因ともなっている．このような現状に対して，2004年から EU で取り入れられている Competitive Dialogue や，イギリスの Affordability Disclosure（仕様や価格の想定・許容性を，発注者が事業者に間接的に情報開示するシステム）の考え方は参考になる．発注者と入札事業者が対話と情報共有によって価格や仕様を慎重かつ合理的に決定する方法は，公平性・透明性の観点からも不適切ではないと考えられる．一方，先に示した発注方法のうち，後者の価格外要素を考慮する方法には「総合評価落札方式」がある．これは，提案内容や技術力，業績などの価格以外の要素を評価に入れて民間事業者を選定する方式で，1999（平成11）年に旧建設省（現，国土交通省）が導入して以降，普及が進んでいる．この方式は，考え方としては適正だと判断できるが，実際の評価システム（加点・減点）や判断基準・評価項目の重み付けが曖昧なことが多く，適切なガイドラインや評価システムの精緻化が求められる．

　さらに，専門性が要求される公共施設の発注に際しては，価格ではなく設計・技術提案を基にして民間事業者を選定するプロポーザル方式が採用される事例も多くみられる．一般公募や指名により特定の業者に絞り込む場合があるが，1) 設計者のみをプロポーザル方式で選定し，建設業者や維持管理業者は競争入札で選定する方法，2) 設計・建設の単独業者かチーム，あるいは設計・建設・維持管理の単独業者かチームをプロポーザル方式で選定する方法がある．設計者選定の場合は，具体的な設計書を作成してその評価を行うコンペ（設計競技）方式もあるが，受注の見込みがわからない状況で詳細な設計まで行う必要があり，応募者の負担が大きくなるという課題がある．コンペ方式が「設計書」を選定するのに対し，プロポーザル方式は「設計者」を選定するという違いがある．プロポーザル方式は，優れた設計者や建設業者，維持管理業者を提案力や技術力で選定するという点で方向性は正しいといえる．しかし，発注者からの具体的な計画方針や仕様，要求性能の提示がないまま事業者側に提案を求める傾向にあること，さらに，事業者選定の評価システムや判断基準，評価項目の重み付けの根拠が曖昧となる傾向が強いことなどの課題が挙げられる．事業者提案が発注者と実際の管理者および利用者の意図や要求を反映していない，また，実際の予算と乖離しているため調整に時間を要することも多くみられる．プロポーザル方式は「設計

者」を選定することであり，提案自体はあくまでも参考という見方もあるが，実際には発注する事業の方針・仕様・性能などを事前に十分に調査・吟味する必要があり，そのうえで基本構想や基本計画の作成が要求される．ここでは，管理者や利用者，近隣住民などの意見を取り入れたり，需要予測や類似施設・サービスを検証したりするといった十分な準備が求められる．学識経験者やアドバイザーなどの外部の専門家に協力を依頼することも効果的である．

　公共施設の質の担保について，欧米先進諸国の例を紹介する．最初はPFIで取り上げたイギリスをみる．PFI事業に関わる中央政府や自治体への協力支援組織としてPUKや4Psを紹介したが，公共施設発注のデザインの質を審査するため組織として，CABE（Commission for Architecture and the Built Environment，建築・都市環境委員会）が注目される．CABE審査員団は，自治体，入札チーム，担当機関が進めている計画事業に対して，そのデザインの質についてのアドバイスを与え，そのスキームの改善を行う．学校のデザイン審査団（CABE schools design panel）を例にとると，CABE委員長以下，学校設計を専門とする建築家や，教育家，そして全般的な経験をもつ専門家など数十名で構成され，6名のメンバーが各スキームの個別審査にあたる．なお，2011年にCABEは縮小され，Design Councilに統合されている．このほかに，英国王立建築家協会（RIBA：Royal Institute of British Architects）もクライアントデザインアドバイザー（Client Design Advisor）を自治体や関係機関に派遣し，公共と民間双方の建築プロジェクトにおいてデザインの質向上のためのアドバイス業務を行っている．このように，イギリスでは発注の審査段階におけるレビュー，発注者へのアドバイスなど公共施設のデザインの質を担保するシステムが充実している．

　フランスでも自治体への公共施設発注の支援組織として，中央政府関連機関であるMIQCPがある．MIQCPは自治体の公共施設の発注に対して，コンサルタント業務などの直接的な支援を行うだけでなく，発注の段階に応じたガイドラインを整備している．フランスでは，設計者の選定には小規模なものを除いてコンペ方式を採用することが一般的であり，コンペのガイドラインもMIQCPによって詳細に定められている．自治体は，設計の前段階で個別のプログラムを1年から2年かけて作成するが，とくに専門性の強い施設プロジェクトの場合には，専門家としてのプログラミスト（施設計画や技術に精通した専門家）やエンジニアが関与している．なお，フランスでは，経験が少なくても意欲のある若手建築家を公共施設の設計者として選定する土壌をもっているが，そのためのシステム構築や支援体制もMIQCPが行っている．

　最後にドイツをみると，公共施設発注のガイドラインは策定されているが，その拘束力は弱く，運用状況も州によって差がみられる．これは，ドイツでは連邦政府よりも州ごとの特色が強く，さらに自治体ごとに独自のシステムやノウハウを備えており，

イギリスやフランスのように中央から地方への支援やガイドラインの効果は限定的であるためである．一方で，設計者の選定はコンペ方式が採用されるのが一般的であり，コンサルタントによる自治体支援，設計者とエンジニアのチームによる施工段階の監理体制など，公共施設の質を担保する仕組みが確立している．

8-2　長寿命化

■再生手法の要点
▶手法の定義
　既存施設の長寿命化とは，老朽化した公共施設の構造・設備・機能の耐久性を高め，法定耐用年数よりも長く利用するために改修する手法である．長寿命化のための改修を実施するにあたり，目標耐用年数の設定，劣化診断が必要となる．また，改修後の予防保全の体制を整えることが重要となる．

▶再生手法の必要性
　現在問題となっている公共施設の多くは高度成長期に建設され老朽化が進んでおり，その対策は急務である．一方，これらの老朽化した施設をすべて建て替えることは財政的に困難であり，既存施設の利活用が求められる．その意味で長寿命化はすべての既存施設で検討されるべき基礎手法と位置づけられる．

　欧米に比べ日本の建築の耐用年数は短いとされており，耐用年数を延ばすことは環境に配慮した建築を普及する意味でも重要な課題となっている．また，公共施設は，民間建築の見本となる高い性能を備えたモデル的な建築として整備されるべき性格をもっており，既存施設においても積極的な長寿命化が求められる．

▶方法
　既存施設の長寿命化の実施プロセスは，既存施設の劣化状況を把握するための診断，長寿命化のための改修の優先度の判断と導入する改修技術の決定，改修工事の実施という構成となる．長寿命化のための改修は，構造体の耐久性と設備の耐久性，機能性の向上が対象となる．それぞれの要素技術は，劣化等の現状の問題への対策（現状の問題対策）と，将来に予測される変化への対応（将来の変化対応）の二つに区分される．

▶効果
　量的効果として，既存施設を長期に利用することにより，公共建築物の保有量が削減され，新築の整備コストが減少し財政負担の軽減が期待できる．

　質的効果として，これまでの施設が継続的に利用することができるため，利用者の施設への認知度が高く，加えて改修による機能性の向上によって利用の活性化が見込める．

▶ 課題

　長寿命化のための改修を計画的に行うためには，予防保全の体制を確立することが前提となる．従来は施設に不具合が生じたときに補修や交換を行う事後保全であったが，予防保全は不具合が生じる前に点検によって対処したり，時期を決めて補修や交換を行ったりするものである．このような予防保全の体制を整え，施設の老朽度の判定や維持管理・更新費用の平準化の観点から優先度の高い施設を判定し，長寿命化のための改修を行うことが重要となる．

▶ 解説の対象と条件

　本節での解説では，日本で長寿命化が重要となる背景をまとめ，現状の長寿命化の公的な取り組みを整理する．そのうえで，既存施設の長寿命化に焦点を当て，一般的な改修のプロセスと要素技術を解説する．

1 長寿命化の意義

　長寿命化は，建築を長く使い続けることができるように建築をつくることである．公共施設の再編における長寿命化とは，既存施設の改修の手法を示し，老朽化した公共施設の構造・設備・機能の耐久性を高め，法定耐用年数よりも長く利用するための改修手法と定義できる．

　長寿命化の概念は，既存の建築物の修繕・改修だけではなく，本来は新築の建築物を対象とした設計計画の原則である．1990年代になると，地球環境問題を背景とした環境配慮型建築やサステナブルビルディングの取り組みが日本でも本格化した．その際に，日本では長寿命化が原則の一つとして位置づけられた．

　たとえば，2000（平成12）年に発表された建築関連5団体による地球環境・建築憲章では，長寿命，自然共生，省エネルギー，省資源・循環，継承，の五つの原則が設定され，長寿命では「建築は世代を超えて使い続けられる価値ある社会資産となるように，企画・計画・設計・建設・運用・維持される」と述べられている[4]．また，1999年に出版された『グリーン庁舎計画指針及び同解説 − 環境配慮型官庁施設計画指針』では，官庁施設の環境配慮のための計画設計のアプローチとして，周辺環境への配慮，運用段階の省エネルギー・省資源，長寿命化，エコマテリアルの使用，適正使用・適正処理の5項目に区分している[5]．ここでは，長寿命化の基本的な考え方を以下のように解説している．

- 階高・床面積・床荷重等にゆとりをもたせることにより，内部機能の変化に柔軟に対応可能で，維持管理が容易になるように努める．
- 耐久性・耐震性等に優れた建築材料・工法の活用により，建築物の長寿命化に

努める．
- 維持管理・更新が容易である等の，合理的耐久性を有する設備機器・システムの採用に努める．

このことより，長寿命化とは構造的な耐久性・耐震性だけでなく，機能的な変化に対応できる柔軟性，設備の維持管理・更新の容易性を含む概念であることがわかる．

地球環境に配慮した建築の普及は，日本だけに限らず国際的な課題であるが，長寿命が環境配慮型建築の原則として位置づけられるのは日本独自の傾向であり，長寿命化は日本特有の課題であるといえる．その理由は，一般に日本の建築の耐用年数は欧米に比べ短いとされており，長期利用が大きな課題となっているからである[*1]．

現在の日本では建築物の性能評価としてCASBEEが普及しており，さまざまなツールが用意されている[6]．政令市を中心に自治体レベルでも大規模な民間建築にCASBEE評価を義務づけるものが確認でき，CASBEEは建築物が備えるべき性能水準を示すものである．また，公共施設は，民間建築の見本となる高い性能を備えたモデル的な建築として整備されるべき性格をもっている．CASBEEにおいて長寿命化の表現はみられないが，「Q：建築物の環境品質・性能」におけるQ-2.サービス性能の評価項目に，2.耐用性・信頼性，3.対応性・更新性が示されている（表3-2）．ここでも，構造的な耐久性に加えて，空間のゆとりや設備の更新性を含む総合的な概念となっている．

② 公共施設の長寿命化の取り組み

既存公共施設の長寿命化は，すでに重要な課題として認識されており，国や地方自治体において施策として取り組まれている．

国の省庁による取り組みでは，先述したグリーン庁舎の普及において国土交通省官庁営繕部では，既存庁舎施設の環境負荷低減手法である「官庁施設の環境配慮診断・改修計画指針（グリーン診断・改修計画指針）」を2000（平成12）年に策定しており，新築と同様に五つの観点から改修指針が示されている[7]．また，文部科学省は，2014年1月に「学校施設の長寿命化改修の手引」を発表しており，老朽化した施設の長期利用のための具体的な方法が示されている[8]．

[*1] 文献[4]の地球環境・建築憲章運用指針では，「今日の日本の建築は，その多くが25〜30年で建て替えられている．これに比べ，ヨーロッパの建築は数世紀にわたって利用され続けることは普通であり，アメリカでも100年程度の寿命の建築は珍しくない．かつては，日本でも100年を超える長期間の使用はごく一般的であった．建築が短寿命であることは，単に社会資産の形成が遅れるのみならず，地球温暖化の原因である二酸化炭素排出，森林の破壊や大量の建築廃材発生などの，きわめて深刻な問題を生んでいる」とあり，日本の建築が短寿命であることが述べられている．

地方自治体においても，公共施設の長寿命化を全施設での取り組みとして進めている事例が確認できる．この場合の公共施設は土木インフラを含む概念であり，公共建築物はその中の一つとなる．長寿命化の目的は，建替えに比べて財政的負担を抑えながら，計画的な改修を行うことによって性能を維持するとともに，建替えと同様に現在の機能的要求に対応することにある．また，計画的な改修を行うためには，予防保全の体制を確立することが前提となる．従来は施設に不具合が生じたときに補修や交換を行う事後保全であったが，予防保全は不具合が生じる前に点検によって対処したり，時期を決めて補修や交換を行ったりするものである．このような予防保全の体制を整え，施設の老朽度の判定や維持管理・更新費用の平準化の観点から優先度の高い施設を判定し，長寿命化のための改修を行うことが重要となる．

③ 長寿命化の改修のプロセスと要素技術

　既存公共施設の長寿命化を図るためには，まず，既存施設の劣化状況を把握するための診断が必要となる．劣化状況は，躯体だけでなく内外装や設備も対象となるが，目視中心の簡易診断と性能検査等を実施する詳細診断がある．劣化の度合いや予防保全の考え方に基づき，改善が必要な施設を決定し，その方法として補修や修繕，改修の判断を行うとともに実施優先度を決定する．このうち，老朽度が高く機能的更新が必要な施設では，長寿命化のための改修が行われることとなる．なお，以上のようなプロセスは，施設再編におけるStep Iの保全マネジメントシステムの構築，既存施設の単体評価の一部と位置づけられる（図2-1）．

　CASBEEの性能評価システムや既存の長寿命化に関する指針を参照し，長寿命化の改修のための要素技術を整理する．長寿命化の要素技術は，対象性能と改修目的の二つの視点で区分できる（図8-4）．長寿命化の性能は，耐久性の向上と機能性の向上に区分され，さらに耐久性の向上は構造体の耐久性と設備の耐久性に分けることができる．また，改修目的は劣化等の現状の問題への対策（現状の問題対策）と将来に予測される変化への対応（将来の変化対応）の二つに区分される．将来対応は，更新の容易性や将来の機能変化のためのゆとりなどである．この二つの区分の組み合わせによって要素技術を分類する．

図8-4 長寿命化の改修技術の分類

▶構造体の耐久性

構造体の耐久性は、躯体と外装の対策が中心となる．躯体の耐久性向上は、劣化対策技術であり、たとえばRC構造であればコンクリートのひび割れや中性化、鉄筋の腐食への対策となる．これらの対策は劣化の度合いによって手段も変わってくる．また、躯体の老朽化が進んでいる場合、大規模な改修が必要となる．耐震改修は長寿命化の前提となる改修と位置づけられ、長寿命化のための要素技術としては免震・制震装置の導入がある．免震・制震装置の導入は用途変更などによる変化対応の要素技術と位置づけられる．また、躯体を新設する場合、高耐久性を備えた材料を使用することも挙げられる．次に、内外装の耐久性向上は、劣化部分の補修と高耐久性の材料の使用となる．外装では、外壁仕上げ、屋根仕上げ、塗装仕上げなどが主な改修部分となる．屋根仕上げでは、防水性能の向上のための修繕も要素技術の一つとなる．また、躯体の耐久性向上は、将来の変化対応として安全性の面から許容荷重にゆとりをもたせることも考えられる．

▶設備の耐久性

設備の改修は、劣化した設備の補修もしくは更新が行われるが、設備を更新する場合は、補修間隔を長く設定できる耐用年数が長い設備を導入することで長寿命化を図ることができる．具体的には、空調、衛生、電気の設備機器と、空調換気ダクトや空調・給排水管などの設備配管が対象となる．これらは現状の問題対策のための要素技術である．

さらに、将来の変化対応の点では、設備の更新性の向上が要素技術となる．すなわち、設備を更新する際に構造体や仕上げ材を痛めることなく更新や修繕ができるように、設備機器および配管・配線の配置、点検および更新時の運搬・設置のための作業スペースを考慮することである．

▶機能性の向上

機能性の向上は、まず、現在の利用要求を十分に満たす空間へ改善することが必要となる．これらの要求は施設種別によって異なるが、共通の要求としては、ユニバーサルデザインや避難などの安全性の向上、高度情報通信設備への対応、環境負荷の低減を意図した設備機器の導入や自然採光・通風の活用などが考えられる．

将来の変化対応の点では、空間的なゆとりの確保が求められる．具体的には、天井の高さや室面積を大きくすること、収納スペースの面積を大きくすること、エントランスなどの共用スペースを十分確保することが挙げられ、これにより将来の利用拡大や用途変更、複合化に対応することが可能となる．

第9章
単体公共施設の再生手法 ― 既存施設の利活用手法

9-1 用途変更

■再生手法の要点
▶手法の定義
　用途変更とは，既存施設の全体あるいは部分をほかの用途へ変更する手法である．すなわち，単一用途の公共施設や合築された複合公共施設の一部の諸室を用途変更して複合化する手法も含む．

▶再生手法の必要性
　社会的ニーズは時代の経過とともに変化し，公共施設に必要とされる機能も変化するため，必要とされる公共施設の空間は増減する．公共施設の用途変更を行うことで，公共施設の長寿命化，既存ストックの有効活用にも寄与できる．

▶方法
1) 余剰施設，余剰床など用途変更の可能性がある空間の把握
　新規に，あるいは増強する必要がある機能が出現した場合に，まず，低未利用の公共施設，余剰床の把握，借上げが可能な民間施設を把握する．また，用途変更する施設の耐震診断なども必要となる．
2) 新築，公共施設の用途変更，民間施設の借上げなど計画手法の比較検討
　既存施設が減少することによるサービス低下の影響，用途変更に伴う改修コスト，既存施設の所管部局との調整，根拠法や条例等の制度関係の整理を行い，計画手法の比較検討を行う．

▶効果
　量的効果として，余剰施設や余剰床を活用するため，新築に比べて建設コストの削減が見込まれ，新築による公共施設を削減することができる．質的効果として，用途変更により複合化した場合は，複合用途間の相互利用や相互交流が見込まれる．

▶課題
　公共施設全体のマネジメントを行う部局がなければ，所管部局が異なる用途変更は困難になる．また，用途変更に伴う改修コストと，用途変更後の使用期間の見極めが必要である．単一用途の公共施設の一部を複合化する場合，用途変更後の管理運営体制の検討が課題となる．

▶解説の対象と条件

本節での解説は，大阪府豊中市における用途変更の実態を量的に把握したうえで，4事例を対象に用途変更のきっかけやプランの変更，利用実態を解説する．いずれも，低未利用状態になった施設あるいは室の有効活用を検討し，用途変更した事例である．

1 公共施設における用途変更の特徴

(1) 再編手法としての用途変更

現在，自治体が所有する公共施設は，LCCを考慮した修繕計画を進めると同時に，縮小時代に合わせた再編が求められている．これらの今日的課題に対応するためには，公共施設を市民のニーズに合わせた用途により，ハードとしての機能が最大限に利用されることが重要となり，そのためには柔軟な用途変更も視野に入れる必要がある．一方で，改修費がかさむ用途変更は，その後の利用計画を十分に検討することが求められる．ここでは，そのような部分的な用途変更も視野に入れ，大阪府豊中市の事例を紹介する．豊中市の概要は4-3節を参照いただきたい．

(2) 豊中市の公共施設における用途変更の履歴

豊中市の公共施設は，建物に限ると2010（平成22）年時点で291施設が保有されていた[1]．それらの施設に対して，新築時からの用途や施設名称を過去に遡って確認したところ，22.3%にあたる65施設に用途変更や施設名称の変更の履歴がみられた．用途や施設名称の変更が行われた65施設をその用途により分類し，運営者・利用者の変化や改修の有無などを表9-1に示す．その結果，建物の一部を用途変更する事例や，改修を伴わない用途や施設名称の変更事例が多いことがわかる．曽根らによる1980年代の研究[2]では，用途変更された公共施設は1市あたり平均1.2施設であるが，豊中市では建物全体の用途変更が6事例あり，調査方法に違いがあるものの，現在では多くの公共施設が用途変更されていることがわかる．

用途変更や施設名称の変更の履歴（図9-1）をみると，移転を伴う用途や名称変更の事例では，新築された公共施設に，各地に分散していた公共施設が統合移転され，移転後の既存施設は，借上げ廃止（豊中市役所北別館など），取り壊し（市立豊中病院），新たな組織（とよなかインキュベーションセンター）の入居などの例があることがわかる．また，既存施設間の移転は，大規模な改修を伴わない事務所機能の移転が3事例あり，改修を伴う事例は花とみどりの相談所のみであった．このように豊中市では，複合施設を新築することで，移転を伴う用途変更が発生していることがわかる．

図9-1に示した事例の中で，用途変更事例の移転の実態を図9-2に示す．移転には，一定の法則性はみられず，必ずしも，駅前など交通利便性が高い場所へ移転しているわけではないことが読み取れる．これは，市内全域がDID地区であり人口密度が高

9-1 用途変更

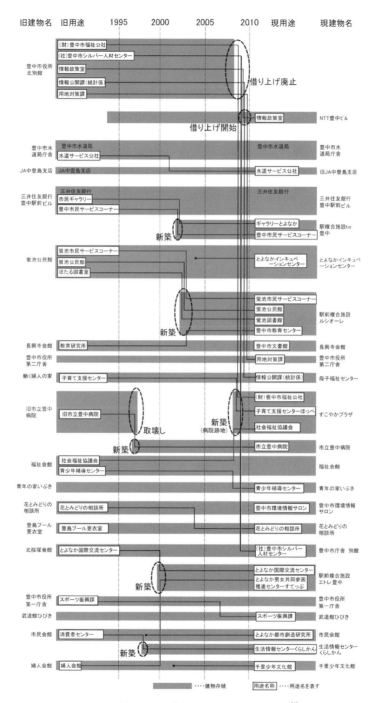

図 9-1　移転を伴う用途変更事例と建物履歴の関係[3]

第9章 単体公共施設の再生手法 ― 既存施設の利活用手法

表9-1 用途変更のタイプと特徴（豊中市）[3]

タイプ名称		事例数	運営者の変化[注]						用途変更の度合い		改修の有無			移転の有無	
			行政			非営利		民間							
			行政	非営利	民間	行政	非営利	行政	建物の一部	建物全体	改修あり	改修なし	不明	移転あり	移転なし
A	保育所からの変更　小計	15	6		9				6	9		6	9	1	14
	A-1　子育て支援センターの新設	6	6						6			6		1	5
	A-2　民間への譲渡	9			9					9			9		9
B	余裕教室からの変更　小計	26	1	24		1			26		7	19			26
	B-1　コミュニティ施設に変更	21		21					21		3	18			21
	B-2　その他施設に変更	5	1	3		1			5		4	1			5
C	事務所機能の入れ替え	13	4		1	3	2	3	13		2	10	1	12	1
D	その他の用途変更	11	9	1	1				5	6	5	5	1	7	4
	合計	65	20	25	12	3	2	3	50	15	14	40	11	20	45

注）上段に旧運営者，下段に現運営者を示す．

図9-2　移転を伴う用途変更の実態（文献[5]を基に筆者編集）

い豊中市の特徴といえるが，今後は立地の最適化も含めた移転や用途変更の検討が求められる．

② 用途変更の事例

ここでは，改修工事を伴う4事例を紹介する．

（1）千里少年文化館（旧婦人会館）

▶用途変更のきっかけ

2000（平成12）年9月，婦人会館を含む豊中市内の女性政策関係2施設が，豊中駅前の再開発により新築された複合施設に統合移転した（表9-2）．あわせて，婦人会館の用途変更が検討され，豊中市北部地域の不登校の小中学生を対象とした学校へ

表 9-2 千里少年文化館の用途変更の概要（文献[5]を基に筆者編集）

敷地面積 / 延床面積	11,586 m² / 738 m²		
構造 / 階数	RC / 地上 2 階		
旧用途		新用途	
名　　称	豊中市立婦人会館	名　　称	千里少年文化館
用　　途	女性のための活動施設	用　　途	不登校児支援のための施設
開所年	1972.10 〜 2000.9	開所年	2002.4 〜
		改修費	88,928 千円

の復帰支援を行う少年文化館への用途変更が決定し，2002年4月に開館した．

▶**改修内容**

バリアフリー改修として，エントランスの点字ブロック設置，エレベーターの設置，階段の手すり設置のほか，下足室を身障者用便所に改修した．また，2階の便所を子ども用の寸法に変更した．用途変更では，利用者層が変化することでさまざまな改修が必要になることがわかる．

▶**用途変更後の利用実態**

1階の多目的ホールは防音設備が整っているために和太鼓など利用できる楽器が多く，利用者に好評である（図9-3）．また，婦人会館時から引き継いだ2階の和室で本格的な茶道具を使った茶道教室を開催しており，用途変更前の資源が活用されていることがわかる．一方で，工芸室に水道がない，相談室が複数階に分散している，2階の相談室は職員の更衣室も兼ねているなど，計画上の問題点が指摘できる．また，少年文化館は，自然豊かな島熊山に囲まれており利用者には好評であるが，施設の設置目的から考えれば，相談に立ち寄りやすい場所として駅前などの複合施設に入居することも考えられる．個々の公共施設を用途変更する前に，新用途に適した立地や必

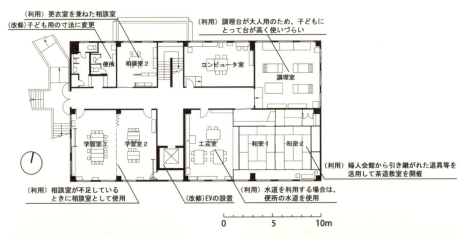

図9-3 千里少年文化館の利用実態（文献[5]を基に筆者編集）

要な空間を検討することが重要である．

（2）花とみどりの相談所（旧プール更衣室）

▶用途変更のきっかけ

2000（平成12）年に豊島温水プールが開業したあと，豊島プールの利用者が減少し，プールが閉鎖された．その後，プールに隣接していたみどりの相談所を「花とみどりの相談所」として，旧プール更衣室を改修した建物に移転し，同時に旧プールを撤去し広場として整備した（表9-3）．なお，旧みどりの相談所は，現在，環境情報サロンとして使用されている．空き施設の発生をきっかけとして，既存施設の事業を拡大し，余剰施設の用途変更によって移転した例である．

▶改修内容

更衣室の壁はブロック積みであったため，構造体を残してほぼすべての壁が撤去，変更された．

表 9-3　花とみどりの相談所の用途変更の概要（文献[5]を基に筆者編集）

敷地面積 / 延床面積	61,000 m² （豊島公園） / 413.4 m²		
構造 / 階数	S / 地上 1 階		
旧用途		新用途	
名　称	豊島プール更衣室	名　称	花とみどりの相談所
用　途	更衣室	用　途	園芸に関する学習施設
開所年	1971 〜 2003.3	開所年	2004.4 〜
		改修費	150,000 千円（プール撤去費含む）

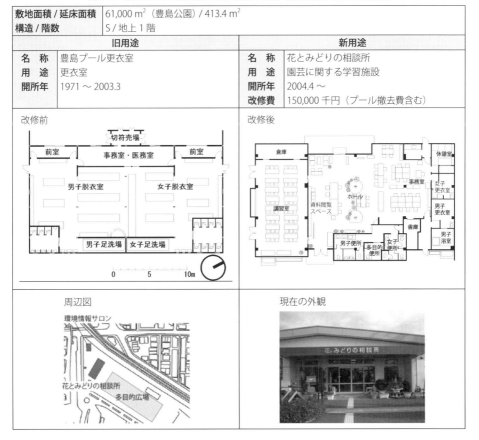

▶用途変更後の利用実態

　ホールと事務室の間は，カウンターや多数の観葉植物が置かれ，一定の間仕切りの役割を果たしている．講習室は，講習会などで月10回以上利用されている．その活動の打ち合わせをホールで行うと講習室に声が漏れるほか，ホールは一般市民も利用するため，打ち合わせなどは事務室内のスペースで行われている．また，講習会の規模によっては隣接する環境情報サロンの会議室を利用しており，不足しているスペースを周辺施設で補っている．用途変更では，必要な機能に対して適正規模で整備できるとは限らないが，周辺施設を柔軟に使用することで問題の解決を図っている．

（3）柴原老人デイサービスセンター（旧中学校普通教室）

▶用途変更のきっかけ

　2000（平成12）年，教育委員会より余裕教室の活用について庁内募集があった際に，健康福祉部より老人デイサービス施設を提案，応募した．その後，指定管理者を公募し，5者の中から音楽療法という特徴的な運営を行うNPO法人オリーブの園を指定管理者として選定した（表9-4）．

表9-4　柴原老人デイサービスセンターの用途変更の概要（文献[5]を基に筆者編集）

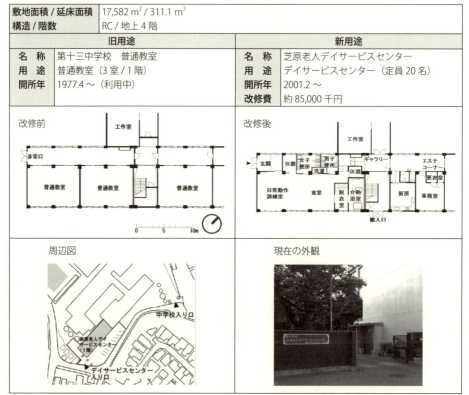

▶改修内容

1階の普通教室3室分を，デイサービスセンターに用途変更した．上階の教室との接続部分や外壁は変更していないが，室内の壁はすべて変更した．また，改修直後は中学校からセンターの玄関にアクセスできたが，現在はフェンスを設置しアクセスを分離している．

▶用途変更後の利用実態

施設の奥にある元廊下部分は，本や工芸品などを置いたギャラリー，物置スペース，エステコーナーがしつえられ，活用されている（図9-4）．また，事務室は狭く玄関から離れているため，一部の職員は食堂でデスクワークを行っている．センターとして使用できる空間が凹状であることも要因の一つであるが，計画上の問題が指摘できる．また，音楽療法の道具も多いため，運営者は収納スペースの絶対的な不足を感じており，さまざまな場所に物品を保管している．改修後の主な変更として，①便所の仕切り壁の設置，②厨房の排気ダクトの設置，③汚れにくい壁材への変更が挙げられる．①は，便所の個室スペースを囲うカーテンを頼って立ち上がるときに転倒事故が起こりやすいためである．②は，厨房の臭気が上階の教室に入るためである．通常，指定管理者による施設では改修の設計施工後に運営者が入居するため，運営者にとっ

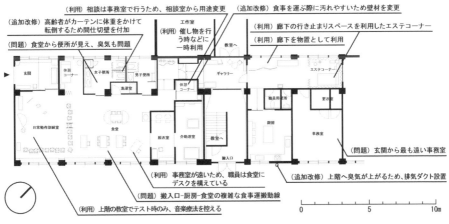

図9-4 柴原老人デイサービスセンターの利用実態（文献[5]を基に筆者編集）

ては使いづらいと感じる点もあり，場合によっては追加工事が発生することもある．

なお，柴原老人デイサービスセンターは，民間事業者の参入によるデイサービス供給量の充足を受け，2014年3月に廃止された．その後，待機児童の解消に向けた民間保育所へ貸与されることが決定しており，社会的ニーズに対応した用途再変更の事例といえる．

（4）ほづみバブー保育園（旧小学校教室）
▶用途変更のきっかけ

厚生労働省からの通知「余裕教室を活用した改築整備の促進について」（1998年12月）がきっかけとなり，豊中市では4小学校を対象の候補として調査検討を行った．その結果，豊島小学校区では待機児童が多いことから，少子化対策臨時交付金を活用して，豊島小学校内に保育園が計画された（表9-5）．運営主体は民間の社会福祉法人であり，土地建物ともに教育財産として貸し付けている．

表9-5 ほづみバブー保育園の用途変更の概要（文献[5]を基に筆者編集）

敷地面積 / 延床面積	14,506 m² / 266.7 m²（建物の改修部面積）		
構造 / 階数	RC他 / 地上3階		
	旧用途		新用途
名　称	豊島小学校 教室	名　称	ほづみバブー保育園
用　途	普通教室（2室），特別教室（1室）	用　途	保育所（0-3歳児 / 定員44名）
開所年	1974.3〜（利用中）	開所年	2002.4〜
		改修費	不明
改修前		改修後	
周辺図		現在の外観	

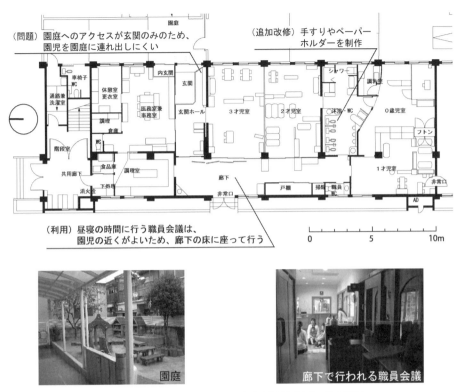

図 9-5　ほづみパプー保育園の利用実態（文献[5]を基に筆者編集）

▶改修内容

　構造体を残してほぼすべての壁を変更した．新たに園庭の整備，園庭や小学校の校庭への出入口を設置した．

▶用途変更後の利用実態

　施設を運営するうえで，室内のしつらえや簡易な問題点は職員の創意工夫により対応している（図 9-5）．たとえば，園児用の便所には，子どもの高さに合わせてペーパーホルダー付手すりや仕切り壁を設置したり，子どもの使い方に合わせて多くの家具を職員が製作している．事務室が保育室から離れているため，園児の見守りを必要とする昼寝の時間には，職員は保育室の前の廊下に床座で会議を行っている．併設する小学校の児童とは，小学校のクラブ活動で交流があるほか，小学校の運動場が空いているときは保育園が利用しており，人的交流や資源の有効利用など複合化による利点を活かしている．

　公共施設特有の特徴として，自治体がさまざまな用途の施設を保有していることが

挙げられる．すなわち，国庫補助金の返還などの確認および手続きは必要になるものの，公共施設の用途変更が自治体の判断で可能であることを示している．実際，豊中市でも291の公共施設のうち22.3％の65施設が，用途変更により現在使用されている施設であり（2010年の調査[3]），連鎖的に機能（事業やサービスなど）が移転し，公共施設の用途変更が行われている．

このように，一般的な計画手法になりつつある用途変更であるが，柴原老人デイサービスセンターのように，小学校余裕教室から老人デイサービスセンターに用途変更され，その13年後には保育所に用途再変更された事例もあることから，とくに改修費がかさむ用途変更は，その後の利用計画を十分に検討することが求められる．

コラム 旧戸畑区役所庁舎リファイニングプロジェクト ― 築80年超の区役所庁舎から図書館へ

（1）計画の背景

本建物は，1933（昭和8）年に戸畑市役所庁舎として建設された．1963年の5市合併により北九州市が発足したあとは，その初代本庁舎として，小倉北区城内に北九州市新庁舎が完成するまでの9年間にわたり利用された．その後は，戸畑区役所庁舎として長く区民や市民に愛され利用されていたが，2007年に戸畑区役所新庁舎が完成して機能を移転したことで，残された庁舎は空き家状態となっていた．

旧戸畑区役所庁舎から公園を挟んだ向かい側にある戸畑図書館が，手狭となったことと老朽化のために再生の検討がされたが，旧戸畑区役所を図書館に用途変更して機能を移転することが決定され，本計画が進められた．当初は建て替えも検討されたが，旧戸畑区役所を図書館として再生することが構造的，図書館機能的，コスト的に可能であること，また昭和初期に建てられた歴史的建築物の保存的観点と環境モデル都市としての環境配慮的観点から，今後の類似物件のプロトタイプとして広く日本に発信できる計画であると判断され，リファイニングが採用された．

本建物は地下1階，地上3階，塔屋3層の鉄筋コンクリート造である．塔屋をシンボルとした帝冠様式の歴史的な建造物であり，北九州市民にとって宝ともいえる建築である．長年，役所庁舎として使われている間に別棟の増築や議場内の増床，また倉庫などの増築によって建設当時から形が複雑に変更されているため，これらをどのように対処するかということが大きな課題であった．

（2）計画概要

前述のとおり，既存建物は1933年に完成しており，つまり建築基準法が施行される前の状況であった．そのため，コンクリートの品質や鉄筋の配筋の状況など，既存躯体の状況の把握が計画の大前提となった．既存建物の調査を行い，その結果，耐震

補強を伴う再生計画となった.

　計画を思考するにあたり，いったん図面上で既存建物を原型に戻す作業を行い，内部の増床された部分を撤去し，建設当初のオリジナルな空間の状態を把握するための作業を行った．そのうえで，調査結果に基づき耐震補強の手法を含む数案の計画検討を行い，そこから1案に絞り込むこととした．その際，旧庁舎のシンボルである塔屋部分や重厚なスクラッチタイル仕上げの外観を保存するため，外部に耐震補強を施さず，内部においてのみ耐震補強を施し，必要な耐震性能を確保することを主眼に置いた．そして数案の中から，構造面，意匠面，そして何よりも機能面を考慮し，図書館としての機能が十分に果たせるか否かという観点から案を絞り込んだ．

　補強方法については，構造設計者の金箱温春氏（金箱構造設計事務所）とさまざまな検討を行った．当初，免震案も検討されたが，建物のスケールに比べ柱が多いことが災いし，コスト的にはまったく見合わないことがわかり廃案となった．採用を決定した手法は，伊東豊雄氏（伊東豊雄建築設計事務所）が設計したせんだいメディアテークを見たときに浮かんだアイデアであるが，鉄骨による円筒状の補強材を内部に設け，地震時の水平応力はこの筒状のものにすべて負担させている．既存の外壁は軸力のみと考えて検討を進めたが，これでは足りないことが判明し，数箇所に耐震壁を設けることにした．この案で市にプレゼンテーションを行い，計画案が決定された．

　後に述べるが，建物の調査は段階ごとに行い，最終的に地耐力が想定よりも足りないことがわかり，また振り出しに戻る作業を行いながら，今回施工された中央廊下の部分に四つ脚の耐震フレームをワンスパンおきに挿入し，水平力を負担させることを考案した．アーチフレーム補強と命名することとした．また，既存建物が建設された1930年代は，ヨーロッパの建築様式がアールヌーヴォーからアールデコへと移行し，建築材料として鋳鉄や鉄が多く使われるようになった時代であった．この建物が帝冠様式でつくられた意図は把握できないままであったが，私にとってこの建築が建築様式の歴史的転換期に生まれたことの意味は大きく，今回のプロジェクトで思考を深める作業を強いられた．つまり，最新の建築様式と建築材料が融合し，このような歴史的な意匠をつくり上げたのである．戸畑周辺は，現在の新日鐵住金(株)，かつての八幡製鉄所のお膝元であり，旧戸畑区役所庁舎は企業城下町としての最盛期の建物である．現代という歴史を加えることにより，新たな重層性をつくりたいと考え，補強材としてスチールを使用することが最もふさわしいのではないかと考えた．

（3）構造調査

　既存建物は構造図，構造計算書がなく，構造計算を行うためのデータがまったくなかったため，基本構想時に1回，実施設計時に2回の計3回にわたる既存躯体調査を行った．1回目は，耐震診断の二次診断に必要な柱，壁の配筋および寸法，中性化調査，

コンクリートの圧縮強度調査，基礎形状調査，ボーリング調査などを行った．既存建物の耐震診断では，耐震指標の Is 値は X 方向の最低値が 0.28，Y 方向の最低値が 0.29 と耐震補強が必要であることが明らかとなった．2 回目は，梁，スラブの配筋および寸法調査，平板載荷試験などの長期荷重の検討を行うための調査を行った．平板載荷試験の結果，補強材で荷重が増加する箇所，地震時に大きな鉛直力が作用する箇所に基礎梁補強を施すこととした．3 回目は，躯体の劣化状況を推定するため，部分的に仕上げを撤去し躯体状況の調査を行った．各部材の断面寸法は過去 2 回の調査で把握していたが，竣工から約 80 年が経過した躯体の補修量が推定できなかったためである．

　上記の調査を行い躯体の劣化状況を把握，補修量を推定し工事に着手したが，すべてをスケルトン状態にした躯体の状況は想定以上に悪かった．ジャンカや露筋のみならず，既存仕上げである漆喰やモルタルをコンクリート面から撤去する際，躯体ごと壊れてしまうほどに躯体が脆弱な箇所もあり，補修作業に想定外の費用と期間を要することとなった．

　また，設計時に行った調査では，地中部分については限定的にしか調査ができなかった．そのため地中梁の梁成や梁幅，フーチング位置など推測で作成していた構造図面との不一致が多く，そのつど対応に追われた．想定していた位置に地中梁が存在しない，基礎の高さが想定よりも高く補強の地中梁が納まらない，既存梁幅が狭く後施工アンカーが施工できないなど，現場では解体を進めるごとに問題が発生するような状況であったため，構造設計を依頼した金箱構造設計事務所には何度も現場に足を運んでもらい，そのつど解決法を模索した．

（4）補強方針

　1933 年に竣工した帝冠様式の外観を活かすため，補強部材を外部に設けないことを前提とした．既存躯体が非常に脆弱なため，地震力を既存の柱ではなく新設のアーチフレーム補強を介して地盤面に伝達することを計画した．アーチフレーム補強は既存の柱とは取り合っておらず，各階で補強した梁を介して地震力を伝達している．既存建物は地盤との接地面が小さい独立基礎であったが，ベタ基礎とすることで接地面を大きくすることにより，基礎の安全性を向上させた．また，増築部の撤去，既存押さえ防水コンクリートの撤去，吹抜けや屋上スラブを斫ってトップライトを設け既存建物を軽量化したことも耐震性能上有利に働いた．耐震補強後の目標 Is 値を 0.48（0.6 に地域係数の 0.8 を乗じた数値）と定め，X 方向で 0.52〜0.96，Y 方向で 0.53〜0.90 の耐震性能を確保した．

（5）リファイニング工程

　リファイニングは以下の手順で行っている．

コラム　旧戸畑区役所庁舎リファイニングプロジェクト　　165

(a)　リファイニング前

(b)　内装撤去後

(c)　躯体補修＋耐震補強

(d)　リファイニング後

図 9-6　2 階ロビー

(a)　リファイニング前

(b)　内装撤去後

(c)　躯体補修＋耐震補強

(d)　リファイニング後

図 9-7　元議場

1) 既存内装をすべて撤去，スケルトン状態にして既存躯体をチェック
2) 既存躯体不良箇所の補修，コンクリートの中性化対策，耐震補強
3) 新規内装仕上げ

　図9-6, 9-7は，工事の手順を同じアングルで撮影した写真である．2階ロビーは，既存建物の中央に中心性を表すかのような天井の高い部屋があったが，この部屋によって建物内の視線が分断されていた．部屋を解体し，吹抜けを設けることで視線の抜けや空気の流れをつくり，図書館として気持ちの良い空間をつくることを試みた．元議場は，戸畑市役所時代に議場であったが，区役所時代は議場が不要になったため鉄骨で床組を設け，上部を倉庫として利用していた．これらの床組を解体し，議場だった頃のオリジナルな空間を再現した．写真正面の壁と対面する壁を鏡貼り仕上げにし，合わせ鏡によって図書館が拡張していく様を表現した．

　築80年を超える建物を，外観を維持しながら耐震性能を向上させ，新築以下の費用で再生したプロジェクトであり，歴史的建造物の新しい保存のあり方を提案できたのではないかと考えている．

9-2　跡地活用

■再生手法の要点
▶手法の定義
　跡地活用とは，施設の統廃合等によって用途廃止となった施設の跡地において，既存建築ストック（既存建物）を用途変更して新たな施設として活用，あるいは既存建物を取り壊して更地にしたうえで，新たな機能を有する建築物を新築して活用する手法である．

▶再生手法の必要性
　自治体が保有する既存ストック（建物および敷地）の有効活用方策であり，本来は公共施設再編の際に用途が不要となる施設の跡地活用をあわせて検討することが望まれる．

　近年では，公共施設再編の検討の際に，住民合意を得やすくするために公共施設再編による統廃合と跡地活用をセットで議論することも増えてきた．しかし，公共施設に対する行政需要が減少していく中で，公共施設再編の検討段階で跡地活用の機能の検討まで至らないことも多く，個別に議論せざるを得ない状況がみられる．跡地活用事例をみても，従前の施設の用途廃止時点と跡地における新規活用時点とのタイムラグが大きいケースが多い．このように，従前の施設の用途廃止時点で新規活用を行う

用途が決まらない場合には，短期的な行政需要に応ずるべく，既存建物を活用した暫定的な利用を検討することも考えられる．

▶**方法**
1) 跡地となる対象敷地およびその周辺の現況調査
   対象敷地の立地環境，まちづくり，周辺の公共施設立地状況等の整理
2) 跡地活用における導入機能の検討
   住民意向，競合性，類似事例等の分析
3) 施設計画の検討
   既存建築物の活用可能性の検討，主要室と施設規模の検討
4) 事業化計画の検討
   事業手法の検討，事業化の際の課題・留意点の整理

▶**効果**
　量的効果として，跡地化した公有地の有効活用により新規の施設整備コストが抑制される．また，民間等への売却や貸付けにより収益を得ることが可能となる．
　質的効果として，跡地活用を明示することで公共施設再編の際の合意形成が進みやすくなる．また，用途廃止された施設を新たに活用することにより，社会動向変化に対応しながら周辺のにぎわいを維持することが可能となる．さらに，暫定利用であれば短期的な行政課題に早期に対応することができる．

▶**課題**
　公共施設再編を行う際に，跡地活用を含めて検討することが難しいため，現実には公共施設再編後に跡地活用を検討する事例が多い．
　公共施設整備が一段落したうえに，社会状況の変化が著しいこともあり，跡地活用として恒久的な施設を導入することが難しい．
　既存建物の活用を含む跡地活用の場合には，施設の老朽化や機能向上に対応した追加投資を見込んでおく必要がある．

▶**解説の対象と条件**
　本節の解説では，跡地活用の形態ごとに整理しつつ，歴史的建築物の活用事例，住民ニーズの高い高齢者福祉施設の導入事例を紹介している．

1 学校跡地

　公共施設の再編およびマネジメントにおいて，統廃合等によって役目を終えた公共施設の跡地の活用も重要なテーマである．跡地には土地のみならず建物も存在するため，活用の検討は多岐にわたり最適解を導くことは一筋縄ではない．
　このところ，都市部を中心に公共施設跡地の活用が盛んにみられるようになってき

たが，公共施設跡地の中でもとくに敷地規模の大きい学校跡地の活用は住民の関心も高く，活用のあり方を検討することは行政における大きな課題でもある．学校跡地は，コミュニティの中心に位置し，まとまった土地で権利関係が複雑でないという長所がある一方で，学校統廃合を行ったことで地域住民の意向をより一層配慮して跡地活用を検討しなければならないという制約もあることが特徴である．

本節は，東京都特別区における区立小・中学校の統廃合によって生じた跡地の活用方法を分析することによって，跡地活用における公共施設マネジメントの考え方を整理する．

（1）東京都区部における学校跡地の発生状況

ピーク時の1980（昭和55）年に97.3万人であった都区部における公立小・中学校の児童・生徒数は，2013（平成25）年にはピーク時の50.2％に相当する48.8万人に減少した[6]．驚くことに，この30年あまりでほぼ半減している．このような状況を背景に，都区部では区立小・中学校の統廃合が急速に進められている．戦後の新学制以降の都区部での区立小・中学校の学校統廃合をみると，港区における1964年の南桜小学校と西桜小学校の統合が最初である．これによって生じた西桜小学校跡地が学校跡地の第一号で，それ以降2010年までに153校，直近の2014年4月1日時点では172校にも達している．

2014年時点の学校跡地数を区別にみると，最も多いのは北区の17校で，以下，港区の13校，新宿区，台東区，豊島区，足立区の12校，千代田区，墨田区，品川区の10校と続く（図9-8）．全体的には，都心部と北部から東部にかけて多いことがわかる．2014年時点で学校跡地がみられないのは江戸川区のみである．

（2）発生年次別にみた学校跡地の発生状況

学校跡地の発生数の推移を2010（平成22）年までの5年単位でみると，1986（昭和61）年以降から発生数が急激に増加し，とくに2001年から2005年にかけては56校もの跡地が発生している（図9-9）．2006年から2010年にかけても，ピークは過ぎたものの34校の跡地が発生している．

学校跡地の年次別発生数を地域別にみると，当初は学校跡地の発生は都心3区[*1]に限られていた（図9-10）．都心3区では1964年以降，学校跡地が徐々に増えていたが，1991年から1995年にかけて14校の学校跡地がまとめて発生している．都心3区における2010年時点の学校跡地発生数は31校であるが，その4分の3に相当する23校が1995年までに発生している．都心3区に隣接する5区[*2]では，1996年から2000年にかけて11校，2001年から2005年にかけて19校が跡地化している．この5

[*1] 千代田区，中央区，港区の3区
[*2] 都心3区に隣接する新宿区，文京区，台東区，渋谷区，豊島区

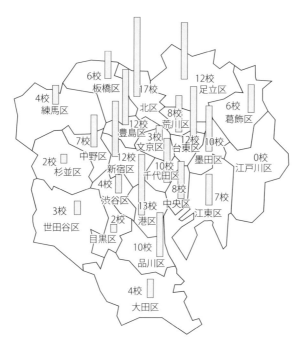

図 9-8 都区部における区別学校跡地発生数（2014 年時点．文献 [10] を基に作成）

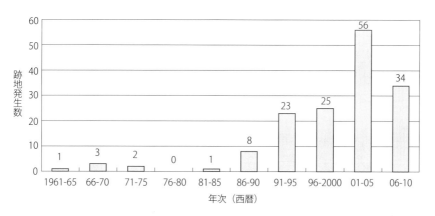

図 9-9 都区部における年次別学校跡地発生数（n = 153．2010 年まで）[10]

区での 2010 年時点における学校跡地発生数は 40 校であるので，この 10 年間に発生した跡地数が 4 分の 3 を占めている．その他の区では，1996 年から 2000 年にかけて 11 校，2001 年から 2005 年にかけて 33 校が跡地化し，2010 年時点では 74 校が跡地化している．とくに，2006 年から 2010 年までの学校跡地数は 34 校であるが，その他の区はそのうちの 29 校を占めている．このように学校跡地の発生は，都心部から

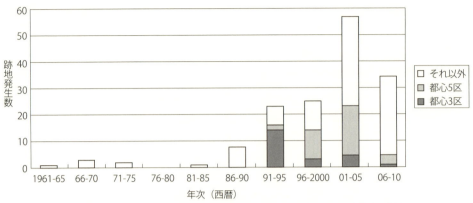

図 9-10 都区部における年次別・地域別学校跡地発生数（n = 153．2010 年まで）[10]

その周辺へと遷移していることがわかる．

学校跡地の発生要因をみると，1980 年代までは都市化の進行による住宅市街地の業務用途化に伴う夜間人口の減少が主な原因と考えられるが，1980 年代以降は人口の高齢化による児童・生徒数の減少が原因となって，住宅市街地でも跡地が発生している．とくに，戦後大規模団地が多数建設された江東区，北区や足立区でその傾向が顕著である．また，1990 年代半ば以降，行政の財政状況の逼迫により統廃合の動きが加速し，公立校離れへの対策として小中一貫校化の流れもあり，学校跡地の発生を促したことがうかがえる．

② 跡地活用の特徴
（1）導入機能

学校跡地における活用状況について，複合施設の重複分を含めて機能別にみると，医療福祉施設（48 施設）が最も多く全体の 3 割を超えており，以下，地域コミュニティ施設（47 施設），学校（42 施設）と続いている（図 9-11）．

医療・福祉施設の種別では，特別養護老人ホームや介護老人保健施設などの高齢者福祉施設が多く，また，保育所などの児童福祉施設，高齢者福祉施設と一体となった医療施設も存在する．高齢者福祉施設や保育所といった医療・福祉施設のニーズの高まりが，学校跡地の活用状況からも見受けられる．とくに近年では，待機児童向けの緊急保育施設として活用する事例もみられる．

2 番目に施設数の多い地域コミュニティ施設の内訳をみると，区民館，NPO 活動支援施設などがあるが，最も多いのが暫定利用における地域開放施設である．学校跡地の活

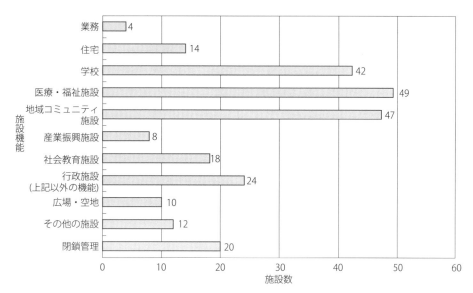

注）複合施設が含まれるため重複あり．

図 9-11 都区部の学校跡地活用における導入機能（2010 年時点）(n = 153．2010 年まで）[10]

用については，統廃合の際に生じた地域住民との軋轢を解消するため，地域住民の声を可能な範囲で反映する傾向にあり，構想・計画段階から地域住民が参加する傾向がみられる．たとえば，新宿区の旧四谷第四小学校跡地を活用した「四谷ひろば」では，跡地検討だけでなく管理運営も，地域住民が主体の四谷ひろば運営協議会が担っている．

3 番目に施設数の多い学校は，学校統廃合後の新校を新築する際の仮校舎，もしくはほかの学校の改築時の仮校舎としての利用が中心である．そのほかに，学校用途としては高等学校，大学，専門学校，外国人向け学校といった利用がみられる．とくに大学については，2002（平成 14）年に「首都圏の既成市街地における工業等の制限に関する法律」が廃止され，都心部での大学の新設・増設が可能になったこともあり，2010 年までに 8 校の大学が小・中学校跡地に開校している．

学校跡地の活用は，単体施設よりも複数用途で構成される複合施設の整備事例が多い点に特徴がある．跡地活用事例の約半数が複合施設で，暫定利用の場合でも複合化した事例が確認できる．これらの事例を基に導入用途を分析すると，学校跡地周辺の地域住民などの多様なニーズと新たな行政ニーズに対応するために，複数の用途を導入せざるを得ない状況が浮かび上がってくる．たとえば，関東大震災後に整備された復興小学校であった旧十思小学校の既存校舎を活用した中央区の「十思スクエア」は，在宅介護支援センター，デイルームの高齢者福祉施設をはじめ，体育館や歴史資料室などの地域ニーズに対応した九つの用途で構成される（図 9-12）．また，渋谷区の旧

図 9-12　十思スクエアの外観

大和田小学校跡地活用の「文化総合センター大和田」では，ホール，図書館，プラネタリウムに加え，不登校児童・生徒支援施設やケアコミュニティ施設を含む 13 の用途が導入されている（10-1 節）．

（2）活用形態

　学校跡地の活用形態を整理すると，恒久的な利用[*3]は全体の 4 割弱にとどまり，おおむね 5 年以上の暫定利用を含めても 6 割強である（図 9-13）．

　これに対し，全体の 4 割弱が短期的な暫定利用[*4]となっている．このうち，約 1 割は将来の活用構想[*5]を有しておらず短期的な暫定利用の状況にある．ただし，将来の活用構想を有していない短期的な暫定利用の比率は，ここ数年で大きく減少している．

　将来の活用構想のない学校跡地の状況をまとめると，以下のような特徴がみられる．

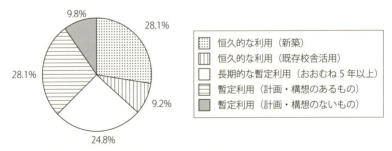

図 9-13　都区部の学校跡地における活用形態（n = 153．2010 年時点）[10]

[*3]　区の方針として無期限ではあっても暫定利用と位置づけられているものは除き，20 年以上の定期借地権・土地信託等が設定されているものを含む．2010 年 8 月時点で整備事業中（実施設計段階，施工段階等）のものを含む．

[*4]　まったく活用がなされていない閉鎖管理状態の跡地を含む．

[*5]　外部に公表した構想・計画を示す．具体的な導入機能が示されていないものや，区の内部検討段階のものは含まない．

- 学校が統廃合されて間もない（近いうちに跡地活用の方向性を検討する）．
- 学校跡地周辺の敷地との一体利用を計画しており，周辺敷地の地権者との調整に手間取っている（市街地再開発事業も含まれる）．
- 当面はほかの学校改築の際の仮校舎として利用する方針のため，現時点ではその後の跡地活用を考えていない．

（3）既存校舎の活用状況

既存校舎の活用状況をみると，既存校舎を解体して新築した事例は約3割で，解体して更地にした事例を加えても4割に満たない（図9-14）．これに対し，既存校舎を活用した事例は増築した事例も含め6割を超える．

既存校舎を解体して新築するのは，敷地の高度利用もあるが，戦前あるいは高度成長期に建設された校舎では建設後50年以上が経過し，施設が老朽化していることが大きな要因である．これに対し，経過年数が短い場合は耐震補強を行うなどして既存校舎が活用されている．品川区の旧原小学校跡地を活用した「ヘルスケアタウンにしおおい」は，高齢者福祉施設を主体に幼保一元施設と地域の活動・交流拠点を導入した施設で，既存校舎をアウトフレーム（外枠）工法で耐震化し，外枠部分をベランダとして利用している（図9-15）．

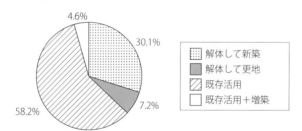

図9-14 既存校舎の活用状況（n = 153．2010年時点）[*6]

図9-15 ヘルスケアタウンにしおおいの外観

[*6] 2010年8月時点で事業中のものは供用後の状況とした．

（4）土地・建物の所有関係と事業手法

　学校跡地の活用における土地の所有形態をみると，区有のままが全体の3分の2を占めている（図9-16）．続いて，土地の貸付け，建物部分の貸付けとなっている．区の財政逼迫の状況下でやむを得ず土地を売却した事例も一部にはみられる．

　学校跡地は前述したように，コミュニティの中心に位置し，まとまった土地であることが特徴である．民間等に土地や建物を貸し付ける場合でも定期借地権を活用するなど，土地取得の困難さや将来の行政需要を見込んで所有は公共のままとする事例が多くみられる．

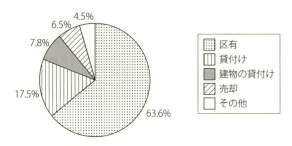

図9-16　土地の所有形態（n = 153．2010年時点）

　事業手法をみると，初期のものは公設公営が主であったが，1980年代以降から土地信託の活用や，旧住宅・都市整備公団（現都市再生機構）などへの業務委託といった区が外部に委託する方式が導入された．その後，1990年代以降は事業コンペ方式を採用して，民間事業者に建設から運営までを一括して委託する方式が一般化した．特別養護老人ホームなどの高齢者福祉施設でも，現状では民設民営が一般化している．近年竣工した事例では，港区の旧桜川小学校跡地を活用した「福祉プラザさくら川」，台東区の旧蓬莱中学校跡地を活用した「福祉プラザ台東清峰会」（図9-17）が挙げられる．公設公営であっても，指定管理者制度を導入し，民間企業が運営を行う例も複数の事例で確認できる．

図9-17　福祉プラザ台東清峰会の外観

3 跡地活用の課題

（1）学校跡地活用の動向の整理

　学校跡地活用の動向を整理すると，施設用途については単一用途ではなく複数の用途を導入する複合施設が中心であり，多機能化が進んでいる．事業化に際しては公設公営から公設民営，民設民営のように民間活用が進んでいる．導入機能についても，地域住民の意向を反映することを重視していく傾向にある．

　活用の検討方法についても，かつては学校統廃合後に個別の学校跡地ごとに単独で検討することが一般的であったが，区全体で学校跡地を含む公共施設跡地全体の活用を考えるマスタープランを作成する事例も増えている．たとえば，豊島区では，更新時期を迎えたほかの公共施設を学校跡地において建て替えることを計画的に進めており，区役所や大規模スポーツ施設などが学校跡地で移転整備されているところである．一方，跡地発生とほかの公共施設の移転建替えのタイミングが合わず，つなぎの期間を暫定利用している事例も多くみられる．

　学校跡地活用において暫定利用の割合が大きい要因は，学校跡地が市街地再開発事業の予定地であるといった外部的な要因もあるが，補助金返還規定によるものも少なくない．公立学校施設整備補助金等を活用して整備した学校校舎を取り壊してほかの用途に変更したり，貸付けや売却といった財産処分を行ったりする場合には，文部科学省により「原則として処分する部分の残存価値に対する補助金相当額を国庫に納付するもの」と規定されていることも要因となっている．ただし，近年では財産処分手続きが改正され，公共用途であれば原則として国庫納付金が免除されるようになった[7]．

　東京都区部においても，近年の学校跡地の発生は住宅市街地が中心になっており，用途に制約があり容積率が低い敷地での活用が前提となる事例が増えている．この場合，既存校舎の築年数が浅い場合には，整備コスト縮減の観点からも新たな施設を新築するのではなく，既存校舎を改修して使い続けていくこと求められる．既存校舎を活用する場合，耐震性能などを最新の基準に合わせたり，学校をほかの用途に変更する場合には建築基準法などの法規制がかかるなど，相応の制約条件が課せられることにも留意する必要がある．

（2）学校跡地活用からうかがえる跡地活用全般への示唆

　学校跡地活用の事例考察を通じて，施設再編に伴う跡地活用全般に対して得られる示唆を以下に整理する．

- 跡地を，ほかの用途を含めた施設再編の際のタネ地として活用できるように，統廃合の検討を対象用途だけで行わずに，対象敷地のポテンシャルを勘案してほかの用

途への変更を含めて検討を行う．また，統廃合を行う前に跡地の検討を行うことで統廃合の合意形成を進めやすくする効果がある．
- 廃止した施設が国庫補助金等を活用した場合には，償還期間内であれば原則として補助金の返還が必要となる．しかし，返還が必要な場合でも跡地の活用方法によっては返還額の減免がある場合があるので，最新の情報を把握したうえで活用方法を検討する必要がある．
- 既存建物を改修して活用する場合には，必要に応じて法令の既存遡及が求められるほか，用途を変更する場合には規制が強化される場合もあるので十分な検討が必要となる．

9-3　民間活用（貸付け，譲渡）

■再生手法の要点
▶手法の定義
　民間活用とは，機能寿命等によって未利用となった公共建築物を民間の個人や組織に貸付けもしくは譲渡し，公共建築ストックを利活用する計画手法と定義する．貸付けもしくは譲渡する民間主体によって利活用の目的や効果，課題，対象施設に特徴がある．貸付けや賃貸は，施設の形状や機能の変更を認めるか否かで区別されるが，ここでは民間組織へ施設を貸すことによる活用を貸付けで統一する．

▶再生手法の必要性
　未利用となった建物が有効活用されるとともに，維持管理に要する財政負担が軽減される．また，民間組織の運営による高次のサービスの提供，地域住民による主体的な活用が期待できる．コミュニティ施設や小学校等の地域施設では，地域住民が求めるサービスの提供や地域活性化へと結びつくことが期待できる．

▶方法
　本手法は，PFIなどの事業手法による大規模な公共施設の民間活用ではなく，地方都市における小規模な公共施設の再生を目的とした民間活用を対象とする．これらの活用では，民間主体によって，(1) 地域住民組織活用型，(2) NPO・公益法人活用型，(3) 企業・個人活用型の三つの活用パターンに区分できる．
　貸付けもしくは譲渡した建物は基本的には普通財産であり，契約後は行政の管理から離れるため，活用方法は民間組織で検討し実施されることが多い．民間活用における建築物の改修や管理運営の方法の検討に行政が関わる事例では，次のような配慮が求められる．

1) 廃校となった学校校舎や小規模な集会施設といった未利用，低利用施設を自治会等の地域住民組織の主体的活用によって再生する場合は，活用の検討段階，運営段階で行政のサポートが必要となる．
2) 無償もしくは減額による貸付けで公共性の高い用途に活用される場合は，運用後のモニタリングが必要となる．
3) 公募によって貸付け，譲渡（売却）を実施する場合，資産価値の向上や応募者促進のための改修支援といった施策が必要となる．
4) 地方の小規模自治体では，狭小な施設の個人への貸付けも活用の一手段となる．この場合，近隣の居住者だけでなく遠方の居住者による活用も考えられるため，対象となる施設の貸付けについての情報発信が重要となる．

▶効果

　量的効果として，公共施設の保有量が削減され，維持管理に要する財政負担の軽減が期待できる．

　質的効果として，公共性の大きい民間組織による同一用途の活用では提供サービスの向上が期待できる．また，地域住民組織による活用では，地域住民自らが運用する施設となることによって，地域住民が求めるサービスの提供や地域活性化へと結びつく可能性がある．

▶課題

- 地域住民組織による活用や公共性の高い民間組織への活用において，貸付け費用の低減や改修費の補助を行政が行う場合，利活用の内容を適正に判断しなければならない．また，運用後に有効に活用されているかをモニタリングによって検証する必要がある．
- 市町村合併を実施した自治体では，小規模集会施設の整備方法が自治体によって異なる場合がある．このような自治体において小規模集会施設の自治会への譲渡を行う場合，一元的な譲渡が難しくなる．
- 未利用の公共施設を民間活用する場合，民間への幅広い情報提供が重要となる．

▶解説の対象と条件

　本節の解説では，最初に筆者が調査した九州圏の市町村による公共施設の民間活用の状況について傾向と特徴を示す．その後，(1) 地域住民組織活用型，(2) NPO・公益法人活用型，(3) 企業・個人活用型の三つの活用パターンに区分し，調査事例の中から民間活用について解説する．

未利用となった公共建築物を民間の個人や組織に貸付けもしくは譲渡し，公共建築ストックを利活用する事例がみられる．このような公共建築物の民間活用は，公共施設の維持管理に要する財政負担を軽減するだけでなく，民間によるサービスの提供や地域住民による主体的活用といった積極的な利活用へとつながる可能性もある．
　本節では，最初に公共建築物の民間活用事例の調査研究から，従前の公共建築物と従後の民間活用のそれぞれの傾向を示す．そのうえで，公共建築物の民間活用のパターンを提示し，活用パターン別の特徴と課題をまとめる．

1 民間へ貸付け，譲渡された公共建築物の特徴

　筆者らは2005（平成17）年より九州圏の市町村自治体を対象として，公共建築物の用途変更に関するアンケート調査を2回実施している[節末の補9-1]．このアンケート調査によって，利用を停止後に用途変更によって利活用を行った公共建築物として212事例が確認できた．この212事例のうち，民間の個人や組織への貸付けもしくは譲渡と判断される事例は53であった[*7]．これは全体の25％であり，公共建築ストックの民間による利活用が方策の一つとなっていることがわかる．まず，この53の民間活用事例の基礎情報から，どのような公共建築物が民間へ貸付けもしくは譲渡されているのか，また，運用主体である民間はどのように活用しているのか，民間活用の現状とその特徴を示す（図9-18）．

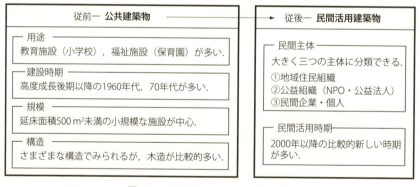

図9-18　民間活用事例の従前後の傾向

▶ 従前の公共建築物の特徴
- 民間活用前の公共建築物の用途：小学校等の教育施設と保育園や高齢者施設等の福祉施設の民間活用が多くなっている．しかしながら，利用されていない遊休施設が

---

*7　民間への貸付けもしくは譲渡と判断した根拠は，①転用後の用途に関する回答項目として「民間への貸付け・譲渡」を設定しており，この項目を回答した事例，②それ以外の事例で，施設名称や転用後の運営組織の回答において，民間への貸付け・譲渡，民間が運営していると判断できる記述がみられる事例，以上の2点から総合的に判断した．

民間活用の対象となるため，幅広い用途で民間活用が行われている[補9-2]．
- 建設年次：とくに1960年代，1970年代に建設された施設が中心で，高度成長後期以降の大量に建設された時期と一致している．これらの公共建築物は標準設計による特徴の少ない，いわゆる箱型建築が多く，建築的価値の小さい施設で民間への貸付けや譲渡が行われやすいと考えられる．
- 延床面積：500 m^2 未満の狭小な建築物が民間活用される傾向にある．
- 構造：木造が最も多く約半数を占めているが，RC造やS造でも行われる．

以上の特徴から，民間活用される公共建築物は高度成長期に建設された木造の狭小な施設が典型的施設となっている[補9-3]．用途別では学校施設が相対的に多くなっているが，構造はRC造が中心であり，地方の小規模自治体では木造の小学校もみられる．福祉施設は，構造や規模に特定の傾向はみられず多様である．

▶従後の民間活用の特徴
- 活用する民間主体：大きく三つの主体に分類できる．一つ目は，地域住民組織であり，自治会が中心となる．その他にボランティア組織，商工会や農業の生産者組織が挙げられる．行政による公共サービスから地域住民自らが運用する施設へと転換しているが，地域住民が求めるサービスや地域活性化へと結びつく施設の整備につながることから，最も地域の便益性の大きい活用といえる．二つ目は，NPOや公益法人等の公共性の高い民間組織が活用する事例で，中心となるのは福祉施設の活用である．活用前の用途も福祉施設である事例もみられ，この場合は民間活用による用途変更はなく公共から民間へのサービス移管と位置づけられる．また，学校施設を福祉作業所へ用途変更する事例もみられる．三つ目は，民間企業や個人へ貸付けもしくは譲渡する事例で，譲渡の場合はその後の利用について行政は把握していないことが多い．貸付けの場合は企業だけでなく，特定の個人への貸付けもみられ，住居，アトリエ・展示の利用が確認できる．
- 民間活用時期：公共建築物が民間に貸付けもしくは譲渡される時期は，比較的新しく2000年以降である．とくに2000年代前半が多くなっている．

以上の特徴から従後の民間活用は，1) 地域の住民組織，2) NPOや公益法人等の公共性の高い民間組織，3) 民間企業や個人の三つの主体に区分され，2000年以降の比較的新しい時期に実施されている活用手法であることがわかる[補9-4]．

② 民間への貸付け，譲渡による活用パターン

公共建築物の民間活用を行った53の事例をみると，貸付けもしくは譲渡された民間主体の種別によって，公共建築物や活用内容に共通の特徴が確認できる．地方の市

町村では大規模な都市施設ではなく，小規模な公共建築物が民間によって活用される事例が多くみられる．これらの事例から，民間主体別の活用パターンを整理する．

（1）地域住民組織活用型

▶事例1：学校施設廃校後の自治会による活用

　若年層の転出と少子化によって小・中学校が統廃合された結果，複数の学校がまとまって廃校となる事例である．とくに，市町村合併が契機となって旧町村単位で複数の廃校が決定し，廃校の活用が検討される事例がみられた[*8]．検討方法は，廃校の立地する地区の自治会を中心とした廃校活用の検討委員会や協議会を設立し，地区住民が主体となって検討が進められることが多い．その結果，積極的な活用を目指す地区と利用の要望が小さい地区が存在し，同じ自治体でも地区によって活用度に差異が生じることがある．

　積極的な活用は，都市住民の農的体験を行う宿泊機能を備えた体験交流施設や地区の伝統文化の継承といった独自のプログラムを備えた地区公民館が確認できた．図9-19の事例は，廃校となった小学校の木造校舎を宿泊研修施設に活用した事例である．活用検討を行った地域住民が中心となり施設運営のために設立された地域協議会が，指定管理者として運営している．年間の農業体験学校といった独自のプログラムを考案し，大規模な改修を行っている．この宿泊研修施設は地域外の利用者に限らず約3割が地域住民の利用であり，地域施設としても機能している．次に，地区公民館への活用では，民具の収集，地元の民芸品製作の講習といった生活文化の継承につながるような新たなコミュニティ活動へと展開する事例がみられる．これらの活用は，建築物は自治体が保有し，再利用のための初期改修も行政が負担している．地区住民が利用プログラムや管理運営に積極的に関わり，従来の集会施設とは異なる農業の活性化，生活支援といった地区の新たな活動拠点となっている．

　一方，地区住民の要望が小さく活用案がない場合は，改修が行われずに倉庫への転用や体育館などの地域への貸館利用にとどまり，実質的に放置された状態となる（図9-20）．その要因の一つは，自治会などの地区住民が廃校の活用検討と管理運営を行政から任される形となり，負担が大きいためである．行政は，廃校の利活用の検討と運営を地区住民へ一律に任せるのではなく，地区の状況に応じた検討方法を考える必要がある．たとえば，検討段階での専門家のアドバイザー派遣や，廃校舎全体ではなく部分的な活用の検討を行うといった対応が考えられる．

▶事例2：生産地域組織による活用

　地域の生産者の組織が公共建築物を活用し，生産物加工の作業場，製品の販売，見学や体験を受け入れる交流といった用途で活用する事例が確認できる．公共建築物の

[*8] このような旧町村単位での廃校活用は，分庁方式を採用している自治体でみられる．

9-3 民間活用（貸付け，譲渡） 181

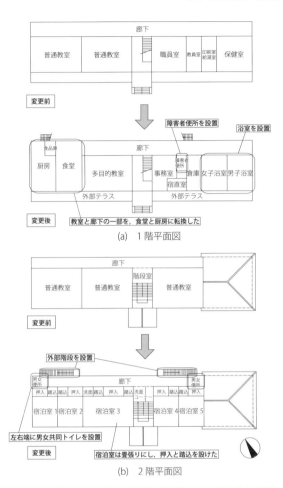

図 9-19 住民組織による宿泊研修施設の従前後の平面図と主な空間改変

図 9-20 小学校体育館が文化財倉庫に転用された事例

旧用途は学校施設，福祉施設など一定ではなく，単体建築物の活用事例と位置づけられる．この場合も，建築物は自治体が保有し地域生産組織が運営している．また，小規模な活動では建築物の一部を無償貸付けされる形で利用している事例もみられる．

▶事例3：小規模集会施設の自治会への譲渡

　コミュニティ施設として整備される公民館は，小学校区単位で整備されることが多いが，このほかにも，自治会単位で整備される100 m² 未満の小規模な地区集会所がある．これらの小規模集会施設が，自治会に譲渡されるパターンがみられる．小規模集会施設は整備段階でさまざまな制度が適用されて設置される点に特徴があり，たとえば，地方の農村部では生活改善センターや多目的共同利用施設といった農業関連施設として整備される．整備時期は，1970年代，1980年代前半が中心であり，整備後30年以上経過し耐用年数を超えている施設も多くなっている．このようなさまざまな目的で整備された小規模集会施設を一元化し，それぞれの自治会に割り当てて譲渡することで公共施設を削減するものである．小規模集会施設の整備方法は，自治体によって異なっており，財源面では行政中心で整備するものと自治会が自ら整備するもの，ハード面ではRC造の単体施設から民間の空き家や空き事務所などを転用するものまで幅がある．市町村合併を行った自治体で，旧自治体の小規模集会施設の整備方法が異なる場合は一元的な譲渡は困難となる．

(2) NPO・公益法人活用型

▶事例4：公共性の大きい福祉施設としての民間活用

　NPO・公益法人活用型では，民間活用の用途が公共性の大きい福祉施設であるという特徴がある．民間活用前の公共建築物は，幼稚園，保育所，小・中学校が多く，民間活用後の福祉施設の種別は高齢者福祉施設と障碍者等の福祉作業所への用途変更が中心である．小・中学校の活用の場合は，校舎の一部のみで実施されている事例もみられる．活用前後の用途が類似しており，行政との関わりが大きい民間事業者による活用であるといえる．民間活用の検討プロセスは，自治体の福祉関係の部局がNPO等の民間事業者の状況を把握しているため，行政からの働きかけによって活用する場合と，民間事業者のほうから施設整備のリソースとして廃校・廃園になる予定の建築物の活用を申し出る場合の両方がある．

　活用形態は譲渡と貸付けの両方がみられ，民間組織の規模や活用する建築物の面積によっても異なっている．

▶事例5：公立保育園の再編に伴う民間移管

　活用前後の施設用途としては事例4と同種であるが，自治体が公立保育園の再編計画を立案し，複数の施設で保育園を民間移管した事例がみられる．これは，公共建築物の活用にとどまらず，行政サービスそのものを民間へ移管するものであり，職員や

利用者も民間事業者へ引き継がれる．そのため，職員と利用者の合意が必要であり，運営上の問題を解決しなければならない．また，このような再編計画が立案される理由の一つは施設の老朽化に伴う再整備であり，民営化に伴い改修工事が実施されることが想定される．また，活用形態は無償貸付け，運営する民間事業者の選定は公募が考えられるが，公共性の観点から民営化後のモニタリングが不可欠となる．

（3）企業・個人活用型

▶事例6：民間企業への施設の貸付け

　民間企業への施設の貸付けは，小・中学校，役場の出張所といった小規模な事務所，集会所でみられる．民間企業の活用は，小規模な倉庫が中心であり，その他には旧学校の研修所利用，役場事務所の事務所利用といった同種の活用も確認できる．全体的には500 m^{2}未満の小規模な建築物を倉庫として利用する事例が多く，有効な活用手段とは成り得ていない．なお，民間企業への譲渡の場合は公募による売却が中心となると考えられるが，売却後，行政は関知しないため，建築物の情報が残されていない．また，売却にあたって資産価値の向上や応募者促進のための改修支援といった施策が必要である．

▶事例7：個人への施設の貸付け

　地方の市町村では個人へ貸付けする事例がみられる．複数の事例が確認できた用途は，木造の学校校舎をアトリエと作品展示に活用するものである．これらの活用経緯をみると，地元の住民ではなく地域外に居住する個人であることが多い．この場合，行政主導で活用が進められるのではなく，貸付けされる個人から働きかけられている．廃校を知った経緯は，新聞などのメディアや直接訪問した経験があるなど事例ごとに異なるが，自然環境などの立地に魅力を感じて移住している．

　そのほかには，特定の自治体において複数の公共建築物で個人への貸付けを行っている事例がみられた．従前の用途は，住宅を併用した診療所や派出所で，個人の住宅として貸付けされている．従前のまま改修されずに貸付けされており，一時的な活用と位置づけられる．

③ 小規模公共建築物の民間活用の手法と課題

　都市部の一定規模を有する建築ストックの民間活用は，事業規模が大きくPFI等の導入検討が可能となるが，地方の人口規模の小さい市町村では多くの公共施設が1,000 m^{2}未満の小規模な建築物であり，その用途は学校，福祉，社会教育，集会などの地域施設である．地方の市町村が多く保有する零細な公共建築物における民間活用の手法と課題について，事例考察を基に整理する．

（1）特定の施設種別の施設再編に伴う複数施設の一体的な民間活用

　ある特定の施設に対して自治体もしくは一定のエリアにおいてまとまって施設再編が検討され，それに伴う施設の民間活用が選択される．具体的には，小・中学校の統廃合，公立保育園の民間移管である．

　まず，小・中学校の統廃合の場合は，廃校後の校舎の利活用において当該地区の自治体等のコミュニティ組織に検討を委ね，校舎利用検討の委員会や協議会を設立することが多い．この場合，用途変更後の校舎の運営まで地区住民のコミュニティ組織に委任・委託するか，利活用の用途だけを検討し運営方法について別途切り離して検討するかによって活用の度合いが異なる．運営を含めて校舎そのものを地区住民へ委ねる場合は，地区によって取り組み度合いに差が生じる．主体的に取り組み地域活性化の拠点施設として展開するものから，積極的な提案がなく倉庫のような使用にとどまり実質的に放置されているものまで活用度合いの幅が大きい．消極的な取り組みの場合は，検討段階において地区住民のサービスニーズの客観的把握，利活用する校舎の対象を一部に限定して室レベルで検討するといった検討材料の提供と対象の縮小化が必要となる．

　また，積極的な利活用では校舎の全面的な改修が生じることがあるが，地区の自治組織であるため，行政が設計・改修工事の費用と発注業務などを負担することが多い．公設で運営のみを民間に委託する方式である．

　次に，保育園の再編に伴う民間移管は，施設とサービス事業そのものを民間事業者に移管し引き継ぐものであり，施設職員および利用者も引き継がれることが前提となることが多い．施設は無償譲渡されることが考えられるが，老朽化していることが多く，民間移管に伴う改修費用を誰が負担するかが検討されなければならない．

（2）個別の未利用施設の民間活用

　個別施設の単独での民間活用は，未利用となった建物の貸付けによる活用が中心である．従前の施設用途と民間活用の用途，民間主体の種類には関係性がみられる．民間事業者による福祉施設の活用は公共性が強く，行政と連携して検討されるため，さまざまな検討経緯や貸付け・譲渡の活用形態がみられる．

　一方，個人が活用する場合は，小規模な住宅系施設と小・中学校が中心であり，個人からの働きかけによって貸付けされる事例が中心である．事例数は少ないが，地域外の個人が活用する例もみられる．過疎部の集落域をもつ自治体ではきわめて小規模な公共建築物を保有することも多く，個人に貸付けすることで維持管理費の削減効果をもたらす．このような公共建築物の活用では情報の提供方法が重要であり，行政区域内だけでなく広域的に情報を発信することで，積極的な活用につながる．

補9-1　アンケート調査は，2005年，2007年に実施しており，各調査の概要は，表9-6(a)のとおりである．2回のアンケート調査で回答を得た九州圏の市町村数は表(b)に示すように58であり，これは2012年当時の九州圏の市町村数233の24.9%にあたる．ただし，58の市町村の中には，アンケート回答後に合併した自治体を含んでいる．

表9-6　アンケート調査の概要と回答市町村数

(a) 概要

実施時期	2005年10月	2007年11月
対象	九州圏の50万人未満の342市町村	九州圏すべての251市町村
有効回答	152市町村，44.4%	151市町村，60.2%
調査内容	①公共建築物の再利用事例の有無 ②民間建築物の活用事例数 ③有効再利用の判断理由	①1980年以降の未利用建築物の有無 ②未利用建築物の活用事例

(b) 回答自治体の県別市町村数

県名	福岡	佐賀	長崎	熊本	大分	宮崎	鹿児島	合計
アンケート回答市町村数	15	4	6	12	6	6	9	58

補9-2　図9-21は53事例の民間活用前の公共建築物の用途別割合を示す．これをみると，学校・教育が21事例（40%），福祉が15事例（28%）となり，この二つの用途で約7割を占めている．それ以外の用途も3〜4事例であるが，幅広い用途で民間活用が行われていることがわかる．

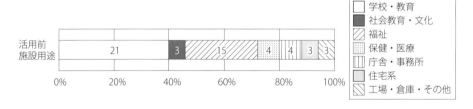

図9-21　民間活用53事例における従前公共建築物の用途別割合

補9-3　表9-7は53事例の建設年次，延床面積，構造別の集計結果を示す．建設年次は1960年代，1970年代がそれぞれ15事例（28%），14事例（26%）と割合が大きくなっている．延床面積では，全体的に狭小な公共建築物の割合が大きいことがわかる．500 m^2 未満の建築物は36事例（68%）であり，100 m^2 未満も6事例となっている．構造別では木造が最も多く26事例（49%），以下，RC造が16事例（30%），S造は7事例（13%）であった．

表 9-7 民間活用 53 事例の施設属性別の集計結果

(a) 建設年次

建設年次	事例数	割合
1950 年代	5	9.4%
1960 年代	15	28.3%
1970 年代	14	26.4%
1980 年代	9	17.0%
1990 年代以降	5	9.4%
不明	5	9.4%
総計	53	100.0%

(b) 延床面積

延床面積	事例数	割合
100 m² 未満	6	11.3%
100〜300 m²	15	28.3%
300〜500 m²	15	28.3%
500〜1,000 m²	11	20.8%
1,000 m² 以上	5	9.4%
不明	1	1.9%
総計	53	100.0%

(c) 構造

構造	事例数	割合
木造	26	49.1%
RC 造	16	30.2%
S 造	7	13.2%
混構造・その他	4	7.5%
総計	53	100.0%

補 9-4 従後の民間活用について三つの主体別の事例数をみると，それぞれ一定数が確認できる（図 9-22, 表 9-8）．民間企業・個人が 20 事例（38％）と最も多く，地域住民組織が 14 事例（26％）と最も少ない．また，公共建築物が民間に貸付けもしくは譲渡された年次をみると，2000 年以降が 37 事例で約 7 割を占めている．とくに，2000〜2004 年の 2000 年代前半が 23 事例（43％）と相対的に多くなっていることがわかる．

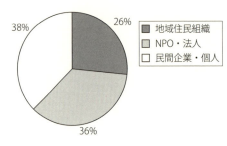

図 9-22 民間活用 53 事例の民間主体別割合

表 9-8 民間活用年次別割合

譲渡・貸与年	事例数	割合
1980 年代	4	7.5%
1990 年代	12	22.6%
2000〜2004 年	23	43.4%
2005 年以降	14	26.4%
総計	53	100.0%

第10章
単体公共施設の再生手法 ― 従来型施設の再編手法

10-1 複合化

■再生手法の要点
▶手法の定義

　複合化とは，複数の施設種別を単一建物に併置して整備するものである．共用部分をもつ場合と，エントランスからして個別に設けられ施設としては独立した状態で単に一体の建物として整備する場合が考えられるが，ここでは何らかの共用部分をもって整備されたものを「複合化」と呼ぶこととする．

▶再生手法の必要性

　複数の施設種別を複合化することで，共用部分を集約したり重複する用途を兼用したりすることにより，施設整備費や運営・維持管理費用のトータルコストを低減することができる．また，必要な施設用地を小さくすることができる．

▶方法

1) 再編を行う前提として管轄部局を横断する施設再編体制の確立
   複数の管轄部局にまたがる公共施設群の一体再編をスムーズに行うため
2) 複合する施設用途の妥当性検討と効果の確認
   複合することで得られるメリットに対して，損なわれる要素の確認と対応策の検討
3) 施設構成の整理と調整
   複合化の効果について整理・明確化しながら，共用部分や重複する機能・諸室の整理と調整を行い施設構成を検討
4) 複合化によるトータルコストの試算と整備実施の判断
   複合化した施設の整備費用，維持管理・運営費用の試算と事業実施判断
5) 集約した事業の根拠法または条例との関係の整理
   新規条例の制定による指定管理者への施設管理業務委託，管理部局から指定管理者への事業運営業務委託等の整理

▶効果

　量的効果として，エントランスや管理部門，設備機械室などの共用部分を集約することができる．また，会議室など各施設の重複部分を統合して効率化することができる．
　質的効果として，異なる用途の施設が混在することによる相乗効果やにぎわいの創

出が期待できる．これらの効果を顕在化させることにより，公共施設が地域の核として交流を促しコミュニティ醸成の寄与につながる可能性がある．

▶**課題**

複合化にあたっては，施設ごとの本来の目的が果たされそれぞれ十分に機能することが阻害されないようにしなければならない．運営体制や利用時間が異なることによる動線の整理やセキュリティの確保などが，具体的な課題として考えられる．これらはときににぎわいの創出と相反することになるため，施設の企画段階から詳細な設計内容に至るまで，十分な検討と丁寧な施設づくりが求められる．

▶**解説の対象と条件**

政令指定都市の区レベルで計画された地域施設と，東京都の特別区にある広域施設を取り上げてその具体的な内容を概観し，施設を複合化することで生み出されている魅力や効果を明らかにするとともに，今後の課題を抽出することとする．

公共施設の整備については，時代により社会的に求められる用途が順次優先づけて整備されてきたということもあり，複数の用途を複合化して整備されることは少なかったが，昨今，複数用途の公共施設を複合化して整備する事例が増えてきている．生涯学習施設や官民共同のにぎわい施設など，新たな機能を実現するうえでこれまでとは違った効果が期待され，施設を複合化すること自体が目的の一つとなっている場合もあるが，庁舎や文化ホールなど戦後整備された施設が建替え時期を迎えて，再整備される際に複合化する事例も多く見受けられる．そこでは，自治体の財政事情が厳しいことから，整備の優先順位をつけることが難しいこと，建替えを契機にまとめて整備したほうが経済的であるという主張が，複合化される要因としてうかがうことができる．また，都心での施設用地の確保が難しいことも一因として考えられる．加えて，中心市街地の活性化や市街地のコンパクト化というまちづくりの施策に沿って，公共施設を複合化することで効率的な施設づくりを行いながら，にぎわいの創出を求める積極的な理由も考えられる．

1 複合施設の事例

複合化された公共施設の事例として，行政区レベルの地域施設3例と，広域施設2例を取り上げる．自治体の施設は地域住民のためにあることはいうまでもないが，都心のとくに駅に近い施設では地域外からのさまざまな利用者が訪れ，その数も決して少なくない．利用者の特性という意味で，地域住民の利用が大半を占める地域施設と，地域外から広域の利用が想定される広域施設の二つに区分して解説することとする．施設の用途としては，ホール・公会堂のほか，区民健康センターや介護予防総合セン

ターなど健康・福祉関係の施設が多くみられる．

（1）地域施設の複合化

地域施設の複合化として取り上げる横浜市瀬谷区総合庁舎，千葉市美浜文化ホール，仙台市宮城野区文化センターの概要は，表10-1のとおりである．

表10-1　地域施設の複合事例

施設名	用途	規模	備考	区の人口
瀬谷区総合庁舎	区役所，福祉保健センター，消防署，公会堂	延床面積 15,369 m^2 地下1階，地上5階	公会堂510席	125,401人 (2014.11.1)
美浜文化ホール	ホール（中，小），保健福祉センター	延床面積 8,199 m^2 地下1階，地上5階	中ホール350席， 小ホール150席	149,022人 (2014.11.1)
宮城野区文化センター	ホール（コンサート，シアター），市民センター，情報センター，児童館，図書館	延床面積 13,625 m^2 地下1階，地上3階	コンサートホール384席， シアターホール198席	193,148人 (2014.11.1)

▶瀬谷区総合庁舎

横浜市では，18区のうち14の区庁舎は，公会堂と一体で整備されており，いくつかの区では消防庁舎も複合化して整備されている．瀬谷区総合庁舎も1971（昭和46）年に整備された公会堂と庁舎の建替えである．隣接する都市公園と一体にPFI事業で整備されたもので，公園を庁舎の建替え用地とみなすことで，仮設庁舎を設置することなく建替え事業を進めた好例でもある．また，都市公園の地下には，新たに駐車場が整備され，駐車場が目に入らないことから景観的にも良好な環境が形成されている．

従前の施設では，公会堂と庁舎が横に並んで大屋根のかかった外部空間で接続され，公会堂利用者と庁舎利用者がこの外部空間を共有していた．槇文彦氏の設計で有名な金沢区の総合庁舎でも中庭を囲んで公会堂と庁舎が配置されており，施設計画において意図的につくりだされた外部空間によって，施設の利用者の交流が期待されていたことがうかがえる．

新しい瀬谷区総合庁舎では，公会堂と庁舎を横に並べて公会堂のホワイエと共用エントランスとを一体の空間にすることで，相互のにぎわいを感じとれる構成としている（図10-1）．庁舎機能を1階から3階の利用しやすい低層部に，福祉保健センターを4階と5階に設置しており，利用時間の違いや騒音に配慮しながら，利用者にわかりやすいゾーニングとなっている．さらに，共用エントランスから通じるエレベーターや階段の動線に沿ってコネクトボイドを設けることで，施設の一体感を醸し出している（図10-2）．全体面積の制約に加えてセキュリティ面から職員と利用者の動線を明確に分離したこともあり，共用エントランスなどの来庁者が自由に利用できる共用部分が制約を受けており，とくに来庁者が集中する時間帯は混雑を感じる．より多くの

第10章 単体公共施設の再生手法 ― 従来型施設の再編手法

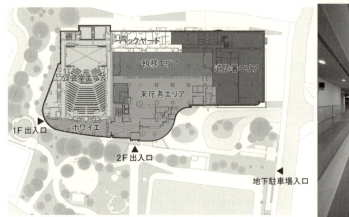

図 10-1 瀬谷区総合庁舎平面図

図 10-2 空間をつなぐコネクトボイド（瀬谷区総合庁舎．撮影：エスエス東京）

面積を確保することができれば，公園に面した開放的な空間がさらに効果的になったことが想像される．公会堂は，従前から地域の人に親しまれてよく利用されていたが，新しい公会堂ではホワイエ部分にギャラリーを整備したり，楽屋エリアに防音室が設置されたりすることで，公会堂で催しのないときにも頻繁に利用されるようになり，さらににぎわいのある施設となっている．

▶美浜文化ホール

　千葉市美浜区の美浜文化ホールは，二つのホールと保健福祉センターが横に並んで整備された施設である．隣接する敷地には，美浜区庁舎と消防署が設置されており，また大きな公園（真砂中央公園）に面している点では，横浜市の瀬谷区総合庁舎と類似している．千葉市では，六つのうち四つの区では，保健福祉センターを庁舎と隣接して設けているが，ホールと隣接しているのは美浜区だけである．

　美浜文化ホールと保健福祉センターは，各階で入れ子状に諸室が配置され，施設を横断して設けられたロビーと吹抜けによって接合されている（図10-3）．一般的に考えると接点が少ない二つの機能を，平面構成や吹抜けなど空間的なひだを設けることによって，建物内部だけ

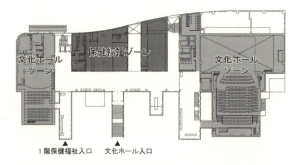

図 10-3 美浜文化ホール平面図（小泉アトリエの図版に筆者加筆）

図 10-4　開放感のあるセキュリティ区画（美浜文化ホール）

でなく外部にも施設内の活動が表出してくるような計画となっている．昼間の利用が中心の保健福祉センターを1階と3階に，夜の利用も多いホールや練習室を2階と4階に設けてゾーニングしている．各用途利用者のセキュリティラインを開放感のあるグリルシャッターで仕切り，また，空間の明るさが同程度になるようにして，区画を感じさせないしつらえとなっている（図10-4）．

ホール利用がないときの舞台を集団検診の場として利用するなど複合化のメリットを追求している要素もあるが，そもそもホールと保健福祉センターを複合して整備することの積極的な理由について，運用状況をふまえて改めて評価し，検証することが必要であろう．

▶宮城野区文化センター

仙台市宮城野区文化センターは，建物の中央を貫通する駅への通路の両側にホールと児童館を配置し，地下に図書館，2，3階に市民センターを配置して利用者の特性や頻度に応じた構成となっている（図10-5）．仙台市では文化センターホールと図書館を一体的に整備しており，加えて宮城野区のこの施設では児童館を併設し，空間的に独立させながら一体的な施設として複合化している．駅の利用客が通過する外部空間がホールと児童館をつなぐ役割を果たしており，市民が気軽に立ち寄れる構成となっている．今後，この施設の特徴である児童館を複合した効果を確認することが重要であるといえる．

図 10-5　宮城野区文化センター1階平面図[1]

（2）広域施設の複合化

広域施設の複合化として取り上げる

東京都渋谷区文化総合センター大和田と東京都港区みなとパーク芝浦の概要は，表10-2のとおりである．

表10-2 広域施設の複合事例

施設名	用途	規模	備考	区の人口
文化総合センター大和田	ホール（中，小），プラネタリウム，文化ファッションインキュベーション，区民健康センター，図書館，子供科学センター，区民学習センター，女性センター，ギャラリー，多目的アリーナ，保育園，医師会館，看護学校	延床面積 27,402m² 地下3階，地上12階	中ホール（さくらホール）735席，小ホール（伝承ホール）345席，コスモプラネタリウム120席（渋谷区パンフレットより）	217,205人 (2014.10.31)
みなとパーク芝浦	芝浦港南地区総合支所，男女平等参画センター，消費者センター，地域コミュニティ施設，消防団活動拠点，スポーツセンター，介護予防総合センター　等	延床面積 50,725m² 地下1階，地上8階	2014年6月時点の情報	240,101人 (2014.11.1)

▶文化総合センター大和田

渋谷区文化総合センター大和田は，「渋谷の新たな文化・教育・福祉・健康の拠点づくり」を施設整備のコンセプトとして，教育・文化芸術振興施設（6施設のうち4施設は新規），保健福祉施設（7施設のうち2施設は新規，また2施設は（公社）渋谷区医師会所管），その他約6,000 m²の公益的施設を含む，大規模複合施設である．地下1階，地上12階からなる積層された施設であることから，共通ロビーを核にエレベーター・エスカレーターの竪動線の周りに施設を配置する構成となっている（図10-6）．敷地に高低差があることを利用して，高層部の一角のピロティ空間にエントランス空間となるアートガーデンを設置することで，多様な利用客をその目的に応じ

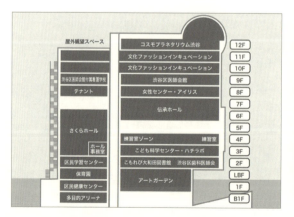

図10-6 文化総合センター大和田（断面図：文献(HP)[2]，写真：三輪晃久写真研究所）

て2層に振り分けながらにぎわいのある低層部を構成している．中ホールのメインホワイエがある4階まではエスカレーターで大人数の利用客をさばきながら，図書館，子供科学センターが移動中の視線に入るようにして利用を促す工夫がされている．中ホールおよび小ホールとも地区利用の予定でほぼ空きがない中で，渋谷駅から歩ける立地ということもあって，月に数回は一般興行が企画されており，広域利用されている実情がうかがえる．一方，5,000 m^{2}弱の小学校跡地の敷地に地上12階，容積率500%の高密な施設を整備し，高度利用を図ることが当地の公共施設としてふさわしい環境であるかどうかは意見が分かれるところであろう．

▶みなとパーク芝浦

　みなとパーク芝浦は，人口が急増する湾岸地域において施設利用者の増加，施設需要の多様化に対応するために，行政サービス機能，区民活動支援機能，生涯学習機能，健康増進機能など五つの機能，10施設を収容するコミュニティづくりの拠点として計画されたものである．工事期間中に発生した東日本大震災の影響で工事の一時中断，一部機能の見直しが行われたが，複合施設として計画当初から検討されてきた以下のような計画的特徴をもっている．

　南側の公園に面したアトリウムが複合施設全体のエントランスとなり，目的をもって訪れた人々にこれらの空間や区民ギャラリー，屋上テラスなどを介して他施設の情報を提供することで，新たな交流が生まれることが期待されている．外構の豊かな緑や広場の環境を各施設で共有し，会議室など類似諸室の相互利用，大規模駐車場の地下への集中設置といった複合化のメリットを追求している．また，アリーナなど自然換気を伴った大空間を多数配置することで，災害時には4,000人規模の避難者を受け入れ，各施設や公園と連携することで都心における地域の防災機能強化に寄与している．加えて，震災前から，自然エネルギーの積極的利用はもとより，地域冷暖房施設のサブプラントを併設して隣接街区や医療施設とエネルギーの融通を図るスマートエネルギーネットワークの実現に取り組むなど，これからの地域社会に対応する大規模複合施設として特筆される要素を持ち合わせている．

　各施設は，南側の公園に面して横に並んで活動の表情をみせながらブロックを形成している．各ブロックの間の共用スペースが相互につなぐ役割を果たすとともに，2階レベルに設置されたペデストリアンデッキが施設全体をつなぐ構成となっている．ペデストリアンデッキは，隣接街区にも一体整備されて田町駅とも接続される計画で，駅周辺のまちづくりと複合施設の整備が一体的に進められており，地域住民だけでなく広域的な利用が予想される．

② 複合化の今後

　公共施設を複合化した事例について，地域施設と広域施設に分けて概観してきた．行政区の地域施設では，人口12万人から19万人までの事例であったが，いずれもホールの利用を含めて地域住民自らが利用する施設となっており，大きなものでは500席もあるホールが活発に市民利用されている．事例で取り上げた施設はいずれも行政区の中心施設として複数の機能がコンパクトに整備されており，その効果は非常に大きいことがわかる．横浜市の瀬谷区総合庁舎では，庁舎を核として公民館や公園，駐車場が一体的に整備されることで，利用しやすくにぎわいや憩いの空間を創出している．都市公園と隣接させることで，40年を経た建替えにあたって市民の利用を中断することなく建替えが行われたことも，単に経済的な効果だけでなく，コミュニティの継続性という意味でも効果が大きいといえる．

　千葉市美浜区の事例も，同様の施設が隣接する敷地に整備されてはいるが，施設間の屋外空間の大半を駐車場が占めており，利用者の安全確保に注意を要する点は複合施設のあり方として考慮すべきものである．また，大きな公園に面しているが，施設との積極的な関わりという意味で相互利用の促進が求められる．ホールと保健福祉センターという一般的には接点が少ない施設を一体的に整備するうえで，相互の活動や動きを感じさせるために，設計的にも相当の工夫がなされていることを想像することができる．公共施設として各施設の面積に詳細な制約条件がある中で，ロビーの共用使用を促すプランニングには，多くの検討を要したことがうかがえる．

　施設の複合化にあたっては，それぞれの機能を満足しながら複合化の効果を発揮できるようにするため，機能の独立性とセキュリティを確保したうえで，エントランスや各施設へのアプローチなど共用空間をどう構成するかが重要なポイントとなる．さらに，共用空間をいかに充実させるかが，複合化を行うことの積極的な効果につながる．施設を複合化する場合に，内部の共用空間をどのように計画するか，その知見や技術を蓄積した施設整備のガイドラインの策定が期待される．また，これまでは面積条件の制約が小さい外部空間を積極的に活用して，施設をつなぐことが行われてきた．宮城野区文化センターのように，外部空間が駅への通路となっているような施設では，自然とにぎわいも発生しやすい．施設単体の計画だけでなく，都市空間の中でどのように配置して回遊性をつくりだすかが重要であり，外構計画においてヨーロッパのようなにぎわいのある広場空間をつくりだすことも発想されるべきである．施設計画においては，駐車場の整備も含めて基本計画段階から単に面積の割り当てだけでなく，施設全体が快適でにぎわいの感じられる提案とする必要がある．この意味で，設計者の選定方法も含む計画プロセスが重要となる．

　一方，広域施設においては，渋谷区，港区どちらの施設も首都都心部において敷地

の確保が難しく，また，敷地が狭いことから，施設を高層・高密化する必要があり，施設の複合化につながっていると考えられる．施設整備の予算確保の点では一体的な整備が選択される傾向にあり，両施設ともに多くの用途を取り込んでいる．このような多種の複合をメリットに変えるように，高密な構成の中で空間的にいかにつなぐか，さまざまな工夫が試みられている．高密であることを逆に活かして，うまく施設・動線を構成することで人の移動を円滑にさばくとともに，施設のにぎわい感を誘導していくことが望まれる．また，みなとパーク芝浦のようにまちづくり方針に沿って計画された施設では，都心の地域コミュニティの拠点として計画された複合施設が結果的に広域利用されることで，都市やコミュニティにどのような効果・影響を与えるのか継続して確認する必要がある．

ここでは都心部の事例に限られたが，自治体の財政事情が厳しく，施設の建替え整備での優先順位をつけることが難しい状況は地方においても同様であるといえる．できるだけ同時期に効果的に整備しようとすると，施設の複合化が選択される傾向にある．

公共施設を複合化するにあたっては，複合の効果が最大限発揮されるように計画する必要があり，単に機能を併設することによる効果だけでなく，公園などの憩いの空間や施設利用者のための駐車場を一体化して整備することで，コンパクトで快適な，景観的にも豊かな市街地中心機能を整備することが可能となる．

最後に，施設用途の複合についてここで取り上げなかったほかの事例について言及しておく．一般にみられるホールと図書館や美術館など文化施設だけを複合させる場合には，それぞれの施設の専門性を損なわないような空間の区切り方，つなげ方，雰囲気づくりに十分な検討と計画的な工夫を要する．そのためには，利用者にとってあるべき施設像を描くことが大切である．長野県茅野市における茅野市民館の整備では，プロポーザルから竣工後の運用段階まで，市民と数多くのワークショップを重ねて施設づくりを行うことで，空間と運用の両面で満足度の高い優れた施設となっている．複合化にあたって検討されるべき事項は多様であり，これらの計画の体系化が求められている．

10-2　集約化

■再生手法の要点
▶手法の定義
　集約化とは，複数の施設種別の単一建物への複合化とは異なり，複数の施設種別に

またがる複数の機能群をいったん，個々の機能に細分化して検討し，再構成したうえで，単一建物等にまとめる手法である．

▶再生手法の必要性

人口増加時代に整備された，地域に重複して存在する複数の公共施設の重複する機能部分を整理・統合することにより，施設総量を削減することができる．

▶方法

1) 再編を行う前提として管轄部局を横断する施設再編体制の確立
   複数の管轄部局にまたがる公共施設群の一体再編をスムーズに行うため
2) 施設機能の再構成
   諸室ごとに稼働率等をふまえて統合・再整理，縮小，規模拡大などの再編方針を検討
3) 施設の建替え段階におけるコスト削減の検討
   集約後の建物を新規建設する場合，PFIなど事業手法の検討
4) 施設の維持管理・運営段階におけるコスト削減の検討
   施設の合築運営型から統合運営型の検討
5) 集約した事業の根拠法または条例との関係の整理
   新規条例の制定による指定管理者への施設管理業務委託，管轄部局から指定管理者への事業運営業務委託等の整理

▶効果

量的効果として，これまでそれぞれの建物に重複して存在し，なおかつ稼働率の高くなかった機能（室）が統合され効率化される．また，多機能を集約し管理を一元化することによって，管理運営費の削減が見込まれる．

質的効果として，たとえば公民館の場合，会議室などハード部分の所有・管理をせずに使用時だけ会議室を借りる形とすることにより，講座企画等の本来業務であるソフト部分の運営に専念することが可能となる．

▶課題

複数の施設に帰属していた諸室を統合・再整理する段階では，諸室の所有管理先の分け方が課題となる．また，機能集約後の運営段階において，従前の複雑な利用料金体系をどのように整理適用していくのかという課題がある．すなわち，集約した事業の根拠法・条例との関係の整理が課題となる．

▶解説の対象と条件

本節での解説の対象は，倉敷市における主にまちづくり交付金を財源とする公民館，武道館，労働会館機能の一体整備の事例である．ここでは，個別事業の補助金の制約がなかったことがポイントである．

1 管轄部局を横断する施設再編体制の確立

複数の管轄部局にまたがる公共施設群の一体再編を推進する際に最も障壁となるのが、異なる管轄部局間の調整である。倉敷市では、2007（平成19）年度に「『まちづくり』および『都市再生』に関する業務を一元化し、横断的な企画調整および事業の実施を推進する」[3]部署として、総合政策局企画財政部まちづくり推進課が設置された。まちづくり推進課は、各案件を管轄する部局を横断的に調整することによって、効率化・合理化を目指すものである。

たとえば、「玉島市民交流センター整備事業」(2012年3月竣工）では、公民館、武道館、労働会館機能の一体整備を行ったが、これらの施設はそれぞれ管轄部局が異なっている（図10-7、10-8、表10-3）。具体的には、公民館：教育委員会生涯学習部市民学習センター、武道館：市民環境局文化スポーツ部スポーツ振興課、労働会館：経済局産業労働部労政課である。まちづくり推進課は、これらの部局間および市民ワークショップなどの企画調整を行い、市民交流センター整備事業の推進を図った。

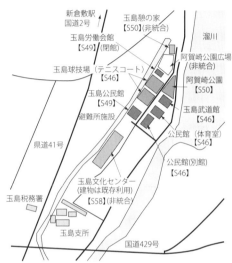

図 10-7 玉島地区の整備地周辺図[3]

図 10-8 玉島市民交流センター俯瞰図[4]

表10-3 玉島市民交流センター整備概要の抜粋[4]

○交流棟：鉄筋コンクリート造一部鉄骨造2階建 延床面積 5,249 m² 1階 交流ロビー，ホール（360席（内親子席7，車いす席8）），和室，美術展示室，顕彰記念室，歴史民俗海洋資料展示室，情報・交流コーナー，印刷・作業コーナー，軽食・喫茶コーナー，多目的室ほか 2階 会議室，多目的室，調理室，工作室，視聴覚室，音楽室ほか	○体育棟：鉄筋コンクリート造一部鉄骨造2階建 延床面積 2,500 m² 1階 武道場（剣道場2面，柔道場1面，空手場1面）ほか 2階 体育室，トレーニング室ほか

表10-4 用途室別の再編検討（倉敷市の検討資料から抜粋）

諸室名	規模	既存施設							合計	(参考) 文化センター	比較
		公民館本館	公民館別館	労働会館	憩の家	武道館	資料館その他			
大ホール	1,075 m²	●						633 m²	●	規模拡大
会議室	300 m²	●	●（研修室，学習室）	●				505 m²		統合・再整理
多目的室	200 m²	●（会議室）		●（会議室）				307 m²	●（会議室）	統合・再整理（機能追加）
視聴覚室	100 m²		●					74 m²		規模拡大
和室	200 m²	●	●	●	●			418 m²		統合・再整理
茶室	50 m²				●			51 m²		統合・再整理
音楽室	120 m²	●	●					153 m²		再整理
美術・工作室	80 m²	●	●					117 m²		統合・再整理
調理実習室	100 m²	●	●					149 m²		統合・再整理
（歴史民俗海洋）資料室	150 m²						●	228 m²		別敷地から導入
（美術）展示室	240 m²	●						(84 m²)	●	規模拡大（機能追加）
顕彰記念室	100 m²							—		新規導入
軽運動室（保留）	270 m²		●					765 m²		縮小・再整理
剣道場	550 m²					●		432 m²		規模拡大
柔道場	275 m²					●		208 m²		規模拡大
空手道場	275 m²					●		163 m²		規模拡大
更衣室・シャワー室	200 m²							—		新規導入
キッズスペース	50 m²							—		新規導入
エントランスロビー	500 m²		●					116 m²		規模拡大
喫茶・軽食	100 m²							—		新規導入
公民館事務室，ミーティングルーム	90 m²							—		新規導入

注）再編過程での検討資料のため，最終的な面積および諸室名とは異なる箇所もある．

2 施設機能の再構成

複数の異なる建物を一体再編することにより，これまでそれぞれの建物に重複して存在し，なおかつ稼働率の高くなかった機能が統合され効率化される．その過程では，諸室ごとに，統合・再整理，縮小，規模拡大などの再編方針が検討された（表10-4）．たとえば，会議室・和室は，従前には公民館本館，公民館別館，労働会館の各建物で設置されていたが，これらの部屋のすべてが高い稼働率を維持しているわけではなかった．また，ある施設の会議室が満室で，別の施設の会議室は空室となっていることも考えられ，利用者に有効な情報提供のできるような施設間で連携した管理運営という面で課題があった．そこで，重複している部屋について，稼働率などをふまえて適切な室数と規模に再編することによって，保有室数や管理の効率化を図ることができる．さらに，統合的な運営によって市民にとっても柔軟な利用が可能となる．

複数の施設に帰属していた諸室を統合・再整理する際の根本的な課題は，諸室の所有管理先の分け方である．しかし，ここでは各諸室は統合・再整理のうえ，市民交流センターに帰属するものとされた．また，労働相談業務等の特有機能は別の施設（倉敷労働会館）へ集約して労働会館は閉館されることとなったため，従前に会議室を保有していたのは公民館だけとなった．加えて，この公民館は市民交流センター整備後は会議室などのハード部分を所有・管理せずに，ソフト部分のみ運営することとなった．つまり，公民館は事務所のみが交流センター内にあり，各種事業を行う際には諸室（会議室，調理室，ホールなど）を交流センターから借りて利用することとなった．このような諸室再編によって，各施設に重複していたハード部分が整理された．

3 施設の建替え事業手法におけるコスト削減の検討

玉島市民交流センターの整備は，2007（平成19）年度のまちづくり交付金事業（現都市再生整備計画事業）が適用されている．そのため，主な建替え財源はまちづくり交付金となった．しかし，全額補助されるわけではないため，残りは市の単独事業財源や起債で賄うこととなった．また，PFI方式などの民間活力導入も同時に検討された（図10-9）．

一方，まちづくり交付金事業であるがゆえに，個別事業の補助金の制約（必要諸室指定など）がなかったことも，機能再編ができた重要なポイントとして挙げられる．

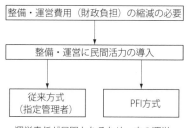

図 10-9 事業手法の整理[3]

④ 施設の管理運営体制におけるコスト削減の検討

これまでの公共施設の複合化の多くは，諸機能を単に合築するだけの整備であった．つまり，一つの建物の中で各機能が個別に管理運営される複合体であった．この管理運営方式は合築運営型といわれる（図10-10）．

これに対して，玉島市民交流センターで検討された管理運営方式は，統合運営型といわれるものである．統合運営型は施設の維持管理・運営を一体化しようというものである．これにより，管理運営費の削減が見込まれる．この方法は必ずしも建物が一棟である必要はなく，分棟でも成立する．このように多機能を集約し管理を一元化することによって，管理運営費の削減が見込まれた．

現在，玉島市民交流センターの管理運営は指定管理者に一括委託されている．また，公民館事業（市直営）を除く各事業の運営も同じ管理者に委託されている．

(a) 合築運営型

(b) 統合運営型

図10-10 管理運営体制の検討[3]

⑤ 集約に伴う根拠法・料金・ルールの整合性

それでは，集約化した施設と根拠法・条例との関係はどうなるのであろうか．玉島市民交流センターに集約された各事業は，倉敷市のそれぞれの根拠条例に従って運営されている．具体的には，玉島武道館が武道場条例，阿賀崎公園が公園条例等，玉島公民館が公民館条例に従っている．一方，これらの運営については，直営の公民館を除いて，各所管課から同じ指定管理者に委託する形となっている．この指定管理者は建物の管理運営も行っており，こちらは市民交流センター条例に従っている．

複数の施設にまたがる同一用途の諸室を，稼働率などをふまえて適切な室数と規模に再編することによって，室数や管理の効率化を図ることができる．一方で，利用料金体系に関する課題も確認できた．従前の各施設はそれぞれの条例等で規定された個別の目的，用途に限定して整備・運営されてきたため，たとえば，同じ会議室でも異なる利用料金が設定されていた．したがって，集約化するにあたり，これまでの複雑な利用料金体系をどのように整理適用していくのかが大きな課題となった．今回の整備の場合，会議室を重複所有していたのは労働会館と公民館本館および別館であった

が，労働会館の閉館，公民館に対する会議室などのハード部分の所有除外によって，「市民交流センター条例」に従って独自の料金体系を採用することで解決された．

10-3　分散化

■再生手法の要点
▶手法の定義
　分散化とは，建物を一定のエリアに対して分散して配置する手法である．建物規模が大きなままで分散化を行うと，縮退時代の再編にはそぐわない．しかし小規模な建物を，圏域を意識したうえで分散配置すること（小規模分散化）は，合理的な手法となる場合もある

▶再生手法の必要性
　人口増加時代に設定された建物規模を見直す時代が来ている．現状規模の維持が困難となったものを，同じ大きさのままで統合する（＝数が減り，利用圏域が広がる）方法もあれば，圏域は変えずにおのおのの施設規模を小さくする方法もある．また，さらに踏み込んで，従前よりも小さな圏域に対して小規模建物を設置する方法もある．この手法は，現在は主に高齢者福祉分野を中心に活用されているため，ここではそれを中心に論ずる．とくに，訪問系のサービスにおいては圏域が拡大すると移動ロスが増大するため，圏域を小さくして移動を抑制する方法が有効である．なお，小規模分散化の計画概念は，他施設にも適用可能な場面がある．たとえば，昨今待機児童の解消に向けて，家庭保育室が小規模で即効性をもって整備されるなど，小規模分散であるからこそ利用者ニーズに合致しやすい状況が挙げられる．

▶方法
1) 圏域の大きさと，それに見合う建物規模を，利用者数を加味しつつ設定する．
2) 日常生活圏など利用者にとっての質的効果も鑑み，圏域を設定する．すなわち，事業が成立し，かつ質的に担保される小さな圏域を設定する．
3) 圏域運用の方法として，圏域が重なりあう多重型と，エリアを分割して割り振る圏域分割型がある．
4) 圏域を分割した際，その分割単位ごとに，事業者を選定する．
5) 分割に際しては，その地域にある既存のエリア分け（小学校区等）も加味する．また，裁量権をもつ自治体規模にも留意する．
6) 4)の分割によらない場合は，制度設計として小さな建物規模を具体的に定め，それに見合った形で圏域が自然と小さく構成されていくようインセンティブを働かせる方法も考えられる．

7) 高齢者福祉の地域密着型サービスでは，圏域分割と小規模な建物規模設定の双方が定められている．

▶効果

量的効果として，介護保険の小規模多機能拠点のように，訪問を行ったり，利用者を送迎したりするサービス拠点では，規模を小さくし圏域を狭めることにより，移動時間＝移動コストが抑制でき効率化が可能である．

質的効果として，福祉サービス全般について，高齢者の日常生活圏内に利用拠点が備わると，地域コミュニティの中で利用者との親密なサポート関係が構築されやすく，生活の継続性が獲得され，残存能力も活用しやすくなる．また，訪問サービスも，小圏域のほうがきめ細かいサービスとなりやすい．

▶課題

小規模分散化が効果を発揮するには，一定の利用者数（≒人口密度）を要する．極端に人口密度が低い地域では，圏域を狭めすぎると利用者数が不足して経営が不安定となる．今後急速に利用者が減少する地域では，圏域コントロールが難しく，その見極めが課題といえる．さまざまな福祉サービス種類や地域環境が複合的に関係してくる状況を地域ごとによく見極めて，さらなる手法を検討していく必要がある．

▶解説の対象と条件

本節では，介護保険の地域密着型サービスを例としつつ一般的な概念を解説し，さらに福祉拠点の2事例を紹介している．

公共施設再編を考えるとき，一般的にはすでにある建物を統合して数を減らしていく統合化の手法が頭に浮かぶ．しかし，福祉サービスの世界では実はその逆の流れがみられる．いわゆる「小規模分散化」である（図10-11）．「分散化」を大きな規模のままで行えば，それは明らかに拡大方向であり，縮退時代の再編にはそぐわない．しかし，分散化に「小規模」という言葉がつくこと，そして「圏域」概念がセットとなることで，それが合理的に説明される可能性がある．大きな規模で考えると無理が生じるサービスも，小さい規模にするとうまく成立するかもしれない，という考え方で

(a) 大規模大圏域：集約化

(b) 小規模小圏域：分散化

図10-11 統合化と分散化

ある．コスト的にも，既存ストックなどをうまく活用して建物費用を抑制することでメリットが生まれる場合があるが，何よりも利用者満足度の観点からのメリットが大きい．介護保険法の改正により2006（平成18）年に創設された「地域密着型サービス」が，その最たるものである．

1 圏域という考え方

　実は「圏域」の運用をどのようにするかが，小規模分散化を合理的に行うときの鍵となってくる．圏域にもさまざまあるが，本節では「ある建物の利用者の居住地の広がり」に限定して論ずることとする．簡単な例としては，小学校区などが圏域（利用圏）である．圏域の運用には，図10-12に示す2種類のあり方がある．それを，圏域分割型，圏域多重型と呼ぶこととする．図(a)は圏域分割型で，圏域が重なることがなく，一つの建物を利用する人は地域が限定されている．たとえば，一般的な小学校区は居住地に基づき通う小学校が限定されるため，この構図である．一方，図(b)は圏域多重型で相互の圏域が重なっている．たとえば，図書館の利用者はその居住地によって限定されない．県立図書館・市立図書館・区立図書館などさまざまな図書館があり，利用者は自分の好みで複数箇所を利用するため，図(b)のように圏域が重なる．

　図10-12を基に，日本とデンマークの訪問看護・介護オフィスの圏域を比べてみると，図(a)のデンマークは一つひとつのオフィスが担当する圏域が決まっていて重ならない．きっちりと圏域のすみ分けをし，担当のエリアに関して万全を尽くしてサービスを提供するのがデンマークのシステムである．他方，図(b)の日本では訪問介護，看護，入浴などの個別の独立した事業者がさまざまな圏域で重なりあいながら競合しており，市場原理にのっとった圏域運営を行っている．人口密度の高い地域では競合による切磋琢磨とサービス向上が見込まれるが，6-3節で詳述したように人口密度の低い過疎地においては利用者の取り合いとなり，サービスが成立しづらくなる．2006年（平成18）までは日本におけるすべての介護保険サービスが，図(b)のように圏

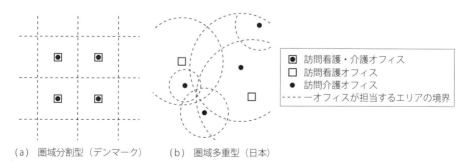

(a) 圏域分割型（デンマーク）　　(b) 圏域多重型（日本）

図10-12　訪問看護・介護オフィスの圏域の概念図

域が重なる運営となっていた．しかし，2006年に創設された「地域密着型サービス」については，初めて圏域の重複を避ける，いわば図(a)のデンマークのような運営方法が導入されたのである．

② 地域密着型サービスの圏域コントロール方法

地域密着型サービスとは，上記のとおり圏域の重複をできるだけ防ぎ，一つひとつの事業所が字義どおり担当地域に密着してサービスを展開するものである．どのようにして圏域の重複をできるだけ防いでいるのだろうか．日本では，デンマークのように公がすべてのサービスを一元管理しているわけではない．そのため，圏域＝いわば枠だけ先に指定して，入る事業者については競争の原理を働かせている．この方法では，「この枠に入れる事業者は一つですが，希望事業者は応募してください」といった感がある．枠を決めるのも業者を指定するのも，市町村である．表10-5のとおり，通常の介護保険サービスについては都道府県が指定・監督を行うが，地域密着型サービスは市町村が指定・監督を行うこととなっている．地域密着型サービスのみ，小さな自治体単位に権限を付与しているのである．圏域の大きさは市町村全域から始まり，多くの市町村がさらにその中を何分割かして圏域を設定している．

③ 小規模分散が選ばれた理由

地域密着型サービスは，小規模多機能型居宅介護，グループホーム，地域密着型特定施設（30人未満），地域密着型介護老人福祉施設（30人未満）と，いずれも1オフィスあたりの利用者数が少ない＝小規模である．小規模な事業は，なかなか経営が安定しづらい．しかし，上記のような圏域の運営方法をとることにより，競合を避け事業の成立性を高めようとしている[1]．

図10-12に戻り，小規模で小圏域を担当する「小規模分散」を選択する理由を考えると，以下の二つの側面がある．

1) 小規模多機能については，訪問を行ったり，通いの利用者を送迎したりするのに移動が伴う．圏域が大きいほど，移動時間＝移動コストがかさむため，圏域を小さくしたほうが効率的である．
2) 地域密着型サービス全般について，高齢者の見知った日常生活圏内にサービスが備わっているほうがよいという，福祉的な観点により選択されているところが大きい．

---

[1] 地域密着型介護老人福祉施設については，母体となる施設があることが条件づけられており，それにより安定運営を目指している．

表 10-5 地域密着型サービスと指定・監督[5]

		予防給付におけるサービス	介護給付におけるサービス
都道府県が指定・監督を行うサービス		◎介護予防サービス 【訪問サービス】 　○介護予防訪問介護 　○介護予防訪問入浴介護 　○介護予防訪問看護 　○介護予防訪問リハビリテーション 　○介護予防居宅療養管理指導 【通所サービス】 　○介護予防通所介護 　○介護予防通所リハビリテーション 【短期入所サービス】 　○介護予防短期入所生活介護 　○介護予防短期入所療養介護 　○介護予防特定施設入居者生活介護 　○介護予防福祉用具貸与 　○特定介護予防福祉用具販売	◎居宅サービス 【訪問サービス】 　○訪問介護 　○訪問入浴介護 　○訪問看護 　○訪問リハビリテーション 　○居宅療養管理指導 【通所サービス】 　○通所介護 　○通所リハビリテーション 【短期入所サービス】 　○短期入所生活介護 　○短期入所療養介護 　○特定施設入居者生活介護 　○福祉用具貸与 　○特定福祉用具販売
			◎居宅介護支援
			◎施設サービス 　○介護老人福祉施設 　○介護老人保健施設 　○介護療養型医療施設
市町村が指定・監督を行うサービス		◎介護予防支援 ◎地域密着型介護予防サービス 　○介護予防小規模多機能型居宅介護 　○介護予防認知症対応型通所介護 　○介護予防認知症対応型共同生活介護 　　（グループホーム）	◎地域密着型サービス 　○小規模多機能型居宅介護 　○夜間対応型訪問介護 　○認知症対応型通所介護 　○認知症対応型共同生活介護（グループホーム） 　○地域密着型特定施設入居者生活介護 　○地域密着型介護老人福祉施設入所者生活介護
その他		○住宅改修	○住宅改修
市町村が実施する事業		◎地域支援事業 　○介護予防事業 　○包括的支援事業 　　・総合相談支援事業 　　・権利擁護事業 　　・包括的・継続的ケアマネジメント支援事業 　　・介護予防ケアマネジメント事業 　○任意事業	

とくに，2)の理由が重要である．なぜ，高齢者の日常生活圏内にサービスが備わっているほうがよいのであろうか．高齢者が自宅での生活継続が難しくなった際に，居住施設などに転居するが，その転居先は高齢者の見知った地域が適切である．見知った地域から遠く離れたところとなると，高齢者は地域との従前の関係（知人との交流，仲間，よく行くお店など）から引き離されてしまう．従前の生活圏の中であれば，今

までどおり知人と交流をしたり，よく行くお店を訪問したりということが可能となり，生活の継続性が獲得され，残存能力も活用しやすくなる．よって，生活圏内に転居先（地域密着型特定施設，地域密着型介護老人福祉施設）があると好ましいのである．一方で，自宅にて受けるサービスは，なぜ小圏域内にあったほうがよいのであろうか．事業者は，近い家であればこまめに何度でも訪問できるが，片道1時間もかかるようなところでは，1日に何度も訪問できない．圏域が大きい場合は移動時間を避けて訪問回数を減らそうとするため，利用者の頻繁な訪問ニーズに応えづらいということになる．加えて，少人数で小さな地区内であれば，ケアパーソンは地理的条件も住民の様子も把握しやすい．少人数小圏域を担当するほうが，きめ細かいサービスとなりやすいし，地域コミュニティの中で利用者との親密なサポート関係が構築されやすいと考えられるのである．

④ 小規模分散化の事例1—こぶし園

サービス施設を小規模かつ小圏域に設置し，分散して運用している事例として，新潟県長岡市のこぶし園が挙げられる．「コンビニエンスサービス」と自称し，居住者にとって，身近な生活エリアの中に多様なサービスがそろっている状況を積極的に生み出している（図10-13）．10 km程度の距離のうちに，20箇所のサポートセンターやデイサービスセンターを運営している．運営者によれば，24時間365日のコンビニエンスサービスによって，地域の高齢者ができるかぎり自宅にて過ごすことを支え

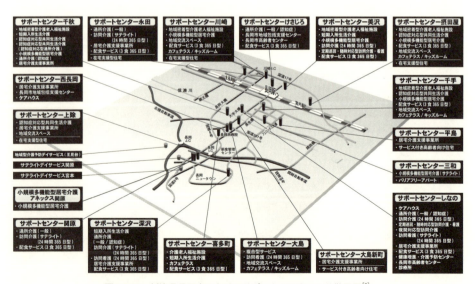

図 10-13　新潟県長岡市におけるサポートセンターの分散配置[6]

ることができる.また,自宅で過ごせない人のためには,地域内の既存建物の再利用などで居住空間を提供する.施設として求められるのが小規模な建物のため,1軒の住宅からさまざまな建物まで再利用に合ったストックが見つかりやすい.100人超の巨大な施設を建設するのに比べて,初期建設コストを抑制できるとのことである.

一つひとつのサポートセンターは,たとえば小規模多機能＋地域密着型介護老人福祉施設＋配食サービスといった構成である.サポートセンター美沢（図10-14, 10-15）は地域密着型介護老人福祉施設,$20\,m^2$の個室で2ユニット,定員15名の小規模な居住施設で,それに小規模多機能（定員25名）と訪問介護と配食サービスが一緒となっている.居住者は2～4kmの圏域設定となっているとのことである.

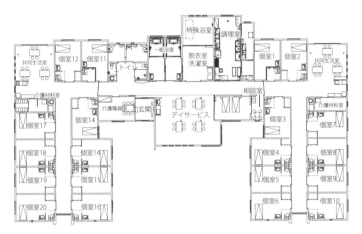

図10-14　サポートセンター美沢の平面図[6]

図10-15　サポートセンター美沢の外観

5 小規模分散化の事例2 ─ アザレアン大畑

長野県上田市のアザレアンさなだの大畑の家も,地域密着型介護老人福祉施設（8名）と,ショートステイ（4名）,小規模多機能（18名）を併設したサテライトである（図

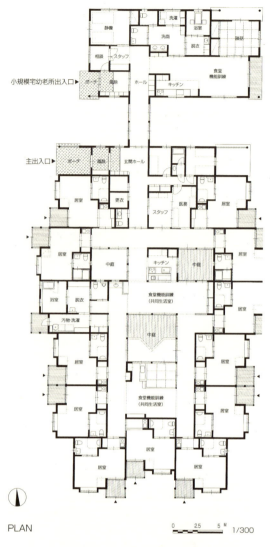

PLAN　0 25 5M　1/300

図10-16　アザレアン大畑の平面図[7]

10-16)．全国的にみてもここまで小規模な地域密着型介護老人福祉施設は珍しいといえる．

　また，このサテライトでは「施設から住まいへの転換」を掲げ，小規模な建物であるだけでなく，さまざまな点で従来の施設からの脱却を図る試みが行われている．その端的な試みは，それぞれの居室のあり方である．特養において個室化が進んでいるとはいえ，多くは1室＋トイレ洗面といった平面タイプが多いのが現実だが，ここで

図 10-17　アザレアン大畑の外観．各居室への玄関が並ぶ

図 10-18　アザレアン大畑の居室の玄関

図 10-19　アザレアン大畑の共用スペース

は1室の空間が緩やかに二つに分節されており，ベッドスペースとリビングスペースが明確に分けられている．また，各室に外部の住人が直接訪問できる玄関が備えられている（図10-17〜10-19）．

　本節では，分散化にて福祉サービスを展開している事例と，その背景にあるシステムについて論じた．ここで示した小規模分散化の手法は，現状では福祉サービスに適用されているが，ほかの用途でも検討に値する手法といえる．しかし，分散化は ③ 項の小規模分散が選ばれた理由で述べたように，単なる効率化だけが目標ではなく，利用者ニーズを叶えることに主眼を置くことで成立する再編手法であることに留意する必要がある．

参考文献

■第1章

[1] 国土交通省社会資本整備審議会・交通政策審議会：答申「今後の社会資本の維持管理・更新のあり方について」（本格的なメンテナンス時代に向けたインフラ政策の総合的な充実～キックオフ「メンテナンス政策元年」～，2013年12月．

[2] 日本建築学会建築計画委員会公共施設マネジメント小委員会の活動や，日本建築学会2008年度技術部門設計競技「公共建築の再構成と更新のための計画技術」など．

[3] 加藤達也，菅原晃，原田亮介，丸山諒太郎，石川翔一，日比野雄大，南一誠：茨城県における市町村合併に伴う庁舎再編(1)，日本建築学会大会学術講演梗概集（北海道），pp.225-226，2013年8月．

[4] 原田亮介，加藤達也，菅原晃，丸山諒太郎，石川翔一，日比野雄大，南一誠：茨城県における市町村合併に伴う庁舎再編(2)，日本建築学会大会学術講演梗概集（北海道），pp.227-228，2013年8月．

[5] 荒木優太，日比野雄大，石川翔一，山中尚典，山田知洋，吉田早織，横田裕，川島啓輔，丸山諒太郎，南一誠：茨城県における市町村合併に伴う庁舎再編(3)，日本建築学会大会学術講演梗概集（近畿），pp.427-428，2014年9月．

[6] 山田知洋，日比野雄大，石川翔一，山中尚典，荒木優太，吉田早織，横田裕，川島啓輔，丸山諒太郎，南一誠：茨城県における市町村合併に伴う庁舎再編(4)，日本建築学会大会学術講演梗概集（近畿），pp.429-430，2014年9月．

[7] 赤澤聡，新堀達也，南一誠：東京都23区における住民提案による公立小中学校跡地の活用計画策定プロセス，日本建築学会大会学術講演梗概集（関東），pp.49-52，2011年8月．

[8] 植田有美，赤澤聡，南一誠：東京23区における小中学校跡地の利活用実態と計画策定プロセス，日本建築学会技術報告集 Vol.16 No.32，pp.273-277，2010年2月．

[9] 青森県県土整備部建築住宅課，総務部財産管理課：青森県県有施設長寿命化指針，2008年3月．

[10] 藤沢市公共施設マネジメント白書など．

[11] 立川市：立川市旧庁舎施設等活用事業　募集要項，2011年1月．

■第2章

[1] 南一誠：公共建築の再編戦略にむけて，日本建築学会大会建築計画部門研究協議会資料「公共建築の再構成と更新のための計画技術」，2008年9月．

[2] 山本康友：公共施設の所有量，所有コストと行政ニーズ，日本建築学会大会学術講演集 E-1 選抜梗概，pp.33-36，2011年8月．

[3] 豊中市：市有施設の有効活用指針，2010年8月．

[4] 葛飾区：葛飾区公共施設見直し推進計画，2006年6月．

[5] 西野達也：中国地方の公共施設再編の事例，日本建築学会大会建築計画部門研究協議会資料「公共建築の再構成と更新のための計画技術」，2008年9月．

[6] 丹羽範夫：全国自治体共同利用型の保全情報システム：日本建築学会シンポジウム資料「公共施設マネジメントのための統合ソフトの開発と活用状況について」，2009年2月．

[7] 小松幸夫：ライフサイクルコストの研究，日本建築学会シンポジウム資料「公共施設のライフサイクルマネジメント研究の成果について」，2009年11月．
[8] 池添昌幸：シンポジウム記録「公共施設のライフサイクルマネジメント研究の成果について」，建築雑誌 Vol.124 No.1596，日本建築学会，2009年11月．
[9] 吉田倬郎：公共施設のライフサイクルマネジメント，日本建築学会シンポジウム資料「公共施設のライフサイクルマネジメント研究の成果について」，2009年6月．
[10] 西野達也：「一機能一殿舎」の再構成，日本建築学会大会建築計画部門研究協議会資料「公共建築の再構成と更新に向けての建築計画研究からの提言」，2009年8月．
[11] 根本祐二：朽ちるインフラ，日本経済新聞社，2011年．
[12] 清水裕之：公共施設マネジメント小委員会にて検討したい課題，日本建築学会大会建築計画部門研究協議会資料「公共建築の再構成と更新のための計画技術」，2008年9月．
[13] 板谷敏正：公共施設経営の視える化とICT活用の提案，日本建築学会シンポジウム資料「公共施設マネジメントのための統合ソフトの開発と活用状況について」，2009年2月．
[14] 西野達也，平野吉信ほか：中国地方における市町村合併に伴う公民館の再編状況とまちづくり拠点化に関する考察，日本建築学会計画系論文集 No.657，pp.2537-2545，2010年11月．
[15] 西野達也：ある中山間地域の高齢者通所系施設群の利用者像の全容とその変化からみた同施設の役割と体系に関する考察，日本建築学会計画系論文集 No.659，pp.19-26，2011年1月．
[16] 日本建築学会シンポジウム資料「ストックとしての公共住宅の現状と今後のマネジメントの方向性」，2012年1月．
[17] 西野達也：大会建築計画部門研究協議会記録「公共建築の再構成と更新に向けての建築計画研究からの提言」，建築雑誌 Vol.125 No.1600，日本建築学会，2010年2月．
[18] 生田京子：高齢者福祉環境のリージョナルデザイン，日本建築学会大会建築計画部門研究協議会資料「公共建築の再構成と更新に向けての建築計画研究からの提言」，2009年9月．
[19] 伊丹康二ほか：大阪府豊中市における公共施設の用途変更の実態と施設運営上の課題に関する研究，日本建築学会大会学術講演集 E-1 選抜梗概，pp.37-40，2011年8月．
[20] 秋元孝夫：多摩ニュータウン初期開発地区の現状と課題 再生シナリオと種々の実践，日本建築学会シンポジウム資料「地域生活者がデザインする社会システム」，2010年11月．
[21] 赤堀聡，南一誠ほか：東京都23区における住民提案による公立小中学校跡地の活用計画策定プロセス，日本建築学会大会学術講演集 E-1 選抜梗概，pp.49-52，2011年8月．
[22] 池添昌幸：公共建築物の用途転用事例における民間施設化に関する研究，日本建築学会大会学術講演集 E-1 選抜梗概，pp.41-44，2011年8月．
[23] 住宅総合研究財団：すまいろん，2010年春号．
[24] 国土交通省HP：平成20年度 第1回公的不動産の合理的な所有・利用に関する研究会(PRE研究会)資料4-4：制度的な課題の整理，http://tochi.mlit.go.jp/tocjoh/pre/pre20080611a.html，2014年7月1日アクセス．

■第3章
[1] 国土交通省：不動産鑑定評価基準，2014年5月1日改正．

[2] 国土交通省：不動産鑑定評価基準運用上の留意事項，2014年5月1日改正．
[3] 杉浦綾子：不動産評価の基礎，週刊住宅新聞社，2004年．
[4] 宮ヶ原光正：証券化を支える不動産評価，税務経理協会，2009年．
[5] （公社）ロングライフビル推進協会，（一社）日本ビルヂング協会連合会：不動産投資・取引におけるエンジニアリング・レポート作成に係るガイドライン（2011年版），（公社）ロングライフビル推進協会，2011年．
[6] （一社）日本サステナブル建築協会：建築環境総合性能評価システム CASBEE-既存評価マニュアル（2014年版），（一財）建築環境・省エネルギー機構，2014年8月．
[7] FM推進連絡協議会：総解説ファシリティマネジメント,日本経済新聞出版社,2003年．
[8] FM推進連絡協議会:総解説ファシリティマネジメント 追補版,日本経済新聞出版社，2009年．
[9] （公社）日本ファシリティマネジメント推進協会：公共ファシリティマネジメント戦略，ぎょうせい，2010年．
[10] 小松幸夫ほか：公共施設マネジメントハンドブック─「新しくつくる」から「賢くつかう」へ，日刊建設通信新聞社，2014年．
[11] 小島卓弥ほか：公共施設が劇的に変わるファシリティマネジメント，学陽書房，2012年．
[12] （公財）日本都市センター：都市自治体におけるファシリティマネジメントの展望，（公財）日本都市センター，2014年．

■第4章
[1] 川上征雄：国土計画の変遷─効率と衡平の計画思想，鹿島出版会，2008年．
[2] 秦野市：秦野市公共施設再配置計画，2011年3月．
[3] 清須市：清須市公共施設のありかた基本方針，2010年2月．
[4] 国土交通省住宅局住宅総合整備課：住宅セーフティネットの構築に向けた施策計画立案マニュアル，2009年．
[5] 鈴木広：都市化の研究，恒星社厚生閣，1986年．
[6] 西野辰哉，大森数馬：一中学校区を基本とする日常生活圏域設定の妥当性検討─地方中核都市における行政単位と高齢者の行動実態との比較考察，日本建築学会計画系論文集 No.699, pp.1109-1118, 2014年5月．
[7] 豊中市：新・行財政改革大綱，2007年8月．
[8] 豊中市：市有施設の有効活用のための基本方針，2009年4月．
[9] 豊中市：市有施設の有効活用指針，2010年8月．
[10] 豊中市：市有施設有効活用計画，2011年7月．
[11] 豊中市：複合化・多機能化・戦略的配置についての方針，2012年12月．
[12] 豊中市市有施設有効活用委員会：個別事案を踏まえた市有施設の有効活用について，2014年3月．
[13] 豊中市行財政構造改革本部：特定事業の見直しについて，2013年3月．
[14] 伊丹康二，川合美紗子，横田隆司，飯田匡：自治体における公共施設再編に向けた用途変更の実態と課題に関する研究，地域施設計画研究，日本建築学会，No.29, pp.67-74, 2011年7月．
[15] 倉阪秀史：政策・合意形成入門，勁草書房，2012年．
[16] 猪原健弘：合意形成学，勁草書房，2011年．
[17] 日経グローカル:特集 市役所建替えラッシュ, pp.10-27,日本経済新聞社,2012年1月．

■第 5 章
[1] 文部科学省：廃校施設等活用状況実態調査について，2012 年 9 月．
[2] 文部科学省：公立小中学校の余裕教室の活用状況について，2014 年 1 月．
[3] 品川区教育委員会：品川区小中一貫教育要領，2005 年 7 月．
[4] 文部科学省：学校施設の老朽化対策について，2013 年 3 月．
[5] 国立教育政策研究所 文教施設研究センター「学校施設の環境に関する基礎的調査研究」研究会：学校施設の環境に関する基礎的調査研究報告書，2009 年 8 月．
[6] 文部科学省大臣官房文教施設部：学校施設バリアフリー化推進指針，2004 年 3 月．
[7] 国立国会図書館調査及び立法考査局文教科学技術課：学校統廃合―公立小中学校に係る諸問題，調査と情報 No.64，2009 年 4 月．
[8] 西野達也，神門香菜，平野吉信：中国地方における市町村合併に伴う公民館の再編状況とまちづくり拠点化に関する考察，日本建築学会計画系論文集 No.657，pp.2537-2545，2010 年 11 月．
[9] 三次市：新市「住民自治のまちづくり活動プラン」基本構想，2003 年 11 月．
[10] 尾道市教育委員会：尾道市公民館のあるべき姿を求めて＜中間報告＞，2008 年 3 月．
[11] 中林一樹：大都市郊外地域のまちづくり活動と街づくり条例(羽貝正美編：自治と参加・協働，pp.220-258)，学芸出版社，2007 年．
[12] 竹井隆人：集合住宅と日本人―新たな「共同性」を求めて，平凡社，2007 年．
[13] 廿日市市：平成 20 年度組織・機構再編の概要，2008 年 2 月．
[14] 大田市：公民館及びコミュニティサポートセンター等の基本的考え方，2007 年．
[15] 大田市：大田市総合計画(概要版)，2007 年～2016 年．
[16] 山本康友，吉田倬郎：日本国内の公共建築のストック量とその地域的な特徴に関する調査研究，日本建築学会計画系論文集 No.587，p.146，2005 年 1 月．
[17] 大阪府：大阪府住宅まちづくりマスタープラン(大阪府住生活基本計画)，2012 年 3 月．
[18] 大阪府 HP：http://www.pref.osaka.lg.jp/fukushisomu/juutaku-safety-net/process/，2014 年 1 月 24 日アクセス．
[19] 伊丹康二，上田明法，李修珍：公共集合住宅団地への生活支援サービス導入による周辺地域との関係性に関する研究，地域施設計画研究，日本建築学会 Vol.30，pp.61-68，2012 年 7 月．
[20] 山田信博，藤田忍：公営住宅における地域活性化拠点に関する研究―大阪市営住宅におけるコミュニティビジネスの実態把握と運営者の評価，日本建築学会近畿支部研究報告集計画系，pp.685-688，2012 年 5 月．
[21] 西野雄一郎，髙田大康，西原隆泰，横山俊祐，德尾野徹：公営住宅の空き住戸を利用した NPO 活動の実態 大阪市のコミュニティビジネス等導入プロポーザルを対象として(その 1)，日本建築学会大会学術講演梗概集，pp.1463-1464，2013 年 8 月．
[22] 髙田大康，西野雄一郎，西原隆泰，横山俊祐，德尾野徹：中山間地域における地域組織の変容からみた組織コミュニティ特性について 縮減化社会におけるホスピス型地域づくりに関する研究 (その 2)，日本建築学会大会学術講演梗概集，pp.1465-1466，2013 年 8 月．
[23] 久保園洋一，瀬田史彦：人口減少・高齢化期における公営住宅の活用に関する研究―地域再生計画に基づく公営住宅の目的外使用に着目して，住宅系研究報告会論文集，日本建築学会 No.6，pp.45-54，2011 年 12 月．
[24] 大阪市営住宅研究会：今後の市営住宅のあり方について，2005 年 10 月．
[25] 上田明法：集合住宅団地における低未利用空間の有効活用事例の運営と利用実態に関

する研究，大阪大学大学院修士論文，2011年3月．

■第6章
[1] 上士幌町：第5期上士幌町総合計画，2012年3月．
[2] 上士幌町・北海道大学・NPO上士幌コンシェルジュ：公共施設等再配置計画書(平成25年度内閣府特定地域再生計画策定事業)，2014年1月．
[3] 森傑：道内過疎地での住民生活と地域づくりの課題 コープさっぽろ・あかびら店の事業分析から「まちの整体」モデルへの展開，生活協同組合研究 No.416, pp.35-43, (公財)生協総合研究所，2010年9月．
[4] 森傑：過疎化と向き合い持続するコミュニティを目指して 「まちの整体」モデルから復興まちづくりへの展開，オペレーションズ・リサーチ Vol.57 No.3, pp.144-150, 2012年3月．
[5] 国立保健医療科学院：療養病床転換ハンドブック平成19年度版(別冊)—転換を検討されている方に，2008年3月．

■第8章
[1] 小野田泰明，山田佳祐，坂口大洋，柳澤要，石井敏，岡本和彦，有川智：英国におけるPFI支援に関する研究，日本建築学会計画系論文集 No.657, pp.2561-2569, 2010年11月．
[2] (一社)国際建設技術協会 勝山浩利：イギリス，フランスにおける新しい入札契約手法の動向，建設マネジメント技術 2004年7月号．
[3] 総務省地域力創造グループ地域振興室：平成23年度地方公共団体におけるPFI実施状況報告書，2011年．
[4] 建築関連5団体：地球環境・建築憲章，同運用指針，2000年6月．
[5] 建設省大臣官房官庁営繕部：グリーン庁舎計画指針及び同解説—環境配慮型官庁施設計画指針，(社)公共建築協会，1999年4月．
[6] (一社)日本サステナブル建築協会：建築環境総合性能評価システム CASBEE-既存(簡易版)評価マニュアル，(財)建築環境・省エネルギー機構，2010年9月．
[7] 国土交通省大臣官房官庁営繕部：グリーン診断・改修計画基準及び同解説—官庁施設の環境配慮診断・改修計画指針，(財)建築保全センター，2006年5月．
[8] 文部科学省：学校施設の長寿命化改修の手引，2014年1月．

■第9章
[1] 豊中市：豊中市市有施設有効活用計画，2011年7月．
[2] 曽根陽子：公共建築における用途変更の傾向と要因—公共建築の機能変更に関する研究(その1)，日本建築学会計画系論文報告集，No.403, 1989年9月．
[3] 伊丹康二，川合美紗子，横田隆司，飯田匡：自治体における公共施設再編に向けた用途変更の実態と課題に関する研究，地域施設計画研究，日本建築学会，Vol.29, pp.67-74, 2011年7月．
[4] 小島卓弥，八上俊宏，金城雄一：公共施設が劇的に変わるファシリティマネジメント，学陽書房，2012年．
[5] 川合美紗子：自治体における公共施設の用途変更の実態と施設運営上の課題に関する研究，大阪大学大学院修士論文，2011年3月．
[6] 文部科学省：学校基本調査(昭和55年度，平成24年度)

[7] 文部科学省：文部科学省大臣官房文教施設企画部長通知「公立学校施設整備費補助金等に係る財産処分の承認等について」，平成20年6月18日付け20文科施第122号，2008年．
[8] 椿幹夫：東京都区部における学校跡地活用状況に関する考察，三菱総合研究所所報 No.47, pp.156-168, 2006年．
[9] 椿幹夫：東京都区部における学校跡地活用状況に関する考察 その2，三菱総合研究所所報 No.50, pp.98-111, 2008年．
[10] 椿幹夫：東京都区部における学校跡地活用状況に関する考察 その3，三菱総合研究所所報 No.54, pp.86-107, 2010年．

■第10章

[1] （公財）仙台ひと・まち交流財団HP：http://www.hm-sendai.jp/sisetu/miyagino/sisetu.html, 2014年12月18日アクセス．
[2] 渋谷区文化総合センター大和田HP：http://www.shibu-cul.jp/guide.html, 2014年12月18日アクセス．
[3] 倉敷市：平成19年4月1日付け行政組織改革について，2007年．
[4] 倉敷市HP：http://www.city.kurashiki.okayama.jp/12258.htm, 2014年12月18日アクセス．
[5] 厚生労働省：介護保険制度改革の概要，2006年3月．
[6] 社会福祉法人長岡福祉協会 高齢者総合ケアセンターこぶし園HP：http://www.kobushien.com/index.php?id=46, 2014年12月18日アクセス．
[7] 宮島渡：アザレアン大畑サテライト，医療福祉建築 No.153, 2006年．

索引

■英数字
BIMMS → 保全マネジメントシステム
BOO 方式　142
BOT 方式　142
BTO 方式　142
CABE　145
CASBEE　20, 148
Competitive Dialogue　141
FM　9, 23, 136
FM 戦略　134
Is 値　164
LCC → ライフサイクルコスト
MIQCP　145
NPO　4, 176
NPO 活動支援施設　170
PDCA サイクル　23, 134
PFI　30, 67, 134
PFI 推進法　67, 136, 142
PPP　7, 134
PUK　139
ROA　5
SI → スケルトン・インフィル
VFM　7, 134

■あ
愛知県清須市　29
アウトフレーム(外枠)工法　173
青森県　137
空き教室　62
空き家　121
アザレアンさなだ　207
網地島・田代島　110
アーチフレーム補強　164
アートガーデン　192
跡地活用　14, 127, 166
維持管理システム　136
意思決定　101
一括発注　7
居場所　36, 52, 105
医療サービス　106
医療福祉施設　66, 70, 170

運営等の効率化　14, 127, 134
エコ改修　73
エコスクール　73
エンジニアリング・レポート　19
大阪府豊中市　27, 45
岡山県新見市哲西町　107

■か
介護オフィス　203
介護保険　113, 203
介護保険三施設　113
介護老人保健施設　113, 170, 205
改修　13, 16, 33, 125, 147
改修技術　130, 149
改正 PFI 法 → PFI 推進法
改正都市再生法　13
改築　33
ガイドライン　19, 136, 144
香川県三豊市　34
学術的価値　10, 33
確認申請　130
貸館利用　180
貸付け　14, 127, 174, 176
過疎地域　36, 106, 107, 113
学区　42
学区再編　30, 65
学校跡地　167
学校教育法　143
学校選択制　30, 62, 65
学校統廃合　42, 70, 168
合併特例債　35, 38, 60
家庭保育室　201
稼働率　199
神奈川県秦野市　27, 28, 29
仮校舎　171
環境品質　20
環境負荷低減　20
官民連携 → PPP
管理運営費　4, 9, 11, 125, 200
企業・個人　176
既存躯体調査　163

既存施設　　11, 16, 125, 146, 151
既存遡及　　176
既存不適格　　22, 129
機能集約　　42, 196
機能寿命　　128, 176
機能変更　　31, 85
休止　　32
旧塩沢町役場　　3
旧庁舎施設等活用事業　　6
旧戸畑区役所庁舎　　162
旧明倫小学校　　3
教育施設　　29, 62, 76, 178
教育特区　　62
行政財産　　14
行政ニーズ評価　　17
競争的対話　→ Competitive Dialogue
共通ロビー　　192
共同・共有　　97
京都芸術センター　　3, 71
業務用途化　　170
居住誘導区域　　13
緊急保育施設　　170
近隣住区論　　42
区民館　　170
区民ギャラリー　　193
グランドデザイン　　35, 95
グリーン庁舎　　147
グループホーム　　113, 204
ケアコミュニティ施設　　172
経営資源　　135
圏域　　32, 34, 113, 202
圏域コントロール　　202
圏域多重型　　203
圏域分割型　　203
原価法　　18
現状維持　　32, 33
建築環境総合性能評価システム　→ CASBEE
県庁内ベンチャー　　137
広域施設　　188, 191
広域連携　　13, 32
広域連合　　36, 112
合意形成　　52
公営住宅　　31, 85, 121
公会堂　　189
公共施設等運営権　　142
公設公営　　174

公設民営　　175
合築運営型　　200
高度利用　　193
衡平性　　9, 26, 34
公平性　　26, 143
公民館　　30, 70, 196
効率性　　9, 26, 34
高齢者施設　　23, 64, 109, 178
高齢者福祉サービス　　36, 113
国保診療所　　110
個室化　　208
コスト評価　　17
子育て支援　　43
国庫補助金　　14, 129, 162
こぶし園　　206
個別再編方針　　11, 37, 126
コミュニティ施設　　33, 64, 87, 128
コミュニティ・スクール　　76
コミュニティ単位　　34, 40, 42
コミュニティビジネス　　87
コンペ方式　　144, 174

■さ
サービス購入型　　142
サービス付き高齢者住宅　　31, 37, 111
財産処分　　129
再生手法　　126
在宅医療　　110
在宅療養支援診療所　　109
埼玉県宮代町　　34
再配置　　13, 28, 34, 39, 52
再編手法　　14, 128
再編フロー　　9, 124
削減目標量　　28
サステナブルビルディング　　147
サテライト　　15, 207
サポートセンター　　207
更地　　166
暫定利用　　3, 170
参入コスト　　143
市街地再開発事業　　173, 175
事後保全　　5, 73, 149
資産アセスメント　　21
資産価値　　12, 16, 33, 183
市場化テスト　　143
施設から在宅へ　　120

施設データベース　48
施設白書　4, 39, 137, 191
施設マジック　118
市町村合併　3, 128
十思スクエア　171
指定管理者　4, 32, 80, 143
児童館　191
柴原老人デイサービスセンター　158
社会教育施設　30, 62, 76
社会体育施設　66
収益還元法　18
集会所　49, 79, 87, 182
修繕技術　5
住民合意　29, 37, 166
住民参加　3, 37, 52
住民組織　176
集約化　14, 128, 195
宿泊研修施設　180
首都圏の既成市街地における工業等の制限に関する法律　171
省エネルギー化　73
生涯学習活動　82
生涯学習センター　70
使用価値　12, 16, 33
小学校区　207
小規模校　65
小規模自治体　179
小規模多機能型　15, 113, 204
小規模分散型　201
少子化対策臨時交付金　160
小中一貫校　30, 62, 68
象徴的価値　10, 33
少年文化館　156
情報公開　4
将来の変化対応　150
処分　33
シンボル事業　45
スケルトン・インフィル　31, 40, 42
スタッフローテーション　32
生活改善センター　182
生活サポート　86
生産者組織　179
性能発注　7
性能評価　16
セキュリティ　75, 194
セキュリティライン　191

世田谷ものづくり学校　72
セーフティネット　85
瀬谷区総合庁舎　189
全市的施設　29, 34, 126
選択と集中　13, 35
戦略的配置　27, 51
総合評価落札方式　144
相互交流　151
相互利用　151, 194
遡及不適用の原則　129
ゾーニング　191

■た
待機児童　160
体験交流施設　180
耐震化　72
耐震診断　163
耐震フレーム　163
耐震補強　5
第七峡田小学校　74
多機能化　27, 33, 51
立川まんがぱーく　7
達成時期　28
建物と公共サービス　28, 31, 114
玉島市民交流センター　197
多目的共同利用施設　182
単体評価　11, 125
地域開放　75, 170
地域格差　35
地域拠点づくり　66
地域施設　29, 34, 126, 188
地域単位　27
地域包括ケア　37, 106, 114
地域密着型介護老人福祉施設　204
地域密着型サービス　202, 204
地域密着型特定施設　204
地域連携　66
小さな拠点　111
地球環境・建築憲章　147
茅野市民館　195
千葉県佐倉市　137
千葉県流山市　138
千葉県習志野市　138
千葉市美浜文化ホール　193
地方自治法　14
地方分権一括法　3

長期契約　　7
庁舎　　2, 128, 189
長寿命化　　4, 14, 127, 148
重複所有　　200
つながりのデザイン　　98
帝冠様式　　162
定期借地権　　174
デイサービス　　68, 113
豊島小学校　　160
東京都小平市　　112
東京都品川区　　68
東京都世田谷区　　72
東京都特別区　　168
東京都三鷹市　　137
東京都武蔵野市　　137
統廃合　　3, 29, 62, 166
特別養護老人ホーム　　15, 170
独立採算　　142
都市機能誘導区域　　13
図書館　　67, 191
都心3区　　168
トップダウン型　　27, 137
戸畑図書館　　162
取引事例比較法　　18

■な
長崎県小値賀町　　72
西桜小学校　　168
日常生活圏　　206
ネットワーク化　　36, 119
野崎島自然学塾村　　72

■は
売却　　14, 16, 174, 183
廃校　　70, 121
廃止　　32
バックキャスティング　　106
発注者要求　　140
ハートビル法　　74
花とみどりの相談所　　157
バリアフリー　　74, 125
バリアフリー新法　　74
非施設化　　34
広島県尾道市　　81
広島県呉市　　78
広島県三次市　　78

ファシリティマネジメント→FM
ファシリティマネージャー　　137
フォアキャスティング　　106
複合化　　14, 27, 51, 62, 128
複合施設　　33, 42, 143, 188
複式学級　　64
福祉拠点　　113
福祉プラザさくら川　　174
福祉プラザ台東清峰会　　174
婦人会館　　155
普通財産　　14, 176
武道館　　196
不動産鑑定評価　　18
プロポーザル方式　　144
文化総合センター大和田　　172, 192
文化的価値　　10, 33
文化ホール　　188
分散化　　14, 128
平準化　　14, 24, 125, 149
平板載荷試験　　164
ベッドタウン　　43
ヘルスケアタウンにしおい　　173
保育施設　　30, 66
保育所　　51, 67, 160
包括的委託　　143
防災拠点　　4
防災性　　58
法定耐用年数　　73, 126, 147
訪問介護　　203
訪問看護　　113, 203
法令不適合部分　　130
保健福祉センター　　189, 190
補助金返還規定　　175
保全マネジメントシステム　　11
北海道上士幌町　　35, 95
北海道夕張市　　107
北海道勇払郡むかわ町穂別地域　　107
ほづみパブー保育園　　160
ボトムアップ型　　28, 137
保有施設総量　　5

■ま
まちづくり　　76, 82, 85, 95, 197
まちづくり活動　　82
まちづくり拠点化　　76
まちづくり拠点機能複合型　　30

まちづくり交付金　196
まちの整体　96
三重県　137
見える化　12, 24
みなとパーク芝浦　192
南桜小学校　168
宮城県石巻市牡鹿町　107
宮城野区文化センター　189
未利用地の再評価　97
民間移管　182
民間活用　14, 127, 176
民間事業者　142, 160
民設民営　174
無医地区　108
免震・耐震装置　150
目標耐用年数　132, 146
モニタリング　131
モバイル化　33

■や
家賃補助制度　31, 85
遊休施設　178
有効活用調整シート　51
有床診療所　109
優先順位　40
ユニバーサルデザイン　150
要求水準書　141

用途維持　31, 86
用途再変更　160
幼保一元(幼保一体)　46, 173
余剰施設　131, 157
余剰床　151
四谷ひろば　171
予防保全　5, 24, 73, 146, 149
余裕教室　62, 160

■ら
ライフサイクルコスト　4
ライフサイクルマネジメント　11
リスク配分　143
リスク評価　17
リファイニング建築　130
料金体系　201
利用圏域　14, 34, 125, 201
歴史的価値　10, 33
劣化診断　5, 146
老朽化　11, 39, 72, 137, 147
老朽度　147
労働会館　196

■わ
ワークショップ　35, 100, 195
ワンストップ化　97

■本書作成関係委員会（五十音順・敬称略）
●建築計画委員会
委員長　大原 一興
幹事　　小見 康夫　　黒野 弘靖　　広田 直行　　森 傑　　横山 ゆりか
委員　　（略）

●公共施設マネジメント小委員会
主査　　西野 辰哉
幹事　　池添 昌幸　　伊丹 康二
委員　　生田 京子　　石原 智也　　大島 英司　　岡本 和彦
　　　　倉斗 綾子　　栗崎 真一郎　佐々木 誠　　椿 幹夫
　　　　南 一誠　　　森 傑　　　　柳澤 要

●執筆者一覧
青木 茂**　　第9章 コラム
生田 京子　　6-3, 10-3
池添 昌幸　　第2章, 3-4, 7-1〜7-4, 7-6, 8-2, 9-3
石原 智也　　10-1
伊丹 康二　　4-3, 5-3, 9-1
大島 英司　　4-4
倉斗 綾子　　4-2
清水 裕之*　　序文
椿 幹夫　　　9-2
西野 辰哉　　第2章, 4-1, 5-2, 10-2
南 一誠　　　第1章
森 傑　　　　6-1
柳澤 要　　　5-1, 8-1
山下 哲郎*　　6-2
山本 康友*　　3-1〜3-3, 7-5
　*前委員
　**執筆協力者

■執筆者紹介(2016年7月現在)

青木 茂（あおき しげる）
首都大学東京特任教授，青木茂建築工房代表取締役，大連理工大学客員教授，近畿大学九州工学部建築学科卒業．博士(工学)，一級建築士．主な受賞に日本建築学会賞業績賞，ベルカ賞(2001)，JIA 環境建築賞(2000)，エコビルド賞(2002)，福岡市都市景観賞(2005,2006)，日本建築防災協会耐震改修貢献者賞理事長賞および優秀建築賞(2012,2013)，日建連 BCS 賞(2015，本書掲載の「北九州市立戸畑図書館」)．主な著書に，『公共建築の未来』(2013，総合資格)，『住む人のための建てもの再生』(2013，総合資格)，『長寿命建築へ』(2012，建築資料研究社)，『長寿命建築のつくりかた いつまでも美しく使えるリノベーション』(2015，エクスナレッジ)．

生田 京子（いくた きょうこ）
名城大学理工学部建築学科准教授．早稲田大学理工学部建築学科卒業，同大学院理工学研究科修士課程修了，名古屋大学大学院環境学研究科博士後期課程修了．博士(工学)．一級建築士．主な著書に，『デンマークのユーザー・デモクラシー』(共著，2005，新評論)．

池添 昌幸（いけぞえ まさゆき）
福岡大学工学部建築学科准教授．九州大学工学部建築学科卒業，同大学院工学研究科博士後期課程単位取得退学．博士(人間環境学)．主な著書に，『循環建築・都市デザイン』(共著，2008，技報堂出版)．

石原 智也（いしはら ともや）
NTTファシリティーズ建築事業本部都市建築設計部長．北海道大学工学部建築学科卒業，同大学院工学研究科修士課程修了．修士(工学)，一級建築士．主な著書に，『次世代建築を解く七つの鍵 情報技術革命時代の新たな展開』(共著，2002，彰国社)．主な作品に，「新仙台市天文台」(2007)，「横浜市瀬谷区総合庁舎」(2013)．

伊丹 康二（いたみ こうじ）
大阪大学大学院工学研究科助教．大阪大学工学部建築工学科卒業，同大学院工学研究科博士後期課程修了．博士(工学)．

大島 英司（おおしま えいじ）
内閣府政策統括官(防災担当)付 参事官(調査・企画担当)付 参事官補佐．東京大学工学部建築学科卒業，北海道大学大学院工学研究科修士課程修了，同大学院工学院博士後期課程単位取得，政策研究大学院大学政策研究科修士課程修了．修士(工学)，修士(公共経済学)．主な著書に，『都市に座標を』(2008，地球社)，『はじめてのエコまちづくり』(2010，地球社)．

倉斗 綾子（くらかず りょうこ）
千葉工業大学工学部デザイン科学科助教．東京都立大学工学部建築学科卒業，同大学院博士課程修了．博士(工学)．主な著書に，『こども環境づくり事典』(共著，2014，青弓社)，『テキスト 建築計画』(共著，2010，学芸出版社)．

清水 裕之（しみず ひろゆき）
名古屋大学大学院環境学研究科教授．東京大学工学部建築学科卒業，同大学院工学研究科建築学専攻博士課程修了．工学博士，一級建築士．主な著書に，『劇場の構図』(1985，鹿島出版会)，『21世紀の地域劇場』(1999，鹿島出版会)．

椿 幹夫（つばき みきお）
山下設計設計本部副部長．北海道大学工学部建築工学科卒業，早稲田大学大学院理工学研究科修士課程修了．修士(工学)，一級建築士．主な著書に，『指定管理者制度導入実践ガイド』(共著，2004，三菱総合研究所)，『都市・地域の新潮流』(共著，2006，日刊建設工業新聞社／相模書房)．

西野 辰哉（にしの たつや）
金沢大学理工研究域環境デザイン学系准教授．東京大学工学部建築学科卒業，同大学院工学系研究科博士課程修了．博士(工学)．主な著書に，『地方都市の再生戦略』(共著，2013，学芸出版社).

南 一誠（みなみ かずのぶ）
芝浦工業大学工学部建築学科教授．東京大学工学部建築学科卒業．同大学院工学系研究科修士課程修了，MIT 都市・建築学部大学院修了．博士(工学), S.M.Arch.. 一級建築士．主な受賞に，MIT タッカー・ヴォス賞(1986)，千葉県建築文化賞(2000)，北米照明デザイン賞優秀賞(2001)，都市住宅学会賞(2016)．主な著書に，『時と共に変化する建築』(2014，ユニブック)，『集合住宅のインフィル改修』(共著，2014，井上書院)，『市民と専門家が協働する成熟社会の建築・まちづくり』(共著，2014，日本建築学会).

森 傑（もり すぐる）
北海道大学大学院工学研究院教授．大阪大学工学部建築工学科卒業，同大学院工学研究科博士課程修了．博士(工学)．主な受賞に，人間・環境学会賞(2013)．主な著書に，『大好きな小泉を子どもたちへ継ぐために―集団移転は未来への贈り物』(2013，みんなのことば舎).

柳澤 要（やなぎさわ かなめ）
千葉大学大学院工学研究科建築・都市科学専攻建築コース教授．横浜国立大学工学部建築学科卒業，東京大学大学院工学系研究科博士課程修了．博士(工学)．主な受賞に，日本建築学会奨励賞(1994 年)，JFMA 賞奨励賞(2011 年)．主な著書に，『アメリカの学校建築』(共著，2004，ボイックス)．主な作品(計画指導)に，「幕張インターナショナルスクール」(2011 年度日本建築学会作品選奨).

山下 哲郎（やました てつろう）
工学院大学建築学部建築学科教授．東京都立大学工学部建築学科卒業，同大学院博士課程単位取得退学．博士(工学)．主な著書に，『クリニック時代のクリニック建築』(2007，永井書店).

山本 康友（やまもと やすとも）
首都大学東京都市環境学部客員教授．日本大学理工学部建築学科卒業，工学院大学大学院工学研究博士後期課程単位取得退学．博士(工学)，一級建築士．主な著書に，『公共施設マネジメントハンドブック』(共著，2014，日刊建設通信新聞社)，『都市自治体におけるファシリティマネジメントの展望』(共著，2014，日本都市センター).

編集担当　千先治樹（森北出版）
編集責任　石田昇司（森北出版）
組　　版　ビーエイト
印　　刷　創栄図書印刷
製　　本　　同

公共施設の再編―計画と実践の手引き　　　Ⓒ 日本建築学会　2015

2015 年 2 月 27 日　第 1 版第 1 刷発行　　【本書の無断転載を禁ず】
2016 年 8 月 31 日　第 1 版第 2 刷発行

編　　集　日本建築学会
発 行 者　森北　博巳
発 行 所　森北出版株式会社
　　　　　東京都千代田区富士見 1-4-11（〒 102-0071）
　　　　　電話 03-3265-8341 ／ FAX 03-3264-8709
　　　　　http://www.morikita.co.jp/
　　　　　日本書籍出版協会・自然科学書協会　会員
　　　　　JCOPY ＜（社）出版者著作権管理機構　委託出版物＞

落丁・乱丁本はお取替えいたします．

Printed in Japan ／ ISBN978-4-627-55331-6

図書案内　森北出版

都市計画
-第2版-

川上光彦／著

B5判・176頁
定価 2,800円+税
ISBN 978-4-627-49612-5

図や写真を示しながら都市計画についてていねいに解説するオーソドックスな構成の入門テキスト．第2版では初版発刊以降に制度化された計画などに対応するとともに，データを更新した．

― 目　次 ―

都市論／都市計画論／都市基本計画／土地利用計画／都市交通計画／公園・緑地・オープンスペースの計画／住宅・住環境の計画／都市基盤施設の計画／都市環境の計画／都市の防災計画／都市の景観設計／欧米諸国の計画制度／日本の都市計画制度

※定価は2015年2月現在

弊社Webサイトからもご注文できます
http://www.morikita.co.jp/